DECODING
PRICE–VOLUME PATTERNS

量价狙击

精准捕捉股市机会

钟杨 著

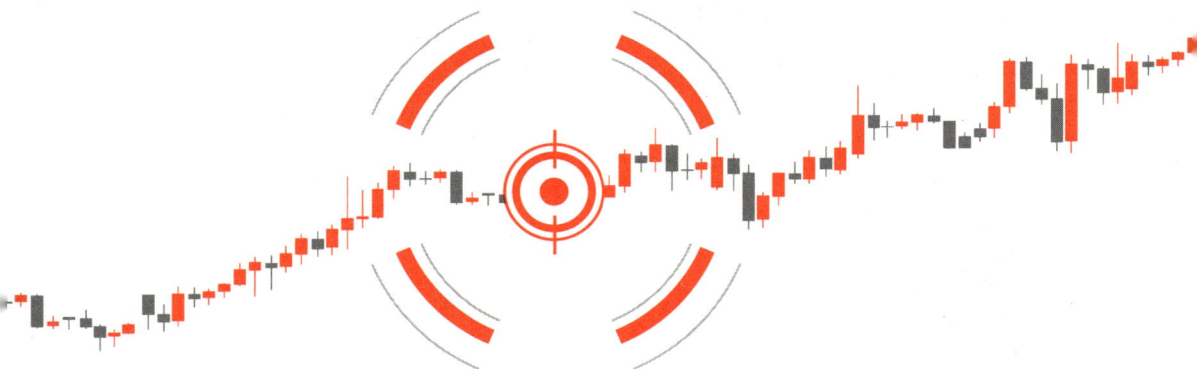

清华大学出版社

北 京

内 容 简 介

量价分析法的关键是从"量"与"价"的变化中解读多空力量的转变，不同的量价形态有不同的市场含义，本书以"深入解读量价配合、从实战中运用量价形态"为宗旨来组织架构，通过快速入门、基础讲解、经典量价理论、趋势运行、量价形态实盘分析等多个角度，全面阐述了量价关系分析技术。

第1～5章是量价分析技术的基础内容，包含入门及进阶内容，有助于读者快速构建量价分析技术的知识结构。第6～9章是实盘分析内容，也是本书的核心，一共总结了适用于A股市场的50种量价形态：20种预涨型、20种预跌型、10种黑马型。在讲解每种量价形态时，先从"形态特征、市场含义"两方面进行阐述，再结合最新个股案例，力图帮助读者掌握和运用每种形态。

本书以量价形态的实盘分析内容为核心，遵循通俗易懂、由浅入深的讲解方法，既为投资者入门做了充分的铺垫，也将市场实战做了翔实的演练，是一本入门、进阶的实用性量价分析操作手册。

图书在版编目（CIP）数据

量价狙击：精准捕捉股市机会 / 钟杨著. -- 北京：清华大学出版社，2025. 8（2025.12重印）.
(新时代·投资新趋势). --ISBN 978-7-302-70101-9

Ⅰ. F830.91

中国国家版本馆 CIP 数据核字第 2025EB8192 号

责任编辑：刘　洋
封面设计：方加青
版式设计：张　姿
责任校对：宋玉莲
责任印制：杨　艳

出版发行：清华大学出版社
　　　　　网　　　址：https://www.tup.com.cn，https://www.wqxuetang.com
　　　　　地　　　址：北京清华大学学研大厦 A 座　　邮　　编：100084
　　　　　社 总 机：010-83470000　　　　　　　　邮　　购：010-62786544
　　　　　投稿与读者服务：010-62776969, c-service@tup.tsinghua.edu.cn
　　　　　质 量 反 馈：010-62772015, zhiliang@tup.tsinghua.edu.cn
印 装 者：大厂回族自治县彩虹印刷有限公司
经　　销：全国新华书店
开　　本：170mm×240mm　　　印　张：17.25　　　字　　数：268 千字
版　　次：2025 年 10 月第 1 版　　　印　　次：2025 年 12 月第 2 次印刷
定　　价：79.00 元

产品编号：110403-01

2025年是AI投资元年，时代正在发生巨变。在你开始阅读这本书前，请先对照以下10种典型困境进行自测。

1.【越跌越补仓，结果深套】（10分）

这只股票成本已经摊到半山腰，账户亏损反而翻倍了。

2.【迷信小道消息，盲目跟风】（10分）

从朋友的"内幕消息"到股吧的"绝密代码"，买完才发现自己是最后接盘的。

3.【频繁交易，给券商打工】（10分）

每天切换屏幕上百次，总觉得自己多看几眼股价就会涨，多买卖几次就能赚，年底结算手续费比收益还高。

4.【只买低价股，以为安全】（10分）

5块钱的股票跌到3块才明白：便宜不是底，烂公司只会更烂。

5.【赚钱拿不住，亏钱死扛】（10分）

涨5%赶紧跑，跌30%反而躺平，完美错过主升浪却全程参与阴跌。

6.【过度解读无效信息】（10分）

研究龙虎榜、股东人数、董秘回复，操作时还是被一根大阴线砸蒙。

7.【永远满仓，不会空仓】（10分）

账户里不留现金，总觉得错过任何一天都是罪过，面对暴跌时束手无策。

8.【持仓杂乱，毫无逻辑】（10分）

账户里十几只股票，有些连公司名字都记不住，涨跌皆不明所以。

9.【情绪被分时线绑架】（10分）

早盘红盘兴奋追高，尾盘跳水恐慌割肉，全天操作皆被分时线操控。

10.【在技术和价投之间反复横跳】（10分）

套牢时声称要做价值投资，刚解套立刻全仓单线追涨停板。

上述10种情况中，每符合1项得0分，反之得10分。总得分30分以下者，建议精读本书以重构投资认知体系；60分以上者，我想这本书的部分内容，无论是利用最新AI工具做投资，还是最新的投资案例，都会给你带来启发。

如果你对以上场景熟悉，则说明你正在经历所有散户的必经之路——用情绪代替规律，用随机对抗系统，用碎片信息拼凑真相。这些陷阱我曾无一例外亲历过，其根本问题不在于市场，而在于三大认知误区：

（1）误把价格波动当决策信号（量价维度）。

（2）错把散户情绪当主力动向（资金维度）。

（3）幻想随机操作能稳定盈利（系统维度）。

我从不足1万元的初始资金开始炒股，到操盘上亿元资金，从四线城市的小镇青年到华尔街做量化投资的操盘手，从武汉大学到耶鲁大学的跨国求学，这些问题也困惑过我很多年。

一、那些"征服市场的人"究竟做对了什么

带着这个问题，我踏上了探索之路。2018年，我从美国芝加哥驱车前往内布拉斯加州的奥马哈市——巴菲特和芒格生活的地方，参加一年一度的巴菲特股东大会。当时，我在美国一家私募基金从事量化投资策略研究，与DeepSeek的母公司幻方量化投资的CEO梁文峰同行。

梁文峰在为《征服市场的人：西蒙斯传》作序时，提到的一句话让我印象深刻："每当在工作中遇到困难时，我会想起西蒙斯的话——一定有办法对价格建模。"这句话揭示了一个核心观点：只要是价格运动，便一定能找到其规律并从中获利。

研究量价关系，本质上就是在研究价格运动的规律，这正是梁文峰所说

的"对价格建模"。这个切入点，就像庖丁解牛一样，是预测股价的关键。既然这个方法如此有价值，并且已经总结出了一些有效规律，为何不将其分享给更多人呢？这也是本书诞生的初衷。若你觉得书中内容确有裨益，恳请将这份认知火炬传递给更多市场参与者。

还记得我在华尔街打拼时，流传着一段经典的投资理论："选美理论"——这一经典投资理念对量价关系等技术分析方法具有重要意义。凯恩斯认为，投资并非选择个人认为最具价值的标的，而是要预判市场主流观点所青睐的对象。这一理论揭示了量价关系分析的核心价值：通过分析成交量与价格变化的互动，投资者能够有效捕捉市场共识，识别出"大众眼中最美的标的"。

二、为什么我来写这本书

为什么我能带你看懂股市这场混沌游戏？

股市就像一场永远在变化的交响乐，你永远猜不到下一段旋律是激昂的还是低沉的。要做老师不仅需要拿到过好成绩，还需要有专业的投资素养和对知识的广泛涉猎。我有幸在 5 个截然不同的人生舞台上，用不同视角观察过资本市场的真相。

1. 穿越牛熊的"投资人"

我在 A 股经历了 7 轮牛熊转换。从跟着庄家追涨杀跌的"韭菜"阶段，到逐步建立自己的价值投资体系；我踩过财务造假的雷，也见证过茅台从 200 元到 2000 元的传奇。这些刻在骨子里的教训，能帮你避开 90% 新手会犯的错。

2. AI 时代的"破壁人"

这是我最新的一个标签，在 2023 年 AI 大语言模型爆发后，我第一时间创立了 AI 点评网，我们的业务涵盖了 AI 软件、AI 媒体、AI 教育，每一个板块都凝聚着我们对未来的思考与实践。在第四次科技革命的大潮中，我坚信 AI 将重塑商业世界的规则，我站在业务第一线，跟你分享 AI 对于投资和商业的具体落地变化。

3. 懂商业的"老板"

经营过实业的都知道，资产负债表上的每个数字都是汗水堆出来的。当多数人盯着 PE 倍数时，我会带你看懂上市公司财报里"应收账款周转天数"背后的人情世故，从"研发费用资本化"里嗅出科技公司的野心。毕竟，真正的"护城河"不在报表里，那些长期上涨的大牛股，无一不是在产业中掌握稀缺资源的公司——无论是技术壁垒、品牌效应，还是不可替代的供应链地位。这些才是企业真正的"护城河"，它们深植于产业格局之中，而非在简单的财务数据里。

4. 百万粉丝的"摆渡人"

从零开始，我一步步走到今天，在抖音积累了 128 万粉丝，在微博收获了 120 万人关注。正因为我也曾是个小白，所以非常清楚新手最想学什么，从 0 到 1 最大的困难在哪里。我会用最接地气的语言，把复杂的投资知识掰开揉碎，手把手教你避开那些我踩过的坑，让你少走弯路，更快找到属于自己的投资节奏。这不仅是我的经验，更是我的初心。

5. 终身学习的"成长者"

从武汉大学毕业后，我又陆续到北京大学、耶鲁大学学习，不断挣脱信息茧房。还记得在耶鲁大学求学期间，我有幸得到诺贝尔经济学奖得主罗伯特·希勒（Robert J. Shiller）教授的提点，在斯特林图书馆研读他的经典著作《非理性繁荣》时，我逐渐理解了技术分析与价值投资的融合之道。

三、哪些人适合看这本书

如果你在二级市场的股票投资策略是"市场行为驱动类"，例如技术分析派、趋势投资派、逆向投资派，那么，学好量价关系分析有助于进一步提升分析技能，能帮助你解读个股当下的运行状态，协助你判断什么时候买，什么时候卖，把握住最佳交易时机。

如果你的投资策略是"基本面驱动类"，例如价值投资派、成长投资派，学好量价关系分析能帮你找出市场上的共识，弥补基本面研究的不足，市场共识有时会偏离企业的真实价值，甚至长期忽视其潜力。此外，量价关系分析还可以量化市场情绪，辅助价值投资者判断是否到了"别人恐惧我贪婪"的时机。

如果你是一级市场的私募股权投资管理人，那么你可以通过这本书学习一些二级股票市场的资金流基础知识，更好地理解市场短期行为，从而在投资决策中兼顾长期价值与短期机会。同时可以提升专业沟通能力，一级研究员与二级市场从业者（如基金经理、分析师）的沟通是日常工作的一部分，了解当前市场的投资热点、投资者偏好以及资金流向，能提升准确地评估公司价值和发行定价的能力。

四、致谢

本书的完成离不开众多支持者，在此衷心致谢：

感谢父母赋予我好奇心与坚韧，尤其父亲在 20 世纪 80 年代远赴美国留学深造的经历，拓宽了我的视野；感谢妻子——这位清华大学才女支持我不断攀登事业的高峰，在我沉浸研究与写作时默默承担起家庭的重担；还有我的儿子钟昊辰，你的出现给整个家庭带来了无限欢乐，愿你的未来如浩瀚星辰，在广袤宇宙中绽放属于自己的光芒。

感谢我投资路上的老师，投资界的泰斗——巴菲特与芒格先生，以及行为金融学框架的重要奠基人——诺贝尔经济学奖得主罗伯特·希勒（Robert J. Shiller）教授。还有 AI 人工智能行业的两位领路人，理想汽车创始人李想先生，以及中国 AI 智能算力领导品牌七彩虹集团创始人万山先生，在我 20 多岁时就有幸加入他们领导的团队。最后还要感谢出版策划人写书哥和清华大学出版社的辛勤付出。

普通人改变命运的真相——它像一场暴雨后的登山，有人被泥泞困住脚，有人却用雨水浇灌出花朵，在不断向上攀登人生这座大山的过程中，我总结了 16 个字：

破界开眼，精进提效；积跬筑基，行远不止。

这也是我们普通人改变自己人生轨迹的四个步骤：认知先变，方法升级，小处着手，提升不息。AI时代虽抹平信息差，但认知、资源、执行差距反而可能扩大。30年的奋斗让我坚信：只要心胸宽广、能力过硬、脚踏实地，普通人也能抓住命运机遇。

A君和B君是两位征战股市多年的老股民。A君偏向基本面分析，喜欢那些业绩优秀、财报喜人的个股；B君则是一位技术派，偏爱研究各种技术分析方法，从K线形态、移动均线、筹码分布，到琳琅满目的各种技术指标，喜欢那些出现了"买入信号"的个股。

一日，A君与B君闲聊。

A君：为什么我们低位买入的这个绩优股拿在手里一直不涨，卖出后却一路上涨，基本面也没有发生变化呀？真是看不懂！

B君：至少你还没有亏损吧。我是反复交易、反复失利，那些所谓的买入信号、卖出信号好像成了反向指标。

其实，A君与B君的交易窘境是基本面分析派与技术面分析派的一个缩影。基本面分析派过于重视企业的盈利情况，而忽视了股市上的买卖行为；技术面分析派则徘徊在各种不同的技术分析方法中，殊不知，这些技术分析方法虽看似美丽，但若不能真正理解其内涵，往往难以成功运用。

B君在运用各种技术方法时反复失利的情形，能否给予我们启示呢？其实，好的方法不在于博，而在于精。博，即运用多种技术方法，但它们可能给出完全相反的买卖提示，我们也无法理解买卖信号出现的原因；精，在于真正理解一种技术分析方法，能够利用这种方法理解市场，在此基础之上，自然能更好地运用它。

技术分析，是透过盘面信息来预测的方法，盘面信息多种多样，每一种技术分析方法的侧重点也不同，想要在分析过程中把所有盘面因素考虑进来，这显然是不现实的；如果我们关注那些比较冷门的盘面信息，如内外盘、量比、委比、成本分布等，往往会忽略了那些能够真正提示价格方向的盘面要素，得出以偏概全的结论，即使买卖正确，也是运气使然。那么，什么是"能够真正提示价格方向"的盘面要素呢？

"价、量、时、空"是技术分析的四大要素。在各种各样的技术分析方法中，量价分析法无疑占据着核心地位，每一位进入股市的交易者，最先接触的盘面信息必然是价格走势。然后就是成交量。量价分析的本质就是在特定的"时空"中，通过观察价格走势与成交量变化的方式，分析多空力量变化，预示价格走向。价格走势一目了然，成交量以柱形图的方式显示，看起来也很简单，但真正能够理解二者之间关系的交易者却很少。看似简单的成交量，其实蕴藏着丰富的信息。

如果我们能够真正掌握量价分析法，就可以从中解读出多空双方的交锋情况、多空力量强弱转变情况以及主力的市场行为等信息，并借此把握行情的启动、发展与转向。无论是中长线等待与持有，还是短线的高抛低吸，我们对交易方向都会有明确的目标，交易过程中也将得到较强的指导。

本书正是以"通过量与价的配合来解读多空力量变化"为目标，力图通过全面、深入的讲解，帮助读者真正掌握量价分析技术。

第6章 预涨型量价形态实盘分析

第7章　预跌型量价形态实盘分析

第 1 章 量价分析法快速入门

进入股票市场，我们需要通过行情软件获取市场信息。掌握软件的用法、看懂基本的行情信息，是新手入市前的必修课。

1.1 "价"与"量"的图形表示

行情软件既可是电脑端的，也可以是手机 App，种类很多，如大智慧365、同花顺、通达信等，虽然功能上存在着差别，但它们的基本使用方法大同小异，我们只需要理解一些基本概念与用法，上手操作几次，就会慢慢掌握。本节中，我们将结合行情软件的一些操作方法，来认识一下 K 线图、成交量、分时图等基本行情信息。

1.1.1 K线的表达方式

在各种各样的行情数据中，价格走势与成交量是最为重要的两种，它们分别用 K 线与柱形来表示。

K 线图是一种用来表示价格走势的图表类型，也称为棒线、蜡烛图、日本线等，它起源于 18 世纪中叶日本德川幕府时代（1603—1867 年），是当时米商记录米价变化的一种工具。

1990 年，美国人史蒂夫·尼森以《日本蜡烛图技术：古老东方投资术的现代指南》一书向西方金融界引进"日本 K 线图"。因为英文单词 Candle（蜡烛）前面发"K"的音，故称为 K 线图。K 线图具有直观、立体感强、携带信息量大等特点，立刻引起了投资者的广泛关注，史蒂夫·尼森也因此被西方金融界誉为"K 线之父"。

单根 K 线分为两种类型：阳线与阴线，如图 1-1 所示。单根 K 线由四个交易价位来表达：开盘价、收盘价、最高价、最低价。

开盘价低于收盘价称为阳线，开盘价高于收盘价则称为阴线。开盘价与收盘价之间的矩形是实体部分，阳线的实体以空白或红色表示，阴线的实体以黑色或绿色表示。上下竖线为影线部分，上影线的最高点是最高价；下影线的最低点是最低价。

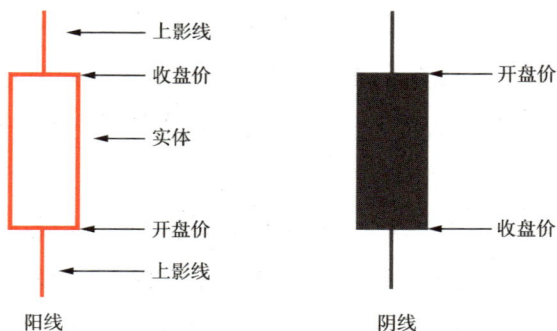

阳线　　　　　　　　　　　阴线

图1-1　单根K线形态示意图

1.1.2　认识K线图与成交量

K线图有两个坐标轴，横轴是时间，纵轴是价格。每一根K线代表一个交易周期，交易周期可以是一个交易日（称为日K线），也可以是一个交易周（称为周K线），等等。其中，日K线最常用，对于日K线来说，一根K线记录一天内价格变动情况。

一根根的K线在坐标系内依次排列（横轴为时间，纵轴为价格），就构成了K线图。

图1-2就是K线图（这是一幅日K线图），也称为价格走势图。K线图一般至少包含两个窗口：K线窗口、成交量窗口。

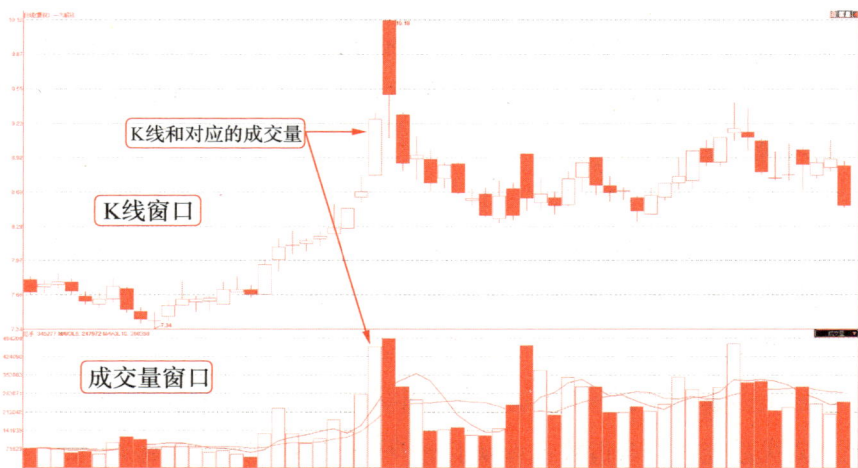

图1-2　K线图与成交量

　　成交量是指一个时间单位内的交易量，这个交易量可以是股票的交易数量（个股成交量），可以是市场的成交金额（指数成交量），在股票行情软件中，成交量以柱形图表示，位于K的下方，颜色均与上方的K线一致，柱形越长则代表成交量越大。

　　成交量以单边的交易来计算。对于股票来说，成交量就是买方买进了多少股（或是卖方卖出了多少股）。例如，某只股票当日成交量显示为1000股=100手（其中1手=100股），这是表示买方买进了1000股，同时卖方卖出了1000股。

1.1.3　认识指数分时线与分时量

　　K线图主要用于呈现市场或个股的历史走势，而分时图则呈现股价或指数在开盘时间段的实时变化情况。就国内的A股市场来说，每个交易日的开盘时间是9:25—11:30、13:00—15:00，分时图就是用于显示这段时间的价格走势情况。

　　上证指数，全称是上海证券综合指数，简称"上证综指"或"上证指数"，也常称"大盘指数"，代表着国内A股市场的综合走势。

　　图1-3所示的上证指数2024年11月22日分时图。在上证指数分时图中，可以看到两个分时线，一个是上证综合指数，即上证指数；另一个是上证领先指数。它们的区别在于计算方法不同。

　　分时线以"分钟"为时间单位，在分时线下方可以看到一根根的"竖线"，这是分时量，竖线的长短代表这一分钟的分时量大小，对于指数来说，分时量以成交额为计量单位。

　　上证综合指数以加权法进行计算，即按个股的股本赋予对应的"权"，股本越大，则对指数的影响力越大。在这种计算方法下，大盘股因股本巨大而对指数有很大影响力。可以说，上证综合指数能更好地反映出大盘类个股的综合走势情况。

　　在绝大多数情况下，大盘类个股与中小盘类个股的走势是趋同的，因而我们只要关注上证综合指数就可以了。但是，也有的时候大盘类个股与中小盘类个股在走势上会出现明显的分化，此时我们就要用到上证领先指数了。

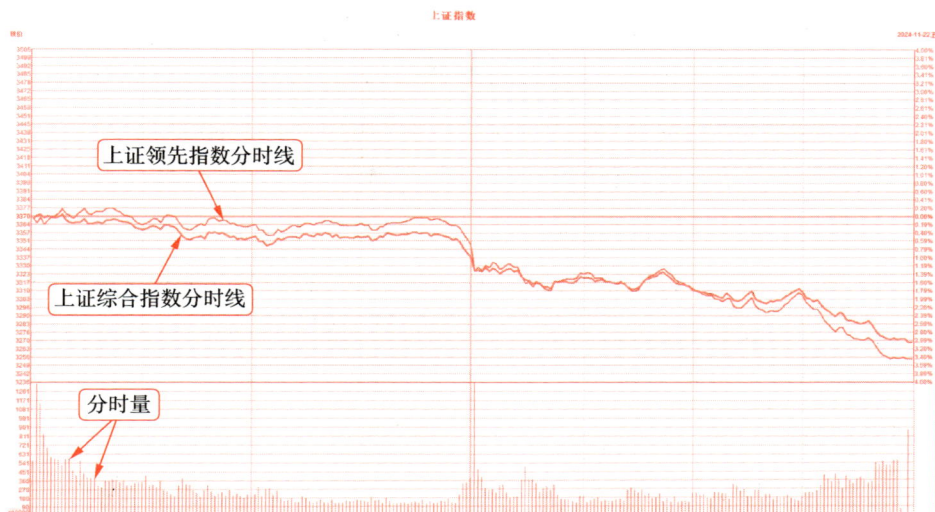

图1-3　上证指数2024年11月22日分时图

　　上证领先指数在计算时只考虑股票的价格，而不考虑个股的股本大小，这种不加权的计算方法可以更好地体现出中小盘类个股的走势。

1.1.4　认识个股分时线与分时量

　　图1-4是中信证券2024年11月4日分时图。这是一张典型的个股分时图，它由分时线、均价线、分时量构成。

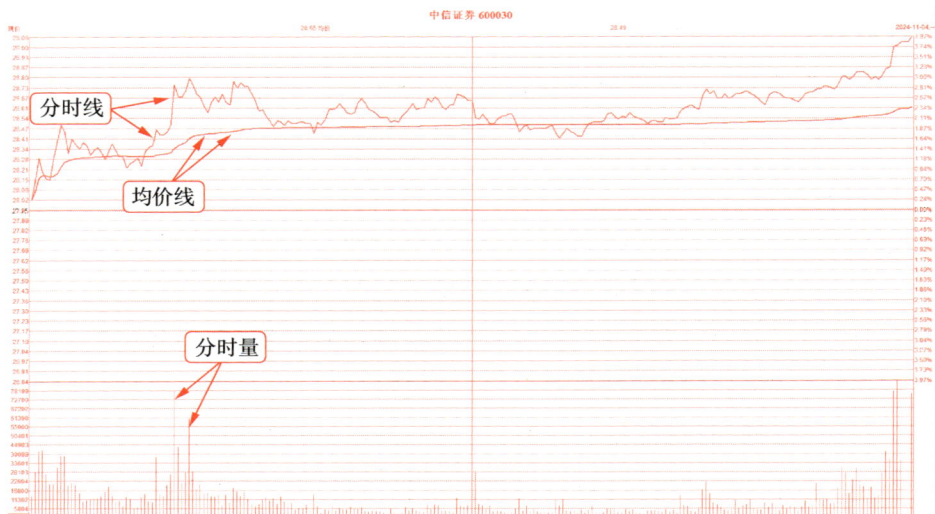

图1-4　中信证券2024年11月4日分时图

分时线呈现股价的盘中实时波动情况，同样以"分钟"为时间单位，下方的竖线是分时量，代表这一分钟的成交量。

均价线表示当日市场平均持仓成本的变化情况，其计算方法为：到目前这一时刻为止的当日总成交金额／到目前这一时刻为止的当日总成交股数。

在技术分析中，均价线可以看作对价格实时波动的一种平滑处理，或是多空双方力量强弱对比的分水岭。一般而言，若分时线稳稳地运行在均价线上方，表明当日的买盘力道较强，是价格走势上涨可期的表现；反之，若分时线持续运行于均价线的下方，则表明当日的卖盘力道较强，是价格走势更易下跌的表现。

1.1.5　认识筹码分布图

"筹码"与"成交量"这两个术语，都是用于股票交易过程中，成交量用来描述交易的数量，而筹码用来描述交易的份额。我们可以把一只个股的全部流通盘视为"一整份"，每一股相当于一个"筹码"，所有的筹码相加就构成了这"一整份"。"筹码"与"流通盘"其实是一个意思，只是它们的侧重点不同，当我们使用"流通盘"这个术语时，主要指某只股票的流通在外的股份数量；当我们使用"筹码"这个术语时，则是从交易的角度把它看作一种不断转手、不断流转的"商品"，投资者的买入成本（即持仓成本），就是所持筹码的成本。筹码交易技术侧重于研究投资者持仓成本分布情况，这可以通过筹码分布图直观呈现。那么，什么是筹码分布图？如何解读它呢？

筹码分布图是一种基于特殊计算方法而构建的图形。图 1-5 是陕鼓动力 2024 年 12 月 13 日筹码分布图。

在筹码分布图上，横轴为时间，纵轴为价格，主要包括两个区域：左侧是日 K 线走势区域，右侧为筹码分布形态区域。在筹码分布形态区域，每个价位都有一条代表持仓量的横线。持仓量是指在这一价位进行建仓的筹码数量，即这些筹码的建仓成本位于此处，持仓量越大则横线越长。

换个角度来看筹码分布图，在任意时刻，将筹码分布形态区域内的每一条横线所代表的持仓量数值相加起来，正好是 100% 的流通盘。当这些长短不

一、所处价位不同的一根根横线堆积在个股的历史涨跌区间内时，就会形成高矮不齐的"山峰状态"或是"发散形态"，这就是我们常说的筹码分布形态。

图1-5 陕鼓动力2024年12月13日筹码分布图

筹码分布图只是一张静态的持仓成本分布图，随着交易的持续、价位的变化，筹码也在不断换手，这代表着投资人的持仓成本状况在不断变化，这些筹码将从原有的位置被拿掉，重新堆到买方新建仓的价位上。在日K线走势区域，如果我们以交易日为单位、不断地移动光标，就可以看到在K线图右侧的筹码分布形态在一点点地变化，这就是筹码不断移动的直观体现。一般来说，下一交易日的筹码形态变化不大，但在经过连续多个交易日之后，我们会发现，此时的筹码形态或许已经发生了明显的变化。

图1-6是陕鼓动力2025年1月27日筹码分布图。对比图1-5，可以看到筹码分布形态已出现了明显的变化。

筹码分布图蕴含着丰富的多空信息，我们主要可以从筹码分布形态、筹码流动情况两个方面着手分析。筹码分布形态，这是市场持仓成本情况的静态写照。市场的持仓成本情况是聚集在一个狭小的价格区间内，还是在一个广阔的空间内，对于行情的发展方向往往有着重要的牵制作用。筹码流动情况，主要体现在筹码的流动方向与流动速度两个方面，筹码的流动方向一旦确定，往往有着极强的惯性，这是市场预期一致的体现，也是筹码形态对于趋势运行规律的反映；筹码的流动速度则对应着趋势的推进力度、行情反转的速度等方面。

图1-6　陕鼓动力2025年1月27日筹码分布图

1.2　量能含义与案例解读

成交量的含义绝不限于买卖双方成交的股票数量这一层，它蕴含了丰富的市场含义，透过成交量，不仅可以看到多空双方力量的交锋规模、筹码供求关系、市场情绪变化，还可以分析主力的市场行为。只有更好地理解成交量的这些内涵，才能进一步理解市场交易的本质，更好地展开分析预测。本节中，我们就来看看成交量还蕴含了哪些深层市场含义。

1.2.1　多空交锋力度

K线，显示的是价格，这是多空双方的交锋结果体现；成交量，显示的是成交数量，这是多空双方交锋规模、交锋力度的体现。

成交量放大，这说明多空双方交锋趋于激烈；成交量缩小，则说明多空双方交锋趋于平缓。了解多空双方的交锋力度，对于实盘操作具有重要的指导意义。因为，如果将价格走势考虑进来，那么，交锋力度的变化往往蕴含了多空力量对比的转变。

在分析多空双方交锋激烈程度的时候，一定要结合股价的走势来做综合分析。例如：放大的量能表明多空双方交锋力度增强，但交易是双向的，这既是买盘积极入场的信号，同时也是卖盘踊跃离场的标志，那么，交锋力度变强，这是上涨信号，还是下跌信号？这就需要结合价格走势来分析了。当个股处于趋势运行的不同阶段时，多空双方交锋力度的变强往往蕴含着截然不同的市场含义。

例如：缩量上涨出现在市场或个股由低位区向上爬坡时，这时较弱的交锋力度，体现的主要市场信息是：持股者惜售，可以解读为上涨信号；但是当同样的缩量形态出现在大幅上涨之后，这时较弱的交锋力度，则更多地体现了买盘入场力度较弱，更宜解读为上涨力量不足、趋势或将转向。

图1-7是东方电热2024年1月至7月走势图。在图中箭头指向的这段时间里，可以看到成交量出现了明显的缩小，它直接体现的市场含义就是：多空双方交锋力度减弱。

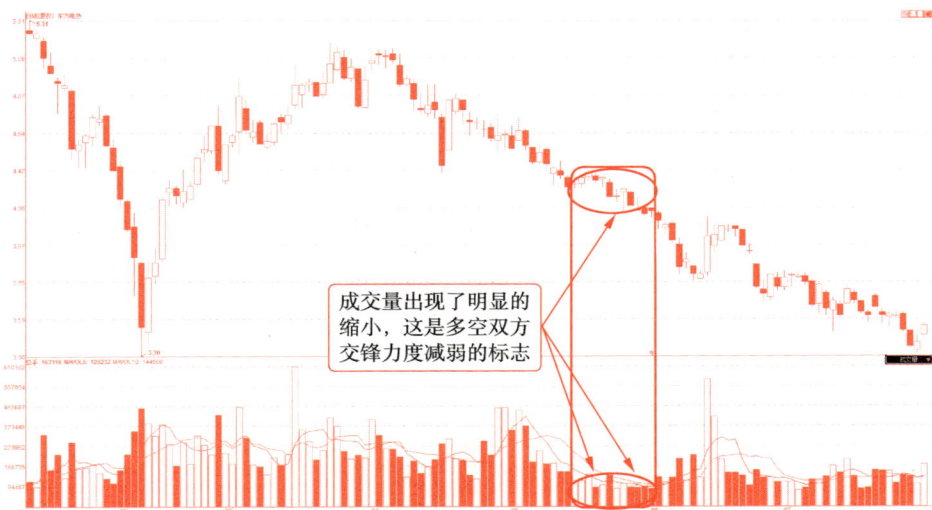

成交量出现了明显的缩小，这是多空双方交锋力度减弱的标志

图1-7 东方电热2024年1月至7月走势图

一般而言，在一波上涨行情（或下跌行情）刚刚起步（或是行进途中）时，缩量形态（即多空双方交锋力度减弱）表明当前行进方向的阻力较小，

原有的涨势（或跌势）持续下去的概率更大。

1.2.2 多空分歧程度

交易是双向的，一笔交易，有买就有卖，对市场或个股未来走势的不同预判，会导致交易行为截然相反。这种对价格走势的不同预判就是多空双方的分歧。而成交量的放大或缩小就体现着多空双方分歧程度的变化。

在一些较为典型的运行环节，例如：快速上涨后的高点、快速下跌后的低点、横向盘整后的向上突破点、横向盘整后的向下破位点等，价格走势的剧烈波动或是整理格局的打破，往往会引发多空双方对于后期走势的明显分歧，进而入场交易，导致成交量放出。

一般来说，多空分歧程度的适当增强可以看作买盘（或卖盘）力量增强的信号，是价格走势或将加速的信号；而多空分歧程度的过度增强则宜看作市场阻力过大的信号，往往预示着价格走势存在阶段性反转的可能。下面结合一个案例加以说明。

图 1-8 是晨化股份 2024 年 1 月至 4 月走势图。在图中箭头指示的这一日，股价收于小阳线且处于盘整之后的突破位置点，且上一交易日为强势涨停板，仅从 K 线走势来看，突破势头强烈，上涨行情呼之欲出。

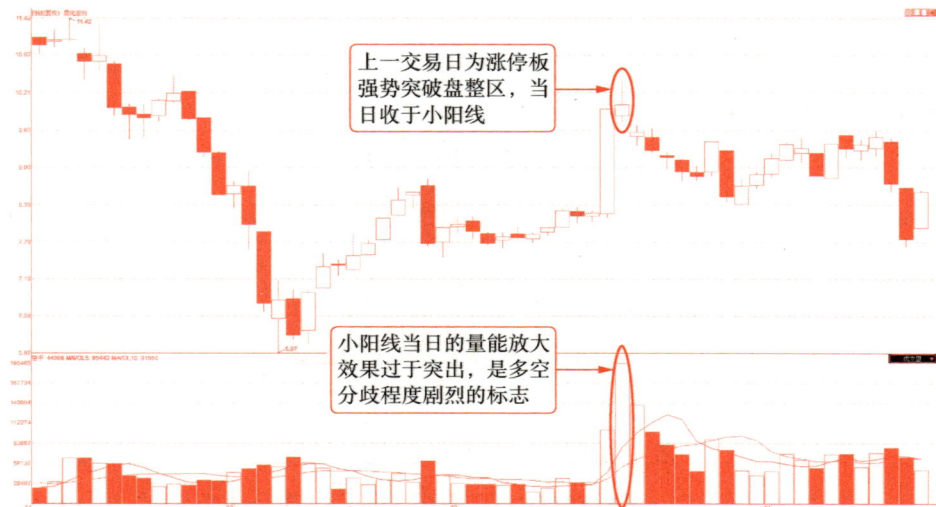

图1-8 晨化股份2024年1月至4月走势图

但是，小阳线当日的成交量却出现了异乎寻常的放大，不仅远高于之前盘整区的平均量能水平，就是相比上一交易日涨停板突破点的量能，也放大了一倍左右，这表明此位置点的多空分歧程度十分剧烈，个股展开上攻行情的阻力极强，短期回调概率更大，因而，在操作上，并不适宜追涨入场。

1.2.3 上涨的推动力

价格走势能够沿着某一方向持续运行，离不开市场的"推动力"，而这个动力，可以通过成交量很好地体现出来。

量价分析的实质就是动力与方向的分析。价格走势是方向，成交量则是动力。

成交量的大小可以直接用来衡量市场推动力量的强弱。上涨的时候出现成交量始终保持放大的态势，这是"众人拾柴火焰高"，上升动力足的标志，表示上涨势头仍在延续；如价格走势仍在上涨，而成交量却开始缩小，这是上升动力减弱的标志，往往预示着升势已到了"曲高和寡"的地步，是大市回头的征兆。

反之，价位走势开始下跌，成交量大增，这是"墙倒众人推"，下跌动力强的标志，预示着跌势风云初起，后市空间较大；价格走势持续下跌，但成交量却在不断缩减，表明跌势的持续已导致卖盘离场意愿越发下降了，是下跌动力减弱的标志，也是市场或个股有望迎来阶段性反转的信号之一。

一般而言，向上突破颈线位、强压力位时，成交量放大是判断突破有效性的重要依据，即上涨，特别是突破，要有成交量的配合，这是动力充足的标志；但向下破位或下行时却不需要成交量的配合，无量向下一路跌，直至再次放量，显示出有新资金入市抢反弹或抄底为止。

图 1-9 是上海银行 2023 年 10 月至 2024 年 9 月走势图。如图中标注，在该个股价格稳健攀升的过程中，可以看到，成交量保持着温和放大的态势，这是上升动力足的标志，也预示了上升行情的延续；随后，在高点出现了一

波明显回落且量能放大，这说明此位置点的下跌动力也较强，表明上升行情遇到了明显的阻力，原有的稳健攀升格局或将打破，操作中，应注意规避深幅调整或趋势转向的风险。

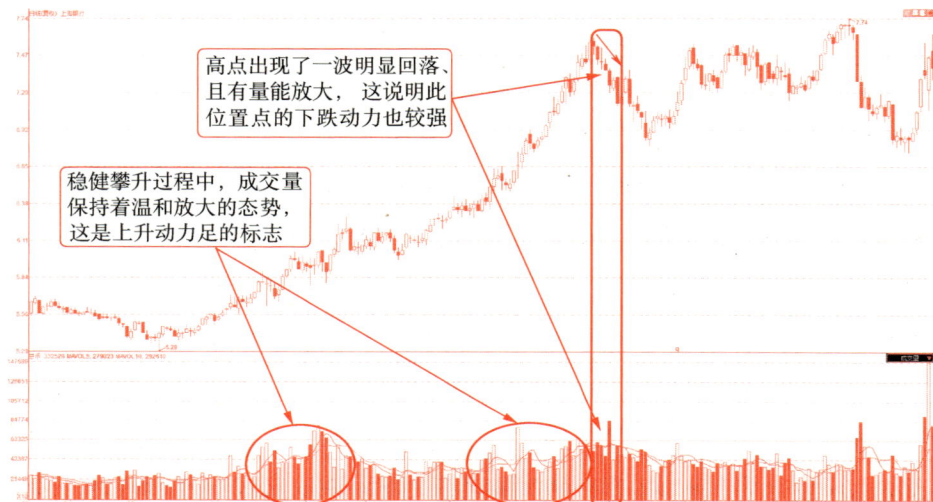

图1-9　上海银行2023年10月至2024年9月走势图

1.2.4　主力的市场行为

主力与散户是两类截然不同的投资者。散户的市场行为重在一个"散"字，其买卖行为比较随意，无法形成合力，对于价格走势的影响力较小；主力则不同，主力往往手握大笔资金，买卖力度强大，而个股的流通筹码又是有限的，当主力大量买入卖出一只个股，或是手中握有大量股票筹码时，会对个股走势造成明显的影响，一些实力较强的主力甚至能够引导个股行情的发展方向。对于散户投资者来说，正确地分析主力市场行为，才能紧跟主力步伐，实现低点买、高点卖，获取远高于市场平均水平的收益。

主力的市场行为多种多样，一般可以分为建仓、洗盘、拉升、出货等，由于主力的买卖力度较大，主力进出个股会打破市场原有的筹码供求关系，进而造成量能形态的变化，有经验的投资者就可以通过量能变化来分析主力的市场行为。

例如：在主力建仓阶段，若建仓时机相对短暂且建仓筹码数量较多，主力若想成功建仓，势必要在相对短暂的时间内进行大力度的买入操作，这也必然会使得个股出现一定的放量。又因为主力加入了买方阵营，势必会导致多方力量明显增强，因而，"放量上涨、缩量回调"就是主力建仓时的量价表现方式之一。

主力买入一只股票的数量不同、计划持有的时间不同，个股在二级市场上反映出来的价格走势、量能变化往往也不尽相同。例如：若主力在吸筹力度较弱的时候就开始拉升个股，助推价格上涨，由于此时市场上的浮筹数量仍然较多，因而在拉升阶段多会出现放量上涨、量价齐升的形态；反之，若是主力吸筹力度较强，由于市场浮筹较少，拉升时面对的获利抛压就会很轻，这时一般就不会出现明显的放量上涨或量价齐升形态。如果我们不了解成交量所蕴含的主力行为信息，仅凭一些经典的量价理论、量价关系来分析，得出"缩量上涨、行情无力"的结论，自然是错误的，也会错失分享主力拉升成果的机会。其实主力完全可以在控盘能力较强的情况下实现缩量拉升。因此，结合成交量形态，从主力市场行为的角度来分析一只个股，可以更好地理解价格走势，也更有机会把握住更有上涨力度的个股。

图1-10是利欧股份2024年7月15日至10月17日走势图。在该个股价格脱离盘整区的一波快速上涨过程中，成交量不断放大，这是买盘资金加速入场的标志，但不断放大的量能同时也表明市场抛压不断增强。随后，个股价格出现了一波快速回落且幅度较大，值得注意的是，这一波快速回落时成交量大幅缩减，显示了筹码的良好锁定性。结合股价的整体走势来看，虽然经历了这一波上涨，但仍处于相对低位区，因而主力在之前放量上冲时实施建仓的可能性较高，这也可以较好地解释为什么回落时缩量。操作中，在回落幅度较大时，可以适当买入，跟随主力。

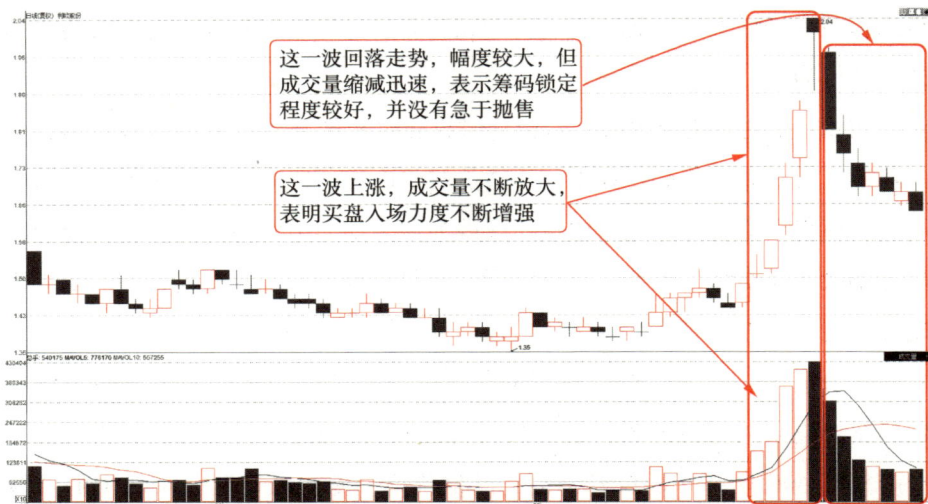

这一波回落走势，幅度较大，但成交量缩减迅速，表示筹码锁定程度较好，并没有急于抛售

这一波上涨，成交量不断放大，表明买盘入场力度不断增强

图1-10　利欧股份2024年7月15日至10月17日走势图

图 1-11 标示了此股 2024 年 10 月 17 日之后的走势情况，可以看到其随后的上涨力度较大，这或许与主力的积极运作密切相关。

2024-10-17

图1-11　利欧股份2024年8月至11月走势图

1.2.5　价格走势的前兆

"量在价先"是股市中的一句谚语，这句话充分体现了成交量的重要作用。

技术分析中的四个核心要素是价、量、时、空，价格走势、时间、空间这三个要素是技术分析中的最基本信息，成交量能够与它们并列在一起，可见其重要性。

那么，成交量是如何成为价格走势的先兆呢？我们知道，不同的量价形态蕴含了不同的市场含义（如"价升量增""价跌量缩"等），成交量之所以能够预示价格走向，是因为在结合价格走势的基础上，成交量的不同变化方式蕴含了不同的多空含义，在一波上涨或下跌过程中，即使价格走势完全相同，如果成交量的变化方式迥异，则未来的价格走向也可能完全不同。所谓的量在价先就是指：在价格走势未见明显变化的时候，基于成交量的特定变化方式，我们可以提前预测价格走向。

"量在价先"这句话概括出了成交量的作用所在，这也是量价分析方法的精髓所在。量价分析方法，也正是通过识别、分析不同的量价组合形态，来解读市场多空力量的变化，进而帮助我们做出更为准确的买卖决策。

图1-12是天津普林2024年7月至11月走势图。该个股价格在低位区长期盘整后，出现了强势的上涨，这种强势且具有独立性的上涨多与主力的积极助推、市场追捧有关，而个股一般也有题材面、消息面支撑。在分析行情的持续力度时，量价配合就是一个很好的切入点。

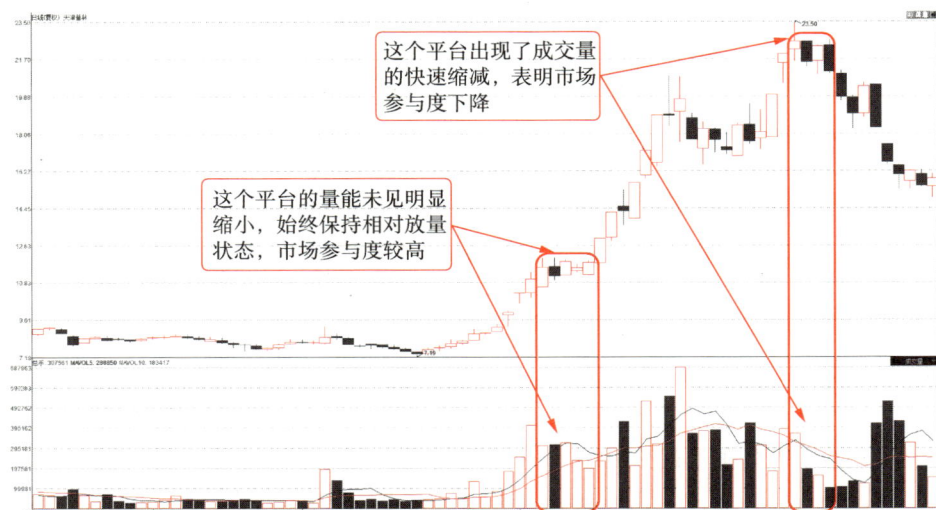

图1-12 天津普林2024年7月至11月走势图

如图中标注，在第一波强势上涨后的高位平台，价格走势呈横向窄幅波动，成交量依旧保持相对放大状态，这表明市场交投活跃、买盘入场积极，该个股仍是市场资金关注的品种，且此时的累计涨幅不大，从中长期来看仍然处于相对的低点，操作上，仍可继续看涨，采取积极买入持有策略。

但在第二个高位平台处，此时该个股价格累计涨幅极大，从这一轮行情的低点 7 元涨至当前的 23 元，上涨幅度超过 200%，且在平台整理的几日中出现了成交量快速萎缩的变化，这表明买盘入场意愿较低、市场参与度明显下降。在这种情况下，主力多会顺应市场风向而出货，而不是逆市拉升，操作中，应注意规避趋势转向风险。

通过上面的案例可以看出，在价格形态相近的情况下（都是横向的窄幅波动），由于成交量的变化方式显著不同，我们可以从量能的角度把握市场多空力量的变化，进而更好地预测价格走向，这就是"量在价先"。

1.3 量价综合分析方法

量价分析法，并不是单纯依赖 K 线与成交量，它是一种综合性的分析方法，需要统筹兼顾多种因素，既包括个股的业绩变化、行业前景、消息题材面等可能导致企业基本面变化的因素，也包括市场指数运行情况、个股的趋势方向、市场或个股的短期波动幅度等二级市场运行情况。在综合以上多种因素的基础上，观察价格运动与成交量的配合情况，即量价形态，把握多空力量变化，进而预测价格走势，这才是量价分析法的正确打开方式。本节中，我们来盘点一下在运用量价分析法时，有哪些市场要素需重点关注。

1.3.1 判断市场的趋势方向

个股的走势离不开市场的配合，在牛市中，个股易涨难跌；反之，在熊市中，则易跌难涨。在交易前，应首先观察市场的趋势运行情况。

趋势是金融市场（包括股票市场）客观存在的运行规律。"股市在中长期尺度上有着明确的运行方向"，最早提出这一思想的是道琼斯指数的创立者——查尔斯·亨利·道（1851—1902年）。后来，威廉姆·皮特·汉密尔顿和罗伯特·雷亚继承了查尔斯·亨利·道的思想，并系统地论述了股市的这种客观运行规律——趋势，他们两人所著的《股市晴雨表》《道氏理论》成为研究道氏理论，特别是理解趋势运行规律的经典著作。

虽然牛市不代表一定可以买入股票，熊市也不代表一定要卖出股票，但是，观察并分析市场的整体趋势运行情况，有助于我们更好地进行决策，是耐心布局、增加仓位等待上涨，还是博取反弹、轻仓进出？当市场处于整体低估状态且有企稳回升势头时，这是牛市或将出现的标志，此时的趋势方向大概率向上，应积极主动地进行建仓操作；反之，当市场处于整体高估且有下滑迹象时，这是熊市或将来临的信号，此时的趋势方向大概率向下，宜保守操作，耐心等待超跌反弹时机。

图1-13是上证指数2020年2月至2022年2月走势图。如图中标注，大盘指数自低点2646.80开始不断上涨，这一轮上涨行情持续时间很长，最高涨至3731.69点，随后，开始围绕3500点反复振荡。

图1-13 上证指数2020年2月至2022年2月走势图

一般来说，横向振荡是趋势运行状态不明朗的标志，随着振荡的持续，多方力量或空方力量会有一方慢慢增强，并最终打破振荡状态，向上突破或向下破位。

在本例中，从市场的趋势运行状态来看，这是一个相对高点区，在反复围绕 3500 点振荡的过程中，可以看到上下振荡幅度较大，却没能创出新高，这表明此位置区的多空分歧程度较大，多方力量有较大的消耗，市场指数向下跌破这个相对高位区的概率较大。如果此时参与交易，则宜短线、轻仓，且设好止损点。

图 1-14 标示了大盘指数随后的走势图情况。可以看到，在 2022 年 3 月至 4 月末期间，指数出现了两波快速、深幅下跌，如果我们在入场交易前只分析个股而不去判断市场趋势，即使个股的技术形态好、量价配合关系理想，在市场的快速下跌过程中，也往往会跟随下跌，从而造成亏损。

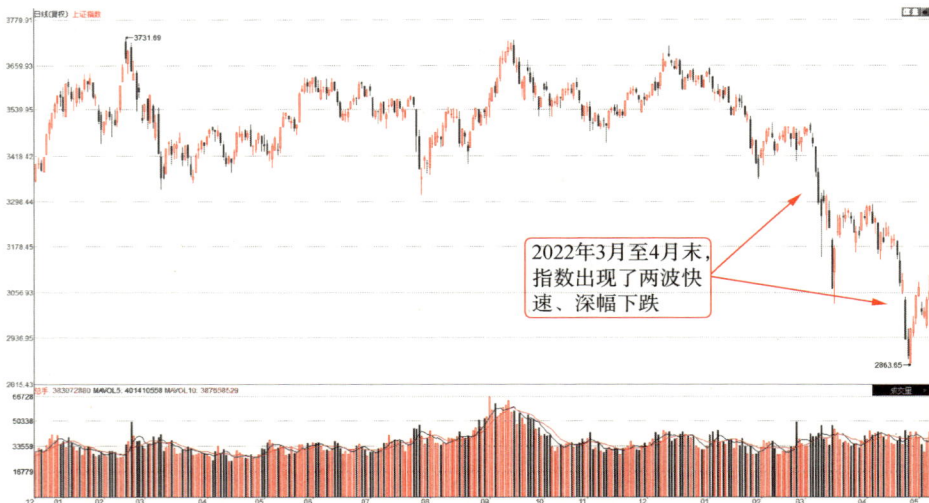

图1-14　上证指数2020年12月至2022年5月走势图

1.3.2　观察股价所处位置点

个股的运行虽然受到大盘的影响，但在指数波动幅度不大，特别是处于横向振荡中时，股价的涨跌主要取决于个股自身的强弱，那么，什么样的个股上涨动力更强，上涨潜力更大呢？一个重要因素就是：个股价格所在位置点。

将日 K 线图时间范围拉长，就会发现很多个股价格的走势呈大起大落状，在低点与高点之间演绎着上涨行情与下跌行情的交替。之所以这样，是因为价格涨上去了业绩却没有跟进，中期来看，自然是振荡下跌；反之，价格跌多了就会吸引抄底盘入场，从而酝酿上涨行情。

因而，如果我们想要更好地把握行情发展方向，入场前一定要观察股价所在的位置点，既要从中长期角度观察，也要从短期角度观察。从中长期角度来看，当前是处于累计涨幅较大的高位区间，还是累计跌幅较大的低位区间？从短期角度来看，当前是处于一波上涨之后的高点，还是一波下跌后的低点？

同样的量价配合，当其出现在不同的位置点时，所蕴含的多空含义也不一样。例如：在中长期高位区的振荡之中，如果一波振荡上涨中出现了明显的放量，则放量的性质更宜解读为卖压较重、突破阻力大，操作上，也宜逢高卖出；反之，如果是中长期低位区的一波振荡上涨中出现了明显的放量，则往往视为资金大力入场的信号，一旦股价向上突破了这个振荡区间，则很有可能打开广阔的上升空间，操作上，宜持股待涨。

图 1-15、图 1-16 分别为荣晟环保和湖南海利的走势图。如图中标注，这两只个股都在突破"整理区"时出现了跳空型的单日巨量阴线形态，量价特征相似，但随后的走势却截然不同。

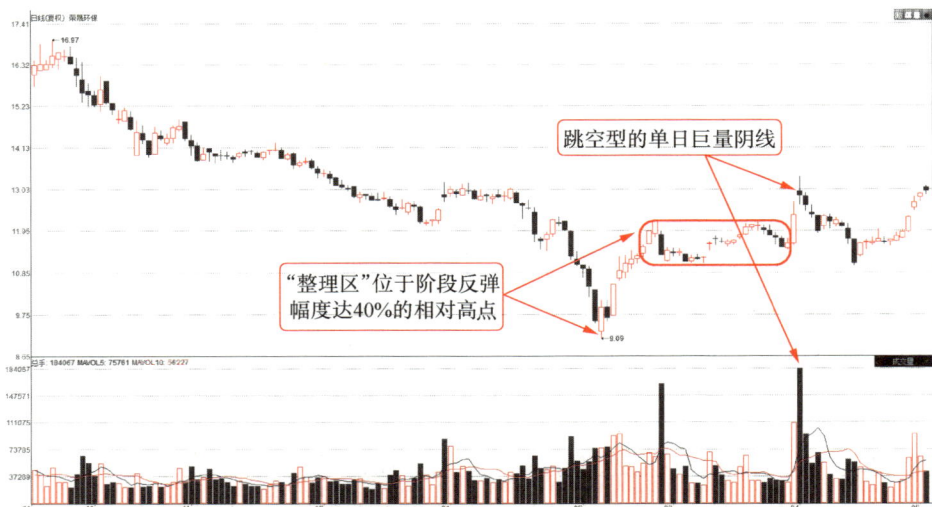

图1-15 荣晟环保2023年9月至2024年5月走势图

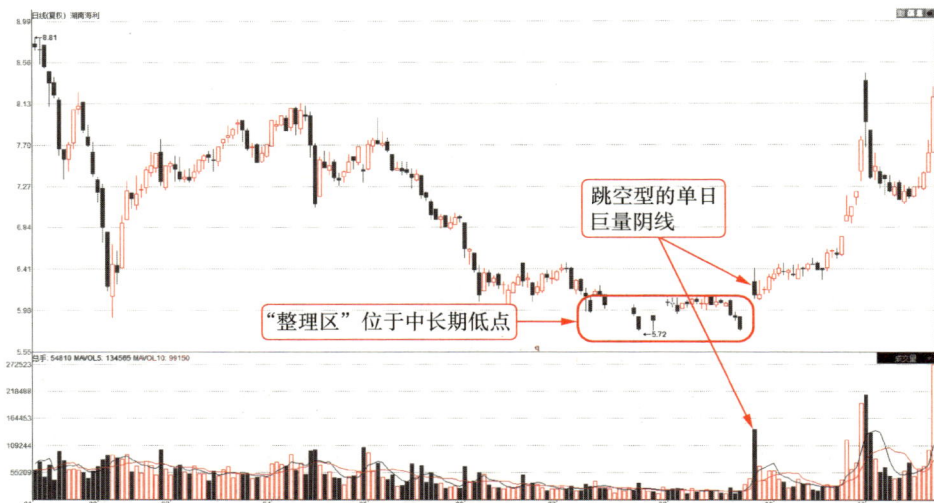

图1-16　湖南海利2024年1月至10月走势图

仔细观察两只个股的走势就会发现：荣晟环保的"整理区"位于阶段反弹幅度已达40%的相对高点，而湖南海利的"整理区"则位于中长期的低点，个股所处位置点的不同，也导致随后个股短期回落幅度及走势上的不同。

1.3.3　了解行业及个股基本面

从长期的时间跨度来看，股票的价值是围绕其实际价值波动的。"实际价值"既包括企业当前的真实价值，即盈利能力、行业地位等，也包括公司的发展前景、成长性，即预期盈利能力。

对于那些符合经济发展趋向的朝阳性行业，利用具有高科技特征的新能源、节能环保、芯片、人工智能等，这些行业都有着广阔的成长空间，如果企业做得好，如拥有人才优势、技术优势等，很容易打开市场空间，获得高速成长，从而实现盈利能力的逐年增强，体现在净利润上，就是一种复合形式的增长，必然会带动股票价格不断攀升，这就是典型的成长股。炒股就是炒预期，成长股可以说是股市的最大魅力所在，投资者一旦买入正确的成长股并能够耐心持有，往往能在几年之内实现本金翻倍，甚至翻数倍。

判断一个行业是否具有潜力，我们通过场外的各种新闻报道、财经评述、行业分析、政策扶持等角度来把握，一个很重要的标准就是这个行业符合经济发展方向，符合产业结构的升级、调整、替代。

对于个股的基本面，我们除了关注它的行业地位、技术优势、盈利状况等基本因素，还可以结合一些具有定量特征的财务指标、估值指标，如净资产收益率、市盈率等来分析。

1. 净资产收益率

净资产收益率，又称股东权益收益率，是公司税后利润除以净资产得到的百分比，用以衡量公司运用自有资本的效率。随着利润不断增长，企业净资产也会同步增长，但快速增长的净资产是否能同步创造出较高的利润呢？净资产收益率可以很好地反映出企业的资金运用效率。一般来说，在净利润能够实现较好增长的前提下，可以保持平均每年不低于 8% 的净资产收益率，意味着它的成长性较好，而连年超过 20% 的净资产收益率将带来奇迹。

2. 市盈率

股票没有好不好的问题，只有"贵不贵""值不值"的问题，低估时买入，高估时卖出，是一种重要的价值投资理念。估值状态常用市盈率这个指标来表示：市盈率 = 股价 / 每股收益。在每股收益不变的情况下，股价越高则估值状态越高，反之，则越低。牛市中的持续上涨往往使得市场整体的平均市盈率达到或超过 40，而熊市中的持续下跌则可能降至 18 以下。

市盈率多高算高估，多低算低估，并没有统一的标准，不同行业的平均市盈率相差极大，如银行股的市盈率可能只有 6 ~ 7，而同一时间，集成电路板块的市盈率则在 30 左右。分析个股市盈率高低的时候，有两个重要标准：一是从行业的角度，看看这个行业板块的历史市盈率变化情况，当前处在什么位置；二是从个股与行业对比的角度，看看这只个股与行业平均值相差多少。

1.3.4 参照消息题材触发因素

即使股市的整体表现不好，指数振荡下跌，仍然会有一些个股能够强势上涨，甚至是出现连续的涨停板走势，究其原因，消息面与题材面起着至关重要的推动作用。

消息主要是指那些实时性高、比较单一的事情，消息大多是一事一报，如股东增持、业绩预增、资产注入等。消息可以引发单独一只个股强势上涨。题材，也可以称之为概念，主要是指具有相似属性的某一个领域，可以是一个行业领域，也可以是一个地区，一个产业链，一个重要事件涉及的相关个股等。如新能源题材、超导题材、5G 题材等。题材如果被场内外投资者重点关注，那它就是一个热点题材，相关个股也会受到市场资金青睐，从而出现题材行情。

股票市场上的热点题材行情轮番上演。题材股的最大特点就体现在其上涨方式中，往往出现短线飙升，甚至是连续涨停。对于那些注重基本面分析的投资者来说，题材股的这种上涨方式是难以理解的，这是因为基本面分析者忽视了股市的预期性特点，炒股就是炒预期，题材股的想象空间极大，且兼有市场热度，股价自然会被市场重新定位，虽然当前的业绩毫无改变，但并不会影响它上涨。当然，题材股的快速上涨也离不开主力、游资的拉升，散户的助推，当题材股刚刚启动时，是最好的短线买入时机；若短期涨幅过大，则要注意规避风险。下面我们以一个题材行情——人工智能题材为例举例。

例如：2022 年 11 月 30 日，OpenAI 推出的一款人工智能技术驱动的自然语言处理工具——ChatGPT，迅速在社交媒体上走红，短短 5 天，注册用户数就超过 100 万人。2023 年 1 月末，ChatGPT 的月活用户已突破 1 亿人，一度成为史上增长最快的消费者应用。很显然，这会带动人工智能行业的发展，其热度也足够高，嗅觉敏锐的投资者如果能及时捕捉到这一消息，并将其与股市可能出现的人工智能题材行情相结合，就可以筛选相关个股，把握机会。

图 1-17 为科大讯飞 2022 年 9 月至 2023 年 7 月走势图。股价于 2023 年 1 月 16 日突破低位整理区后，开始了强势上涨行情，从 1 月 13 日的 35.00 元算起，至 2023 年 6 月 20 日的 81.80 元，涨幅超过 1 倍。作为一只盘子较大的绩优股来说，这样的走势、这样的涨幅已经是相当强势了。翻看其主营亮点，有这样的介绍："公司是中国人工智能产业头部企业。"可以说，科大讯飞在

2023 年上半年的强势上涨与市场对于人工智能题材的关注密不可分，正是受益于题材驱动，才能够在业绩未见明显变化的情况下，实现涨幅翻倍。

图1-17 科大讯飞2022年9月至2023年7月走势图

1.3.5 从主力的角度进行思考

主力，是决定个股价格走势的主导力量。主力的类型有很多种，市场游资、机构是最常见的两种。主力的资金实力强大，参与个股会导致市场筹码供求关系出现明显变化，进而影响价格走势，甚至改变价格运行轨迹。如果一只个股的题材面较好，就有可能获得主力青睐，其未来走势也必将受到主力的引导。作为散户投资者，我们也要学会从主力的角度来思考、把握个股的运行。下面我们先来看看主力控盘的流程。

一般来说，实力强大的主力参与一只个股有一个完整的过程，涉及多个控盘环节。

1. 建仓环节

建仓就是在合适的价位买入股票，建仓阶段是主力将自己的资金转换成股票筹码囤积起来的过程，其目的是等股价涨上去之后好高位抛出获利。买什么股、买入的数量、建仓的时间等因素，取决于主力的控盘策略。一般来说，长线主力多喜欢布局那些有业绩增长潜力的绩优股、成长股，而短线主力则往往顺应市场热点在短期内大量建仓题材股。

2. 拉升环节

所谓拉升，就是主力加入多方阵营，积极买入进而助推个股上涨。主力在建仓阶段的买入数量多，则控盘能力强，拉升时的阻力就小；反之，拉升时就会遇到较强的获利抛压。

不同类型的主力拉升方式也不相同，长线主力在拉升初期，为了避免引起市场关注，往往采用较为缓和的方式进行拉升，而短线主力为了聚集人气，很可能会采用较为激进的快速拉升方式。主力拉升股价也讲究时机，如果个股有好的题材面、消息面，市场氛围配合，则主力拉升时就可以充分借助市场的力量，少许助推就能起到四两拨千斤的功效。

3. 洗盘环节

洗盘中的"洗"是一种形象说法，目的就是洗掉那些持股不稳定、缺乏耐心的市场浮筹，从而为随后的拉升做准备。洗盘环节并不是必然出现的，一般来说，只有在股市出现振荡的时候，主力才能结合市场振荡进行洗盘。

在主力洗盘过程中，时间与空间是两个关键要素。时间方面，主力要把握好节奏。时间过长，会让投资产生普遍预期个股价格已进入顶点区，进而逢高卖出，这不利于后期再次拉升；时间过短，又难以较好地处理波动等，达到提高市场平均持仓成本的目的。空间方面，是指价格的上下波动幅度，幅度过小，只能洗掉个别缺乏耐心的持股者；幅度过大，又容易吸引大量短线客进行高抛低吸操作，不利于洗盘后的拉升。因而，对主力来说，把握好洗盘的时间与空间，既是一门学问，也是一门艺术。

4. 出货环节

出货，也称为派发，是主力在高位卖出筹码的一个环节。买得好，可以降低成本；卖得好，可以最大限度地获取利润。为了能更好地进行高位区出货，主力往往使股价长期停留于高位区，以此来麻痹散户投资者的高位风险警觉意识；但也有一些主力会先快速拉升，然后反手大量抛出，以吸引抄底盘入场，这也是一些个股出现尖顶反转的重要原因之一。一旦主力出货较多、获利丰厚，就可能会完全加入卖方阵营，陆续卖出手中剩余筹码，股价也将步入下跌通道。

了解主力的控盘流程，才能从主力的角度进行思考。主力的吸筹、拉升、洗盘等市场行为会使得筹码供求状况发生变化，这会反映到成交量中。例如：在上升波段中，若主力控盘能力较强（即建仓阶段买入了较多的筹码），个股上涨时的阻力就小，不需要太多的买盘入场就可以实现快速上涨，也不会出现明显的放量。如果我们不考虑主力因素，很可能就会认为这种"平量上涨"是多方力量不足的信号，进而做出错误判断。换个角度来看，透过量能的变化，结合主力控盘环节，我们可以进一步分析，个股是否有主力介入，主力当前的市场行为是吸筹还是拉升，从而更好地跟随主力开展交易。下面结合一个案例来看看如何从主力角度思考，如何跟随主力。

图1-18是拓维信息2024年4月至12月走势图。股价在向上突破低位区间后，强势的上涨行情是较为独立的，如果从主力的角度来思考这种走势，可以理解得更为深刻。

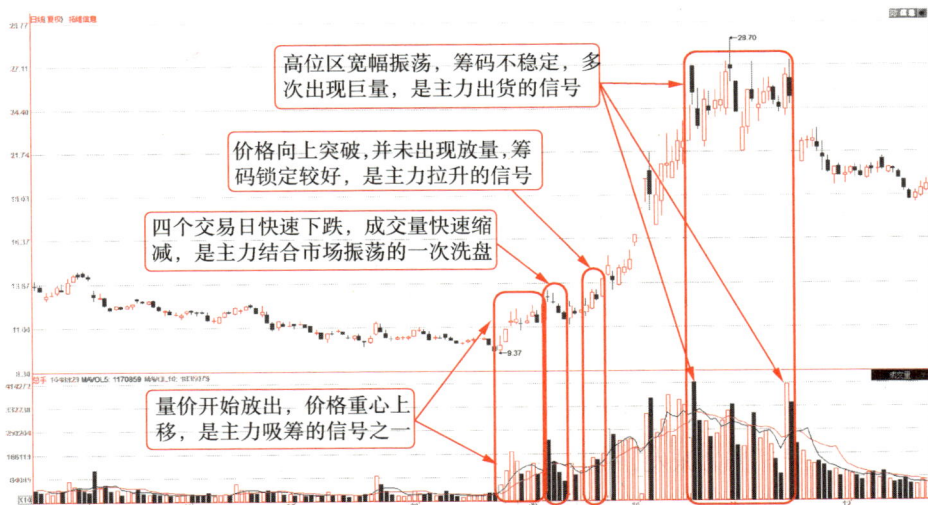

图1-18 拓维信息2024年4月至12月走势图

首先，在股价突破长期的低位区间时，出现了较为明显的放量，股价重心上移，但涨幅不大，这种走势或与主力建仓行为相关。量能的放大代表买盘入场积极，多方承接力量明显增强，如果将这种走势看作主力加入买方阵营导致的，就很好理解。

随后，股价在短线高点连续 4 个交易日快速回落，成交量快速缩减，表明市场抛压随着价格回落而明显减轻，市场筹码锁定度良好。短线回落时的低点是买入时机。

当股价再次回升并向上突破时，成交量未见明显放出，是一种平量式的突破，这彰显了市场筹码的良好锁定度。一般来说，这种情况常见于主力吸筹力度较大、市场浮筹明显减少的个股身上，此时的平量突破可以看作主力开始拉升个股的信号。

当经历了一轮较大幅度的上涨之后，股价在高位区出现了宽幅振荡，这期间多次出现巨量形态，"宽幅振荡"与"巨量"这两种形态都是市场筹码极不稳定的标志，也可以理解为主力的控盘能力明显下降，而这多与主力的出货行为相关，操作上，就应该逢高卖出了。

1.3.6 解读量价形态多空含义

从市场的趋势、股价所处位置点、行业及个股基本面、消息及题材、主力控盘等角度来分析、把握价格走势固然重要，但它们更多是一种辅助作用，以进一步提升交易的成功率，量价分析方法的核心还是成交量与价格走势的配合关系。

量价分析法的核心就体现在各种不同的量价形态上，每一种量价形态都蕴含了一定的多空信息，透过盘面上呈现的不同量价形态，再结合市场趋势、股价位置点等因素，我们可以解读多空力量变化情况、主力行为情况，进而较为准确地预测价格运行方向、实施买卖决策。

图 1-19 是高争民爆 2024 年 2 月至 7 月走势图。股价在上涨后的相对高位区出现了横向振荡，如图中标注所示，在 2024 年 7 月 30 日前的一波回落走势后，股价达到振荡区低点，那么，随后的价格方向是向上反弹并维持振荡的概率大，还是向下破位的概率大呢？通过量价配合情况，我们可以做出一个判断。

图1-19　高争民爆2024年2月至7月走势图

这一波回落的过程中，可以看到成交量不断缩减，在回落后的低点，成交量接近几个月以来的低值，是一种明显的缩量状态。这也表明此时的市场抛压极轻，只要个股没有利空消息、大盘走势稳健，反弹向上的概率更大，操作中，是可以适当短线买入参与的。图 1-20 标示了此股在 2024 年 7 月 30 日之后的运行情况。

图1-20　高争民爆2024年3月至12月走势图

1.4 "盘口"中把握多空力量

在量价分析方法中,除了量价形态,还有一些较为重要的盘面数据值得关注,它们从不同侧面反映着市场的成交情况,有助于我们更全面地把握市场多空力量变化。本节中,我们就来了解一下这些重要的盘口数据。

1.4.1 "资金流向"提示市场热点

在对股市的报道中,我们经常会听到"资金流入 ×× 板块""流出 ×× 板块"的说法,从走势来看,资金流入的板块涨势更好,流出的板块则表现不佳,这里的资金流入或流出就涉及"资金流向"这个概念。

资金流向(Money Flow)是一个重要的概念,它揭示了投资者买入和卖出股票的资金流动情况,并反映了市场的动态,以及投资者对股票的信心和预期。

交易是双向的,那么,一笔交易是应该计入资金流入还是计入资金流出?一般来说,是通过考察成交单的方向来定义资金流向的。如果一笔成交是买方主动买入,即主动性买盘,表明买方的意愿更强烈,该笔成交计入资金流入;反之,如果是卖方主动卖出,即主动性卖盘,则该笔成交计入资金流出。

另外,还可以根据单笔成交量的大小将主力资金和散户资金加以区分,这样就可以很好地将机构资金的动向展示给投资者。

了解资金流向这一概念,可以帮助我们判断市场趋势、了解市场热点、分析个股走势。例如,对于市场整体的趋势运行来说,资金流向能够反映出市场的多空力量对比:如果资金持续流入市场,表明市场处于多头趋势;反之,则可能意味着市场面临调整。对于板块或个股来说,投资者可以通过资金流向筛选出受到资金青睐的板块或股票。资金持续流入的板块或股票,通常具有更好的上涨潜力,是值得关注的投资方向,特别是当这个板块或个股仍处于相对低位区时;反之,资金持续流出的板块或股票,容易出现下跌或短期回调,特别是当这个板块或个股处于大涨后的相对高位时。

关于资金流向数据，一般来说，我们可以在一些专业的财经网站上查到。例如，同花顺网站的数据中心有资金流向的统计，如图1-21所示。又如，在东方财富网的"数据"栏目内（如图1-22所示），可以方便地查询市场或个股的资金流入流出统计数据。

图1-21　同花顺网站"资金流向"数据示意图

图1-22　东方财富网"资金流向"数据示意图

1.4.2 "委比"提示市场挂单信息

在每个交易日的盘中时间段，分时线呈现价格走势，而买盘（或卖盘）

则能体现多方的承接力度（或上涨阻力）。在行情软件中，买盘与卖盘一般都各有五档价位，既是我们了解投资者挂单情况的窗口，也是盘口分析时的重要参考数据。

委比就是用来反映买卖盘挂单数对比情况的一个指标。它的计算公式为：

委比＝［（委买手数－委卖手数）÷（委买手数＋委卖手数）］×100%

公式中，委买手数是指即时向下五挡的委托买入的总手数；委卖手数是指即时向上五挡的委托卖出总手数。

委比数值在±100%之间变化。当个股涨停时，委卖盘为0，只有五档委买盘（因为"买一"的价格就是当日最高的涨停价，所以不会有"卖一"价格出现），这时的委比值为100%；反之，当个股跌停时，此时委买盘为0，只有五档委盘（因为"卖一"的价格就是当日最低的跌停价，所以不会有"买一"价格出现），这时的委比值为"−100%"。

一般来说，在价格走势平稳的时候，委买盘与委卖盘的数量基本均衡，这时的委比并不具有明显的多空含义。在股价上涨时，若委比数值为正，说明有较多的委买单在下面承接，这是买方力量相对较强的体现；反之，在下跌时，若委比数值为负，说明有较多的委卖单压在上面，这是卖方力量相对较强的体现。

除此之外，委比还可以帮助我们发现盘中出现的挂单异常。例如：大单压顶、大单托底。无论是买盘窗口，还是卖盘窗口，若某个价位委托单数量远高于其他价位，就可以看作大单子。例如：委卖盘上有大单子，就给人一种抛压沉重、难以上涨的感觉；卖买盘上有大单子，则给人一种承接力强、难以下跌的感觉。但大单压顶是否体现了主力的出货行为，大单托底是否是主力有意建仓的信号呢？则需结合价格走势来综合分析。

就实际情况来说，低位区的"大单压顶"与高位区的"大单托底"，往往是反向信号，与投资者的直观感觉刚好相反，大单压顶而股价不跌，多是机会；大单托底而股价不涨，往往蕴藏风险。

1.4.3 "量比"提示成交量异动

量比，即成交量的相对比值，它可以反映当日的成交量与过去一段时间的比值情况。其计算公式为

量比＝现成交总手／[（过去 5 个交易日平均每分钟成交量）× 当日累计开市时间（分）]

在量价分析方法中，量比可以帮助我们发现那些量能异动的个股。我们可以在涨幅排行榜中依据量比数值大小对个股进行排序（如图 1-23 所示），也可以在个股的分时图下方调出量比曲线走势图（如图 1-24 所示）。

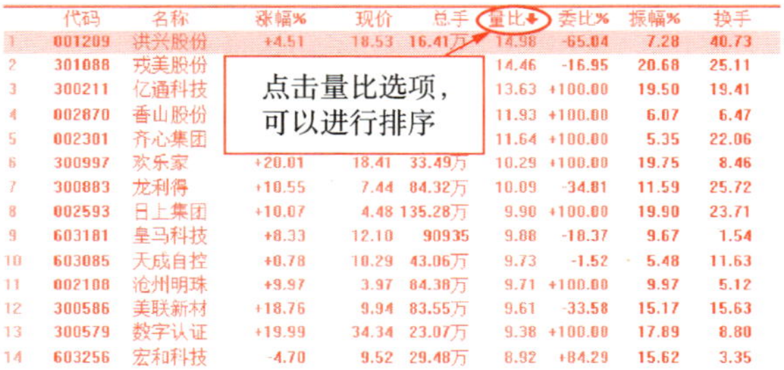

图1-23 涨幅排行榜量比排序示意图

图 1-24 是分时图中的量比曲线示意图。在分时图下方，一般可以看到"类比指标"的选项，点击即可调出量比曲线。量比曲线是以分钟为时间单位，将量比数值依次连接得到的一条平滑曲线。一般来说，通过一夜市场信息及人们心理上的变化，新的一个交易日开盘的时候，多空双方更易采取行动，特别是股价跳空高开或低开的时候，反映在量比数值上，就是很多股票开盘时的量比数值高达十几倍，随着多空交锋的缓和，量比数值随后会急速下跌。操作上，我们宜静待量比曲线稳定后再采取行动。

量比指标的重要用途之一就是发现那些出现了量能异动的个股。一般来说，量比数值大于 3 表明个股出现了明显的放量；而量比数值小于 0.5，则是明显的缩量。量能的放大或缩小，可能是短时间的偶然波动，也可能代表价格方向的选择，量比数值越大，价格走势往往波动越剧烈，操作上，我们要结合当日个股是否有重大事项公布、是否受到了市场消息面的影响、是否有

主力运作等分析放量的原因，只有找到了原因，才可以更好地把握机会、规避风险。

图1-24　分时图中的量比曲线示意图

1.4.4　"内外盘"提示市场买卖意愿

委比只是反映了买盘卖盘的委托情况，并不代表真实的成交；分析多空力量变化，我们还应了解主动性买盘与主动性卖盘的对比情况。一笔交易，要么是卖方报价后，买方主动以卖方价格买入，这是主动买入；要么是买方报价后，卖方以买方的报价卖出，这是主动卖出。

外盘，指以主动性买入方式成交的股票数量。内盘是指以主动性卖出方式成交的股票数量：成交量＝外盘＋内盘。

外盘大于内盘，说明主动性买盘更多，是多方力量较强的表现；反之，若内盘大于外盘，则说明主动性卖盘更多，是空方力量较强的表现。

当内外盘相差数量不大时，它并不具有明显的多空含义，但是，如果在较为典型的价位区出现明显差距，则应注意它蕴含的多空信息。一般来说，以下几种情况值得注意。

（1）低位区，价格走势企稳或向上。此时出现的外盘大于内盘可以看作场外资金积极入场、多方力量较强的标志，多预示着价格走势有望进一步上扬。

（2）高位区，价格走势滞涨或下跌。此时出现的内盘大于外盘可以看作场内资金陆续离场、空方抛压较重的标志，多预示着下跌行情将展开。

（3）上升途中，外盘大于内盘是买盘充足的体现，也是涨势将持续的标志；下跌途中，内盘大于外盘是卖盘充足的体现，也是跌势将持续的标志。

（4）振荡区间，若个股在盘口中常见外盘明显大于内盘却上涨无力或明显弱于大盘指数，这种情形常见于高位振荡区间，是卖压较强的信号，预示着后期破位向下的概率较大，应注意风险；反之，若个股在盘口中常见内盘大于外盘但价格走势较为平稳或明显强于大盘指数，是买盘支撑力较强的信号，预示着后期突破上行的概率较大，应注意把握振荡低吸的机会。

1.4.5 "换手率"提示筹码流动速度

"换手率"也称"周转率"，它体现的是一只股票在单位时间内的累计成交量与其流通总股本之间的比率，换手率可以很好地反映一只个股的筹码流通情况，是反映股票流通性强弱的指标之一。

其计算公式为：

换手率＝（单位时间内的成交量/流通股总股数）×100%

一般来说以交易日为时间单位的"日换手率"最为常用。

一般来说，日换手率超过10%，就属于筹码加速换手了，这种情况常出现在短期剧烈波动后的高点或低点，常预示着价格走势或将反转，应注意规避高点风险、把握低点机会。高换手率是最值得我们关注的，高换手率说明资金的流入流出速度较快。若高换手率是由主力资金流入、散户资金流出引发的，则往往预示着机会的到来；反之，若高换手率是由主力资金流出、散户资金流入引发的，往往是风险的预示。由于较长时间的高换手率体现了资金的进出量大、持续性强，因而在实盘操作中，能在较长一段时间内维持高换手率的股票极具实战价值。

当然，换手率是高还是低，并没有一个统一的标准，也要结合个股来分析。大股东持股比例较大，或是机构持仓数量较多的个股，即使出现了大幅放量，换手率也很难超过 5%，但对于这只个股本身来说，这就是很高的换手率了。除此之外，区间换手率也是一个实用性很强的指标，下面我们就来看看什么是区间换手率。

图 1-25 是新华传媒 2023 年 10 月至 2024 年 4 月走势图。如图中标注，在 2024 年 1 月 9 日、2 月 1 日、3 月 25 日，股价均位于短线上涨后的高点，这三日的换手率分别为 14.93%、10.42%、21.23%，当日均收于高开低走的阴线。一般来说，短线高点的高换手率且伴以阴线形态，表明在筹码高速换手的过程中，多方很难有效承接市场抛压，是短期走势易跌难涨的信号，操作中，应注意规避高点风险。

图1-25　新华传媒2023年10月至2024年4月走势图

主力资金规模庞大且买入数量多的个股，只有流通筹码经历了较为充分的换手，才能够完成区间内的建仓或出货操作，因而，区间换手率可以帮助我们分析主力在某个振荡区间内的吸筹或派发能力。一般来说，在低位振荡区，如果主力要实现较大力度的吸筹，区间换手率不能低于 200%；同理，在高位振荡区，若区间换手率低于 50%，主力也难以顺利在高位实现派发。当然，主力的市场行为也会随行就市，建仓筹码，不一定都在低位振荡区买入，也可能在上升途中不断吸纳；卖出筹码，也不需要都在高位区完成，完全可以在股价下跌过程中快速出货。

图 1-26 是上海机电 2023 年 12 月至 2024 年 11 月走势图。股价在低位区的横向振荡时间持续极长，交易主要位于10.5～12.5元区间，累计换手率在150% 左右，筹码换手非常充分。正是基于充分的筹码，主力才有可能实现低位区较为充分的建仓，个股在主力建仓之后也才能有更好的上涨潜力。当然，充分换手只是主力实现充分建仓的条件之一，并不必然预示有主力介入个股，操作上，我们还须结合多种因素，如题材面、量价配合、与市场的强弱对比等，来综合分析一只个股是否有主力介入。

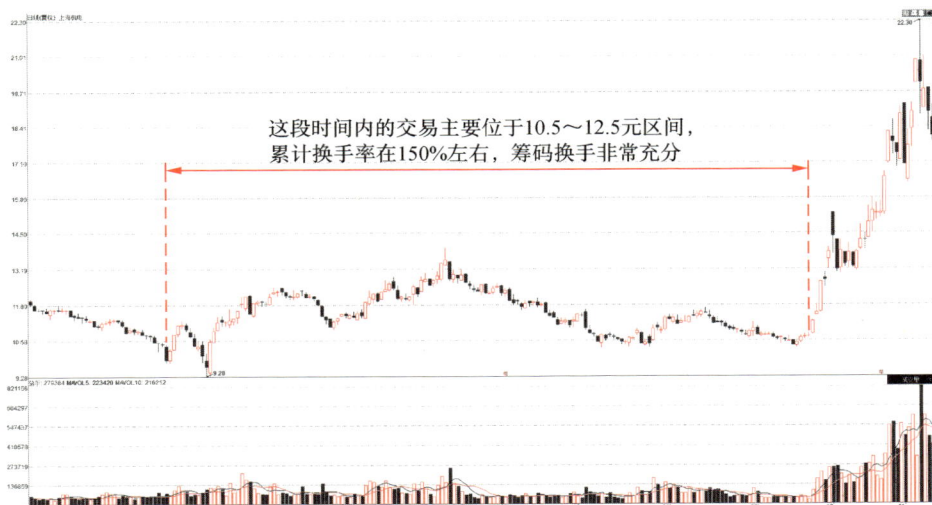

这段时间内的交易主要位于10.5～12.5元区间，累计换手率在150%左右，筹码换手非常充分

图1-26　上海机电2023年12月至2024年11月走势图

1.4.6　"区间换手率"提示成本变化

一般来说，振荡区间的累计换手率能够达到 200%，就意味着市场的整体持仓成本位于这个振荡区间内，而市场持仓成本对于价格走势有着重要的指示作用。

在低位振荡区，筹码充分换手后，市场的整体持仓成本就位于这个低位区间，在价格回落到振荡区低点时就会遇到较强支撑，随着多方力量的积累，向上突破的动能也会不断增强；反之，在高位振荡区，筹码充分换手后，市场的整体持仓成本就位于这个高位区间，在价格反弹到振荡区高点时就会遇到较强阻挡，随着空方力量的积累，向下破位的动能会不断增强。

区间换手率是指个股在某一段时间内的累计换手率。例如：某只个股连续10个交易日的换手率之和（即累计换手率）为100%，可以简单理解为个股的全部流通筹码已经历了一次换手。当然，这只是一种简化的理解，因为很多投资者在频繁地买卖一只个股，而且大股东很少参与二级市场交易，换手率为100%并不意味着持股者完全转换，它只是表明个股流通筹码的换手较为充分。

在股票行情软件中，我们一般可以在菜单栏里找到"区间统计"（或"时段统计"）的相关功能选项，或者更简单的方法是使用鼠标右键来"框定"要统计的时间段。

例如：在同花顺行情软件或大智慧365软件中，在K线走势区域内，我们可以按住鼠标右键画一个矩形框（框的左侧为起始时间，右侧则为终止时间），这样就选中了一个时间段，随后松开鼠标，这时就会弹出一个快捷菜单，图1-27为大智慧365示意图，单击"时段统计"，就可以看到时段统计窗口（如图1-28所示），这里面的各项数据都是在这个时间段内统计的。例如：最高价是指这段时间内出现过的最高成交价，而其中的"换手率"数据就是指区间的累计换手率。

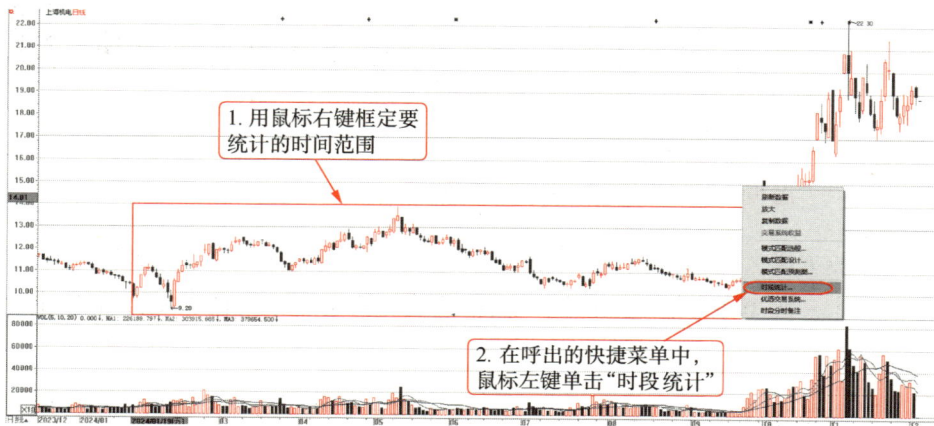

图1-27　大智慧365区间换手率调用（上海机电）

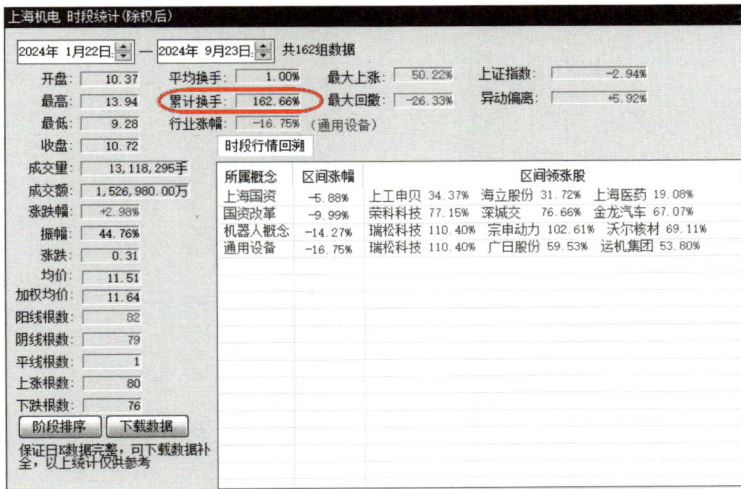

图1-28　时段统计窗口示意图（上海机电2024-01-22至2024-09-23）

第 2 章

价的基础：K 线形态与模式

量价分析，是依据"价"与"量"的配合关系进行分析。价主要体现在价格形态（即 K 线形态）上。在很多时候，成交量的变化力度较小，如较为温和的放量或缩量，此时，一些典型的 K 线形态就成了重要线索，它们往往能可靠地预示走势的转向，我们将其称为关键 K 线形态。这些关键 K 线形态可以是形态特征较为鲜明的单日 K 线，也可以是双日、三日或多日的组合，还可以是具有一定整体特征的模式（如振荡模式、突破模式、波浪模式等）。正确地理解这些价格形态与模式的市场含义，是我们学好量价分析方法的重要基础。本章中，我们就来看看一些常见的 K 线形态与模式。

2.1　K线多空信息解读方法

在分析 K 线形态多空信息时，我们可以依据时间长短划分为三种级别：单根 K 线、组合 K 线（或称为 K 线组合，常见是双日组合与三日组合）、整体模式。在解读多空信息时，不同的级别有不同的侧重点。

一般来说，单根 K 线的多空信息体现在实体与影线的长度上，组合 K 线的多空信息主要体现在相互之间的位置关系上，而那些具有一定运动模式的整体 K 线形态，其多空信息更多地取决于支撑与阻力位的变化。本节中，我们就来看看如何解读这三种级别 K 线形态的多空信息，关于这三种级别的典型 K 线组合，将在随后小节中专门讲解。

2.1.1　单根K线之实体与影线

单根 K 线有两种类型：阳线与阴线，它们均由两部分构成：实体与影线单根 K 线示意，如图 2-1 所示。

阳线实体代表的是多方力量占优，阳实体越长，表明多方力量优势越明显；阴线实体代表的空方力量占优，阴实体越长，表明空方力量优势越明显。但我们也要关注实体的形成方式，一般来说，实体的形成应该源于盘中的持续上涨，而不是股价突发式跳动，如收盘前的快速上扬。

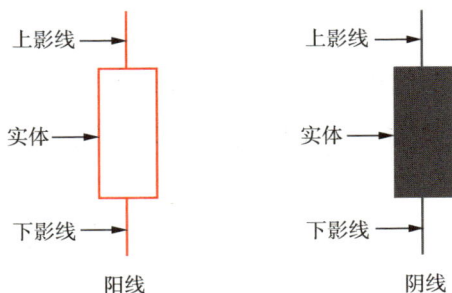

图2-1　单根K线示意图

影线则体现了多空双方的交锋过程，上影线出现，代表多方曾发动过攻击，但遇到了空方抛压，影线越长，多方胜果越小；而下影线出现，则代表空方曾发动过攻击，但获得了多方的承接，影线越长，空方力胜果越小。

对于单根K线，实体与影线的长度是了解其多空信息的关键。实体的长短既直接体现了开盘至收盘这段时间的涨跌成果，也是多空双方力量对比的一个标志。实体与影线的长度对比情况可以呈现单根K线的多空信息。一般来说，影线明显长于实体，则影线是分析的重点。是上影线还是下影线，它们体现了多空双方的交锋过程。影线越长，则其所具有的多空指向性越强。如果是实体明显长于影线，则实体是分析的重点。是阳实体还是阴实体，实体越长，其所具有的多空指向性越强。

单根K线蕴含的多空信息还应该结合中短期走势来分析，同样的单根K线形态，出现在不同的走势中，可能有着截然相反的多空含义。例如：以长下影线为例（实体为较短的阳线或阴线），这种K线形态，当它出现在短线大跌之后，反映的多空信息是空方的抛售获得了较强的承接，是买盘入场的信号，多预示着反弹；而当其出现在短线大涨之后，所反映的多空信息则是空方抛压剧增、主动抛售意愿较强，虽然盘中获得了多方承接，但对买盘的消耗较大，多预示着下跌。因而，我们一定要结合股价运行情况来分析单根K线形态。

2.1.2　组合K线之相互位置

单根K线的多空信息主要体现在实体与影线的关系上，组合K线的信息则主要体现在 K 线与 K 线之间的位置关系上。首先，我们以两根 K 线为出发点，这是最简单的组合 K 线。

分析两根 K 线组合，需要先设定第一根 K 线为参照系，由上至下对第一根 K 线进行多空区域的划分。单根 K 线多空区域划分示意，如图 2-2 所示。

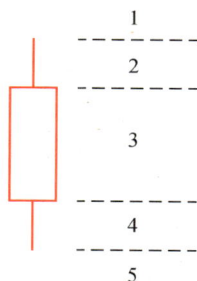

图2-2　单根K线多空区域划分示意图

从区域 1 到区域 5 代表着价格不断下降，同时，它也是多方力量变弱、空方力量变强的过程。

两根 K 线组合中，第一根 K 线是基础，第二根 K 线是判断行情的关键。第二根 K 线所处的位置区域越高，代表多方力量越强。两根 K 线所蕴含的多空力量变化就体现在它们的涨跌（即阴线或阳线）及相互位置关系上。典型的多方占优及空方占优示意，如图 2-3 所示。

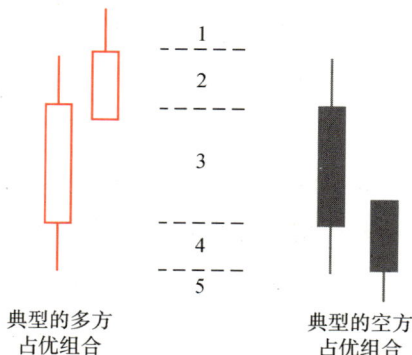

典型的多方
占优组合

典型的空方
占优组合

图2-3　典型的多方占优及空方占优示意图

图中左侧为典型的多方占优组合：两根 K 线均为阳线，且第二根 K 线位于更上方的区域，从图 2-2 可知，这是多方力量更强的区域；与之相反，典型的空方占优组合由两根阴线构成，且第二根阴线位于更下方区域。简单来说，对于两根 K 线的位置关系，可以这样理解：如果第二个交易日中多空双方密集交投的区域越高，则上涨倾向越强；反之，如果第二个交易日中多空双方密集交投区域越低，则下跌倾向越强。

2.1.3　整体K线之支撑点与支撑线

将价格走势的时间轴拉长，我们可以看到价格运行轨迹往往具有一定"模式"特征，例如：横向的上下振荡呈现出"箱体"特征、向上的振荡攀升呈现出"波浪"特征、低位的转向呈"V"形特征或"下圆弧"特征、高位的转向呈"∧"形特征或"上圆弧"特征，等等。这就是整体 K 线形态。

整体 K 线形态能够反映出市场多空力量的整体对比、变化情况，有助于我们把握中期走向，特别是在分析趋势状态时，整体 K 线在顶部与底部的判断中，有着重要作用。对于整体 K 线来说，虽然有很多经典的"模式"，例如：上面提到的圆弧底、圆弧顶，但更多的时候，市场在运动中并不会呈现出这些经典的模式，因此，我们需要掌握分析方法，这个方法主要体现在对"支撑"与"阻力"的研判上。

支撑点，称为支撑位，是价格回落时遇到支撑的点位。所谓的支撑点，就是空方力量明显减弱、多方力量开始增强的位置点。在价格急速下跌或缓慢回落的过程中，随着价格的下降，持股者卖出意愿下降、观望者买入意愿增强，价格下跌将遇到支撑。支撑可以是"不牢固的"，即短暂的企稳后会再度下跌；也可以是"牢固的"，即价格走势止跌回升。值得注意的是，支撑点并不是一个精确的价格，一般来说，它以价格走势由跌转涨时的首个交易日的收盘价为依据，上下可以略有浮动，只要随后的价格走势未能有效跌破这个位置即可。实盘中，我们须结合技术面、基本面、市场环境等因素综合分析，把握支撑位。

图 2-4 为下跌中的"牢固型"支撑点示意图。可以看到，在这一波急速下跌过程中，在累计跌幅极大的情况下，连续 5 日收于小阳线或小阴线，下方虚线所在位置（即止跌企稳整理时的首个交易日收盘价）没有跌破，价格重心没有进一步下降，这就是一个短期支撑点，从随后的走势来看，这个短期支撑位是"牢固的"，是空方力量转弱、多方力量转强的一个位置点。

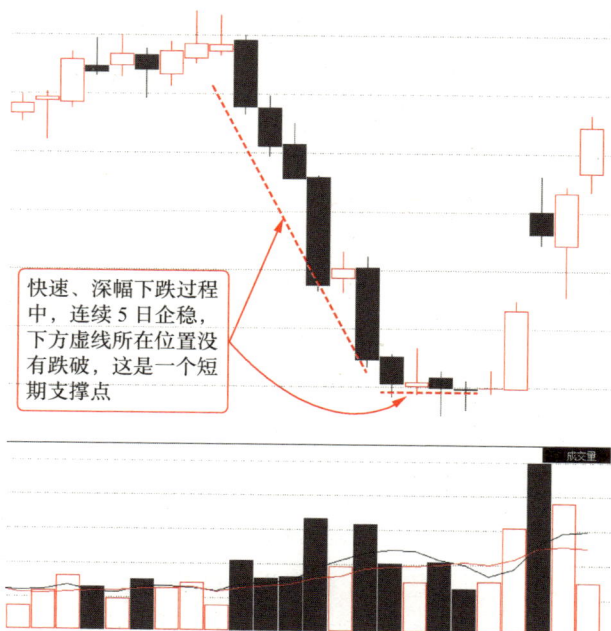

快速、深幅下跌过程中，连续 5 日企稳，下方虚线所在位置没有跌破，这是一个短期支撑点

图2-4　下跌中的"牢固型"支撑点示意图

图 2-5 为下跌中的"不牢固型"支撑点示意图。如图中标注，在持续下跌过程中出现了横向整理走势，这打破了原有的下跌节奏，在整理过程中，首个交易日收盘价可以视为支撑点，如图中虚线标注所示，价格走势在此位置点获得支撑，但从随后的走势来看，这是一个"不牢固型"的支撑点，只是暂时性的支撑。

随着价格整体运行方向的推进，支撑位也不是一成不变的，如在振荡上升过程中，支撑位会不断走高；反之，在振荡下降过程中，支撑位则会不断降低。将振荡起伏中的两个低点（以收盘价为准）或两个以上的低点进行连接，就得到了一条反映支撑位变化的直线，这就是"支撑线"。

支撑线，也称为上升趋势线，关于上升趋势的分析，技术分析方法更关注支撑点的变化，这是入场时机的提示。支撑线的主要作用在于显示价格波动过程中的支撑位置，如当价格运行处于上升趋势状态时，每当价格经一波上涨后再次回落到支撑线附近时，往往会获得买盘的大力买入，并对价格下跌起到较强的支撑作用，从而促使行情再度回归到上升通道中；但是，当市场或个股累计涨幅较大的时候，一旦在波动过程中跌破此线，往往意味着上升趋势即将结束，是行情反转的信号。

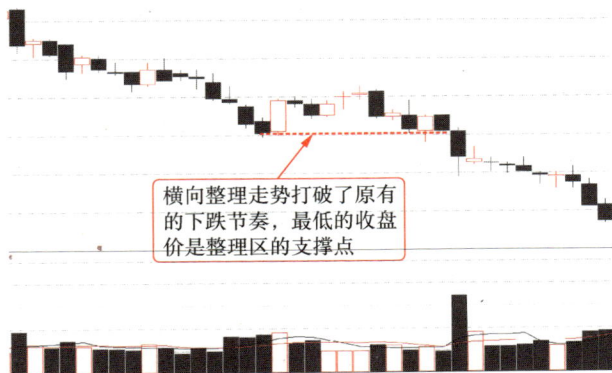

横向整理走势打破了原有的下跌节奏，最低的收盘价是整理区的支撑点

图2-5　下跌中的"不牢固型"支撑点示意图

图2-6为同益股份2023年12月至2024年11月走势图。如图中标注，在价格走势图跨度时间范围较长、能够体现整体运动模式的情况下，将个股上下波动中的两个回落低点连接，就得到了一条支撑线，它的作用在于显示以后振荡回落时的支撑位置。但是，若支撑线跌破了，就意味着原有的振荡模式被打破了，往往也标志着原有的多空力量对比格局发生转变，操作中，此时要结合个股的累计涨跌幅、价格位置区间、大盘走势等综合分析价格走向。

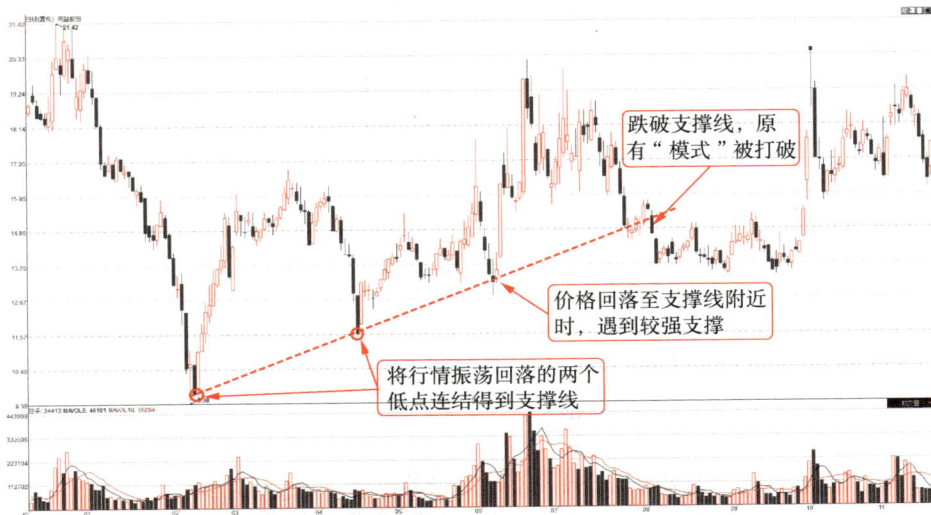

跌破支撑线，原有"模式"被打破

价格回落至支撑线附近时，遇到较强支撑

将行情振荡回落的两个低点连结得到支撑线

图2-6　同益股份2023年12月至2024年11月走势图

2.1.4　整体K线之阻力位与阻力线

与支撑点的作用正好相反。阻力点，也称为阻力位，是价格上涨时遇到阻挡的点位，所谓阻力点，就是多方力量明显减弱、空方力量开始增强的位置点。在价格急速上涨或缓慢攀升过程中，随着价格的上升，持股者获利卖出意愿会增强、观望者买入意愿会下降，价格上涨将遇到阻挡。阻挡可以是"不牢固的"，即短暂的停滞后会再度上涨；也可以是"牢固的"，即价格走势掉头向下。

同样，阻力点并不是一个精确的价格，一般来说，它以价格走势由升转跌时的首个交易日收盘价为依据，上下可以略有浮动，只要随后的价格走势未能有效突破这个位置即可。实盘中，我们须结合技术面、基本面、市场环境等因素综合分析，把握阻力位。

图 2-7 为上涨中的"牢固型"阻力点示意图，可以看到，在一波快速上涨过程后的高点，涨势趋缓，价格走势开始横向整理，上方虚线所在位置（即整理区首个交易日的收盘价）在随后的运行中没有被突破，这就是一个短期阻力点，从随后的走势来看，这个短期阻力位是"牢固的"，是多方力量转弱、空方力量转强的一个位置点。

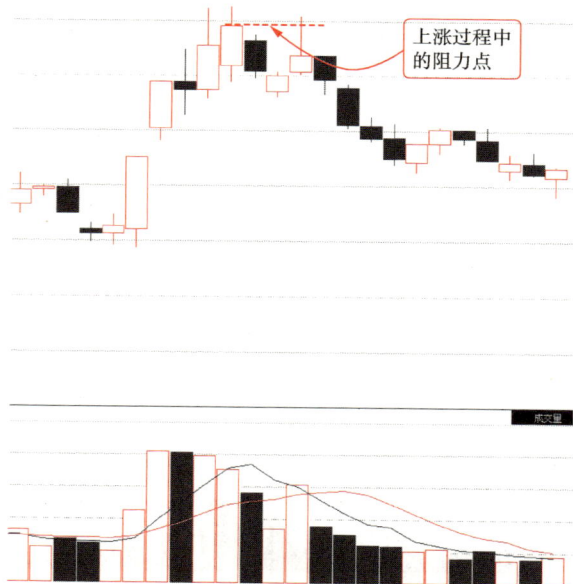

图2-7　上涨中的"牢固型"阻力点示意图

图 2-8 为上涨中的"不牢固型"阻力点示意图。如图中标注，在一波上涨过程中出现了横向整理走势，这打破了原有的上涨节奏，在整理过程中，首个交易日的收盘价可以视为整理区的阻力点，如图中虚线标注所示，价格走势在此位置点遇到阻挡，但从随后的走势来看，这是一个"不牢固型"的阻力点，只是暂时性的阻挡。

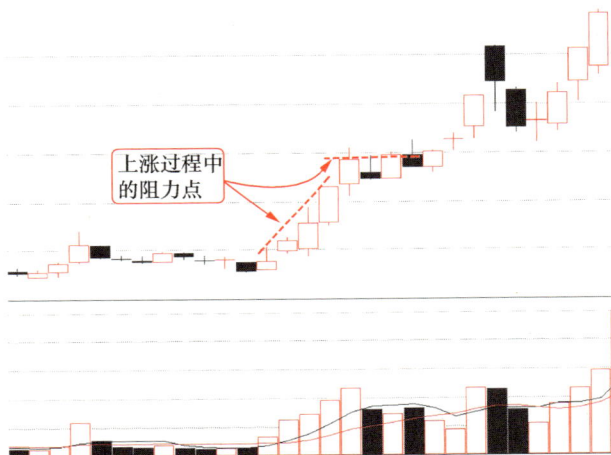

图2-8 上涨中的"不牢固型"阻力点示意图

随着价格整体运行方向的推进，阻力位也不是一成不变的，例如：在振荡下降过程中，阻力位会不断下降；反之，在振荡上升过程中，阻力位则会不断上升。将振荡起伏中的两个高点（以收盘价为准）或两个以上的高点进行连接，就得到了一条反映阻力位变化的直线，这就是"阻力线"。

阻力线，也称为下降趋势线，关于下跌趋势的分析，技术分析方法更关注阻力点的变化，这是反弹离场时机的提示。阻力线的主要作用在于显示价格波动过程中的阻力位置，如当价格运行处于下跌趋势状态时，每当价格经一波反弹后再次回落到阻力线附近时，往往就会有大量的卖盘离场，并对价格上升起到较强的阻挡作用，从而促使行情再度回归至下跌通道中；但是，当市场或个股累计跌幅较大的时候，一旦在波动过程中突破此线，往往意味着下跌趋势即将结束，是行情反转的信号。

图 2-9 为金种子酒 2024 年 2 月至 11 月走势图。如图中标注，将股价上

下波动中的两个反弹高点连接，就得到了一条阻力线，它的作用在于显示以后振荡反弹时的阻挡位置。但是，若阻力线被突破了，就意味着原有的振荡模式被打破了，特别是在累计跌幅较大的背景下，一旦阻力线被有效突破，往往意味着行情的反转。值得一提的是，在振荡下行过程中，阻力线可以被短暂突破，但若随后的价格走势难以企稳，这往往并不是有效的突破，操作中应谨慎抄底。

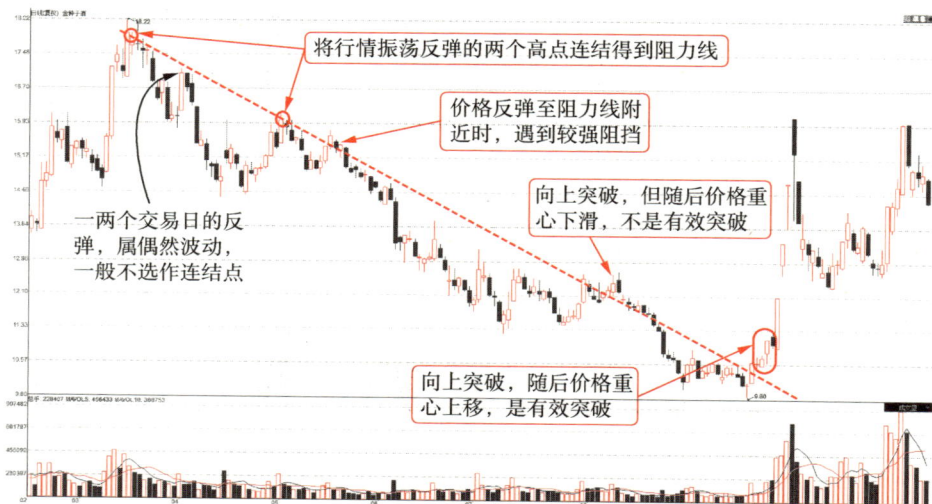

图2-9　金种子酒2024年2月至11月走势图

2.2　单根K线的关键形态

在短期走势中，特别是幅度较大、涨跌迅速的短期行情中，一些典型的单根K线形态可以更为灵敏地反映出多空力量的快速转变，它们既是量价分析方法中的基础形态，也有助于我们第一时间把握入场、离场时机。本节中，我们就来看看这些典型的单根K线形态。

2.2.1　长实体型

长实体型的单根K线是指：矩形实体较长（开盘至收盘的涨幅或跌幅大

于 3%），上下影线很短或没有上下影线。长实体型有两种表现方式：长阳线、长阴线。

（1）长阳线，即从开盘至收盘这段时间，涨幅至少达到 3%。它是多方力量较强的标志，常见于一波上涨走势中，是上升行情展开或加速的信号，也预示着行情延续下去的概率较大。

图 2-10 为江苏吴中 2024 年 8 月至 11 月走势图。图中标示的两个交易日股价分别上涨 3.53%、5.10%，这就是典型的长阳线。第一个长阳线出现在盘整后的突破点，标志着多方力量已开始转强且有上攻意愿，预示着突破行情展开；第二个长阳线出现在上涨过程中，是多方力量占据主导地位的标志，预示了随后上涨行情加速。结合长阳线出现的点位，正确地解读多空力量的变化，可以帮助我们更好地把握短线行情买入时机。

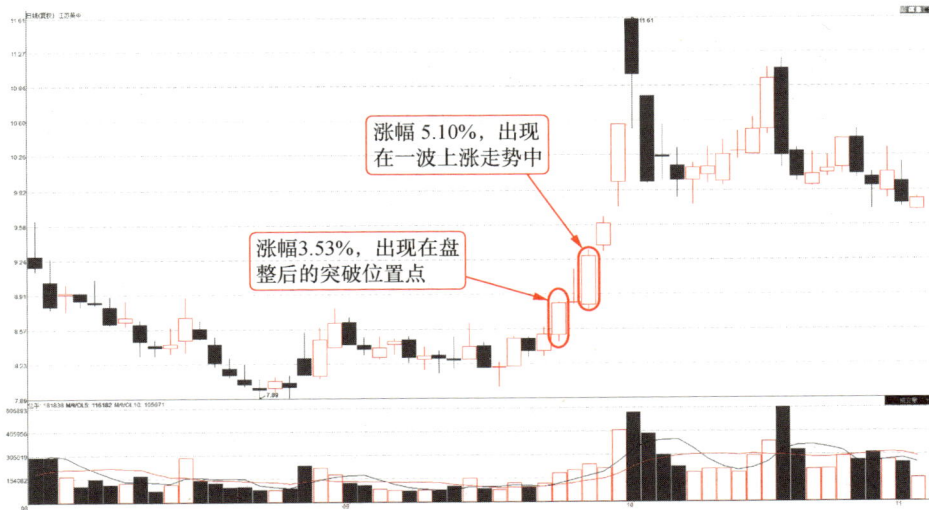

图2-10　江苏吴中2024年8月至11月走势图

（2）长阴线，即从开盘至收盘这段时间，跌幅至少达到 3%。它是空方力量较强的标志，常见于一波下跌走势中，是下跌行情展开或加速的标志，也预示着行情延续下去的概率较大。

图 2-11 为福日电子 2023 年 11 月至 2024 年 2 月走势图。图中标示的两个交易日股价分别下跌 5.50%、8.12%，这就是典型的长阴线。第一个长阴线

出现在盘整后，代表空方力量开始占据优势，是行情或将破位向下的信号；第二个长阴线出现在下跌过程中，是空方力量占据主导地位的标志，预示了随后下跌行情加速。

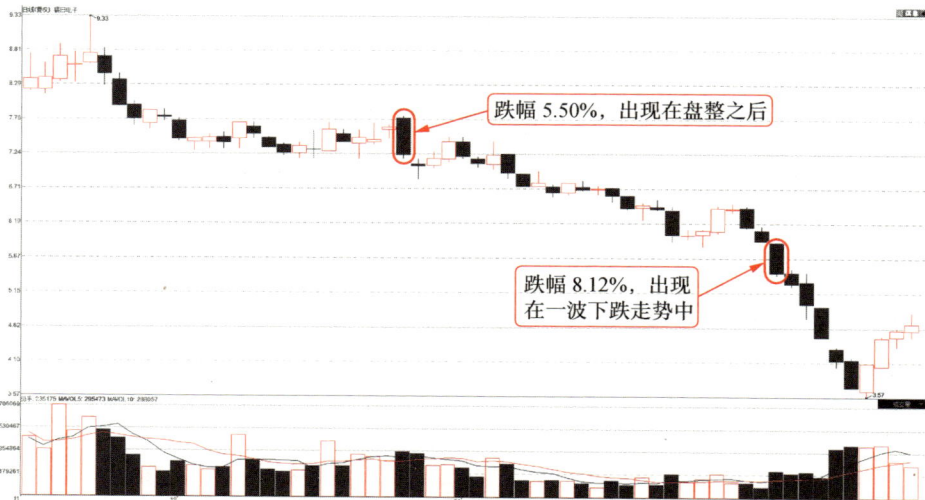

图2-11　福日电子2023年11月至2024年2月走势图

2.2.2　长上影线

上影线是指上影线较长、下影线较短的单根 K 线，以长上影线的实战价值较为突出。

长上影线的形态特征是：上影线明显长于矩形实体，没有下影线或下影线极短。长上影线有两种具体表现形式：上影阳线、上影阴线。

影线，体现了多空双方的交锋过程，长长的上影线说明多方于当日盘中发起过攻势，但遇到了较强的空方抛压，多方上攻无功而返。长上影线形态多出现在一波上涨后的高点，特别是上影阳线，常见于短期快速上涨后的高点，是多方推升受阻的信号，多预示着短期行情反转向下。

实盘中，在分析上影线是否预示了短期内多空力量转变时，除了结合短期涨跌幅情况，还应关注两点：一看实体的阴线阳线情况，上影阴线表明空方力量已占据主动，上影阳线虽然表明多方力量仍旧占有优势，但它体现了

"多转弱，空转强"的过程；二看影线与实体的长度对比，对于影线与实体的长度来说，若上影线明显长于实体，说明多空力量转换较快；反之，若上影线相应地短于实体，上影阳线表明多方依旧占据主动，上影阴线则表明空方依旧占据主动。

图 2-12 为君正集团 2024 年 8 月至 12 月走势图。在短期快速上涨后的高点出现了长上影阴线形态，当日的上影线很长，且收于阴线，这表明空方力量转强速度快、力度大，是短期行情或将急速转向的信号，应注意规避行情急速反转的风险。

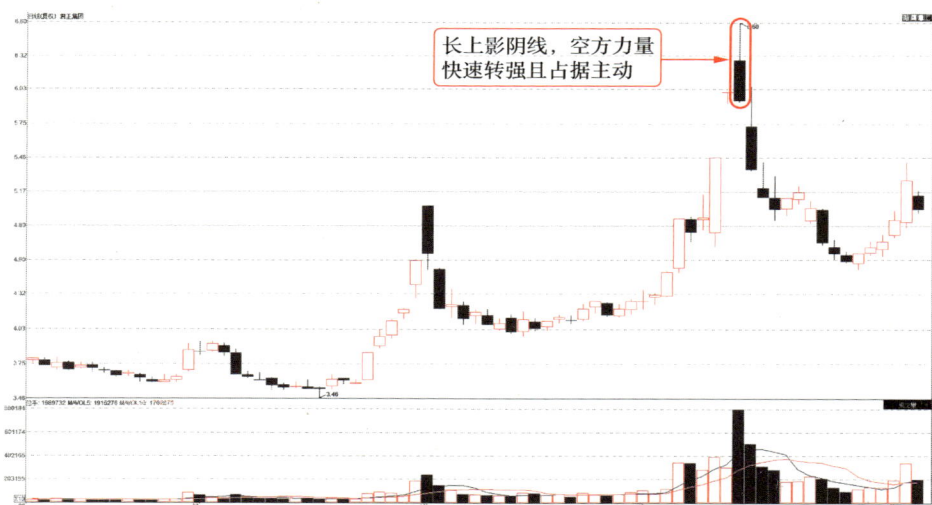

图2-12　君正集团2024年8月至12月走势图

图 2-13 为东风股份 2024 年 1 月至 4 月走势图。其中出现了两个实战性较强的上影阳线。如图中标注，第一个出现在低位区盘整后的突破位置点，这预示着多方上攻遇到了一定的阻力，个股短期内继续整理的概率较大；第二个出现在快速上涨后的高点，由于短期涨幅较大，这个长上影阳线预示着多转弱、空转强，是价格走势回落的信号。

从本例中可以看到，形态相近的长上影阳线虽然都蕴含了"多方上攻遇阻"的含义，但若中短期走势特征不同，它对价格走势的指示也不尽相同，如果短期涨幅较小且具有突破特征，并不是转向的信号，多预示着短期的整理；如果短期涨幅较大，则往往是深幅回落信号或转向信号。

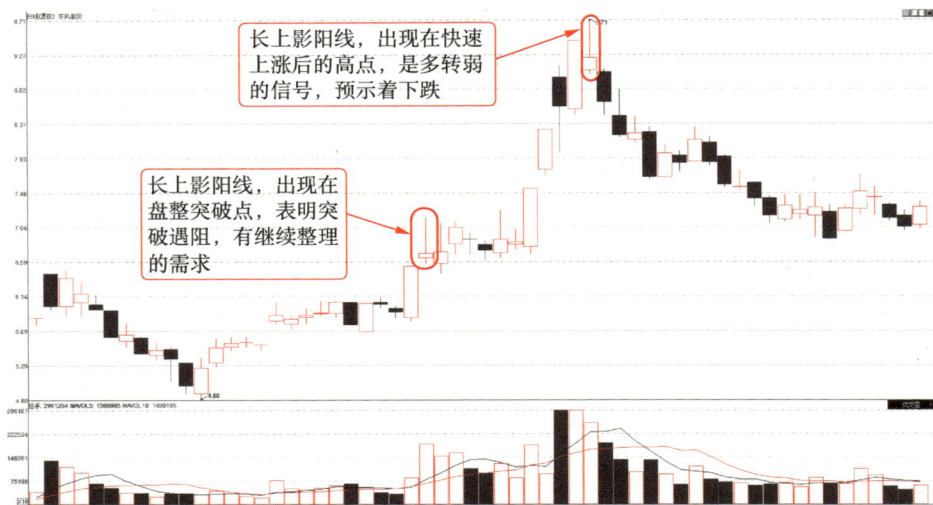

长上影阳线，出现在快速
上涨后的高点，是多转弱
的信号，预示着下跌

长上影阳线，出现在
盘整突破点，表明突
破遇阻，有继续整理
的需求

图2-13　东风股份2024年1月至4月走势图

2.2.3　长下影线

下影线是指下影线较长、上影线较短的单根K线，以长下影线的实战价值较为突出。长下影线的形态特征是：下影线明显长于矩形实体，没有上影线或上影线极短。长下影线有两种具体表现形式：下影阳线、下影阴线。

长长的下影线说明空方于当日盘中发起过攻势，但遇到了多方有力的承接，盘中走势出现了止跌回升。长下影线形态多出现在一波下跌后的低点，特别是下影阳线，常见于短期快速下跌后的低点，是多方力量在盘中快速转强的信号，多预示着短期行情反转向上。

图2-14为日照港2023年12月至2024年3月走势图，图中出现了两个实战价值较强的长下影线形态。如图中标注，第一个是长下影线阳线，出现在一波快速下跌过程中，由于阶段跌幅较大，此形态体现了多空力量的快速转变，预示了反弹行情的出现；第二个是长下影阴线，由于当日收于阴线，这表明空方力仍占有一定优势，在把握入场时机时，于次日盘中逢低吸纳更为理想。

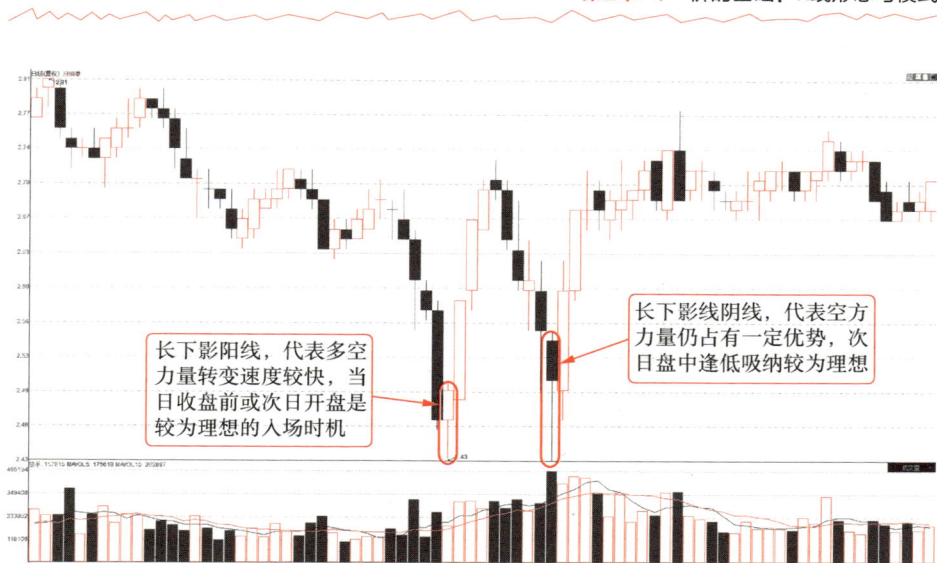

图2-14　日照港2023年12月至2024年3月走势图

图中标注文字：

长下影阳线，代表多空力量转变速度较快，当日收盘前或次日开盘是较为理想的入场时机

长下影线阴线，代表空方力量仍占有一定优势，次日盘中逢低吸纳较为理想

2.2.4　宽幅振荡线

宽幅振荡线，也称为宽振线，是指上下影线均较长，带有一定长度矩形实体或实体很短的单根K线，当矩形实体很短时，宽幅振荡线也称为"螺旋桨"。一般来说，宽振线当日盘中的振幅至少要超过5%，振幅越大，则宽振线的多空含义越明显。

宽幅振荡线的出现表明多空双方的盘中交锋十分激烈，但多方（或空方）并未取得明显的胜果。实盘中，须结合价格走势特征来解读宽振线的多空含义。当其出现在短期上涨后的高点时，代表空方压力陡增、多方力量消耗较大，易导致行情反转下行；当其出现在短期下跌后的低点时，代表多方入场力度增强、空方力量消耗较大，易引发行情反转上行；当其出现在横向整理中时，更多地代表着空方压力较强，应留意可能出现的破位向下风险。

图2-15为中国医药2024年9月至12月走势图。在一波上冲后的高点出现了宽振线的形态，当日的盘中振幅较大，达到8.70%，这是多空分歧十分明显、短期抛压沉重的信号。一般来说，宽振线当日会有成交量的大幅放出，

这正是市场抛压沉重的标志，多预示着短期内调整的概率较大，应注意规避高点风险。

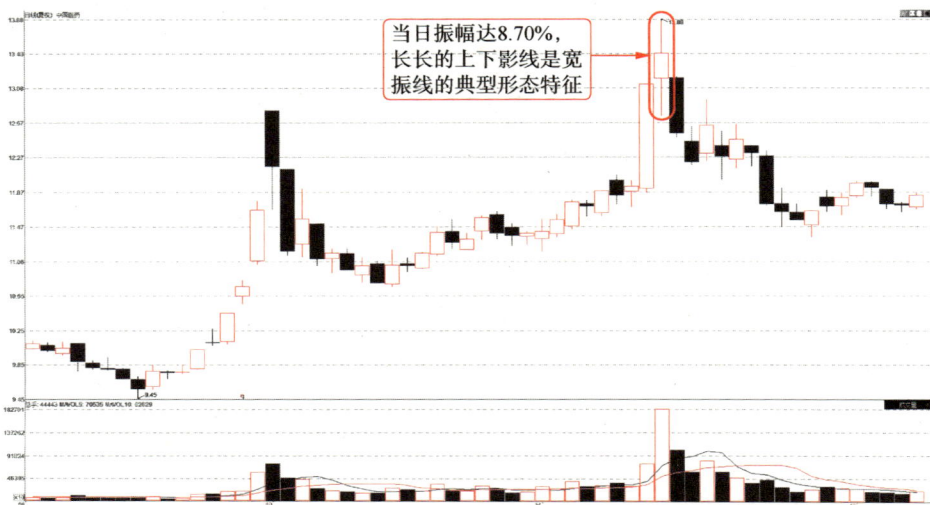

当日振幅达8.70%，长长的上下影线是宽振线的典型形态特征

图2-15　中国医药2024年9月至12月走势图

　　图 2-16 为华润双鹤 2023 年 11 月至 2024 年 3 月走势图。在短期快速下跌中出现了宽振线形态，当日振幅达 9.50%，这是多方入场力度突然增强的信号，预示着反弹行情出现概率较大，是短线买入提示信号。

宽振线，当日振幅达9.50%，出现在短期低点，预示着反弹

图2-16　华润双鹤2023年11月至2024年3月走势图

2.3　组合K线的关键形态

K线的双日组合、三日组合或多日组合形态，往往能够清晰地体现出多空力量的变化过程，预示着行情的突破、反转或持续，熟悉这些能够看到涨跌方向的关键组合形态，有助于我们更好地掌握量价分析技术。本节中，我们就结合案例来看看这些组合 K 线形态。

2.3.1　待入型双日组合

待入型双日组合有两种表现形式：一种是前阴线、后阳线（低开高走型且与前阴线有缺口），这种组合常见于短期下跌后的低点，是多方力转强、短线上涨的信号；另一种是前阳线、后阴线（高开低走型且与前阳线有缺口），这种组合常见于短期上涨的高点，也称为"乌云飘来"，是空方力量转强、短线下跌的信号。

图 2-17 为航天机电 2023 年 12 月至 2024 年 3 月走势图。在一波深幅调整走势后的阶段性低点先是出现在持续下跌后的一根大阴线，这说明空方力量正快速释放，随后是一个低开高走的阳线，且收盘价低于上一日的收盘价，这是低点待入型组合，说明多方的承接力度已经转强，而空方抛压则开始减轻，是一波反弹上涨走势即将展开的信号。

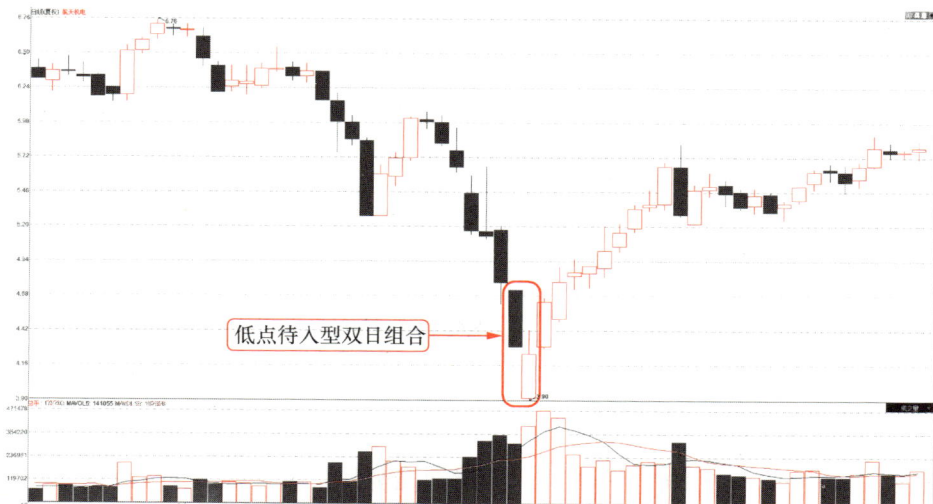

图2-17　航天机电2023年12月至2024年3月走势图

图 2-18 为中国卫星 2024 年 8 月至 11 月走势图。如图中标注，出现了两次乌云飘来形态，在这一组合中，高开低走的阴线如同一朵乌云飘荡在上空，是空方力量开始转强的信号。第一个乌云组合出现在低位区的突破上涨波段，预示着阶段性整理的展开；第二个乌云组合出现在中短期涨幅较大的位置点，是上涨行情中期见顶的信号。

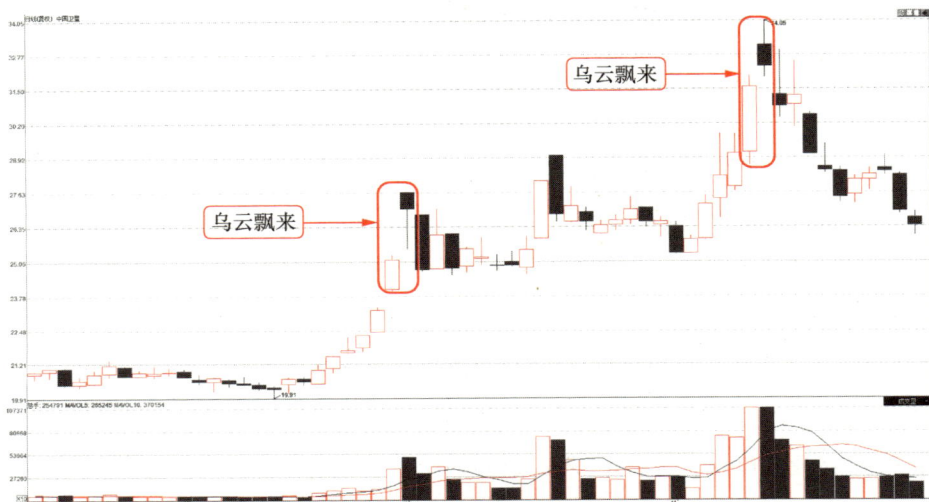

图2-18　中国卫星2024年8月至11月走势图

2.3.2　插入型双日组合

相对于待入型组合，在插入型组合中第二根 K 线与前一根 K 线之间没有缺口，而是插入到前一根 K 线实体之内。插入型双日组合也有两种表现形式：低点插入型、高点插入型。低点插入型组合为前阴线、后阳线，常见于下跌后的低点；高点插入型组合又称为"乌云盖顶"，常见于上涨后的高点。

图 2-19 为贝瑞基因 2024 年 2 月至 5 月走势图。可以看到，在一波深幅下跌后的低点，出现了一个插入型的双日组合（后面的阳线实体嵌入前面大阴线实体的部分较大），这一形态的出现说明个股跌势放缓，且多方有反击意图，这个低点的插入型组合是行情反弹的信号。

图 2-20 为视觉中国 2024 年 1 月至 5 月走势图。在该个股盘整后的突破走势中出现了乌云盖顶组合，这是高位的插入型组合，形态特征上，第一根 K

线为承接之前上涨走势的大阳线，第二根 K 线则是一个高开低走的大阴线，并且其收盘价深深地嵌入第一根 K 线的实体内部，由于第二根大阴线就如同一片乌云盖住了第一根 K 线，也阻挡了个股的上涨，故得名乌云盖顶。在这一组合形态中，第一根大阳线虽然体现了多方仍占有优势，但次日的高开低走则体现了空方力量于当日盘中转强并占据主动，是多空力量对比发生转变的信号，预示了短期的下跌。

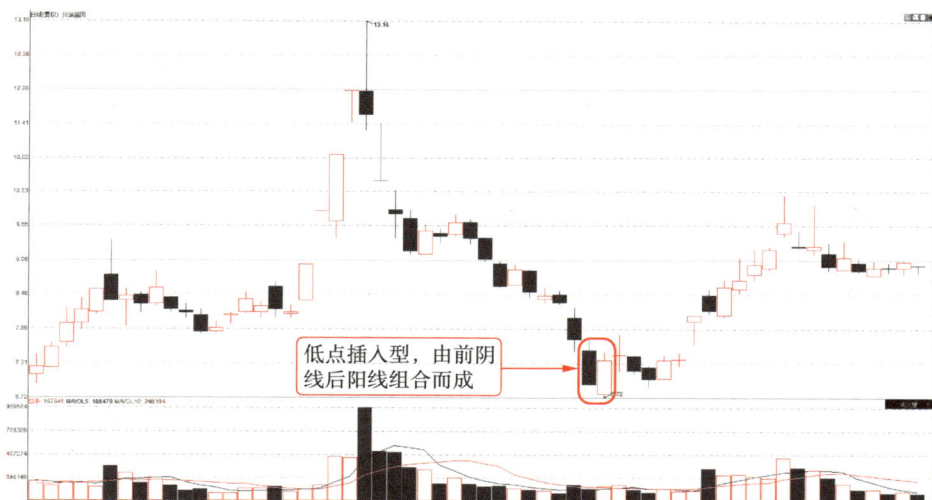

图2-19 贝瑞基因2024年2月至5月走势图

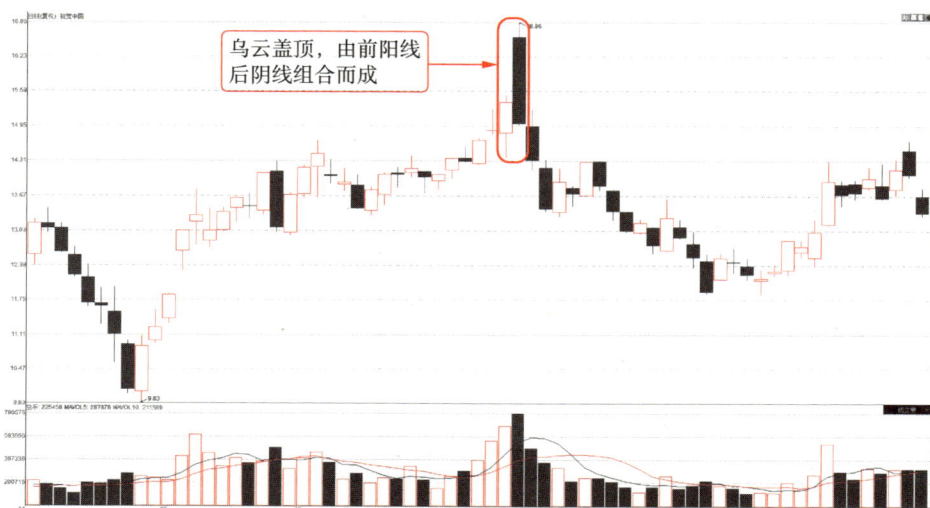

图2-20 视觉中国2024年1月至5月走势图

2.3.3 包含型双日组合

包含型的双日组合是指，两根K线并排，其中一根较长K线的实体能够完全包含另一根较短的K线实体。它有两种形式：前包含后、后包含前。

前包含后的双日组合也称为孕线，即前面的K线实体较长，后面的则相对较短，从形态上来看，犹如后面的短K线"孕"于前面的长K线之中。一般来说，在阶段性的低点易出现前阴后阳的孕线，这称为上涨孕线；在阶段性的高点则易出现"前阳后阴"的孕线，这称为下跌孕线。上涨孕线与下跌孕线都体现了短期内多空力量对比的转变，往往成为阶段性反转的信号。

图 2-21 为益客食品 2024 年 2 月至 5 月走势图。如图中标注，在一波快速、深幅下跌之后，出现了上涨孕线的双日组合，前面的长阴线仍是惯性下跌的结果，也是空方力量加速释放的标志；后面一根相对较短的阳线为高开高走型，体现了多方力量有转强趋向。结合个股的短期跌幅来看，它预示了短期的止损及随后的反弹。由于孕线所体现的多空力量转变过程较为缓和，因而，在把握入场时机时，次日或随后几日的盘中振荡中可择机入场。

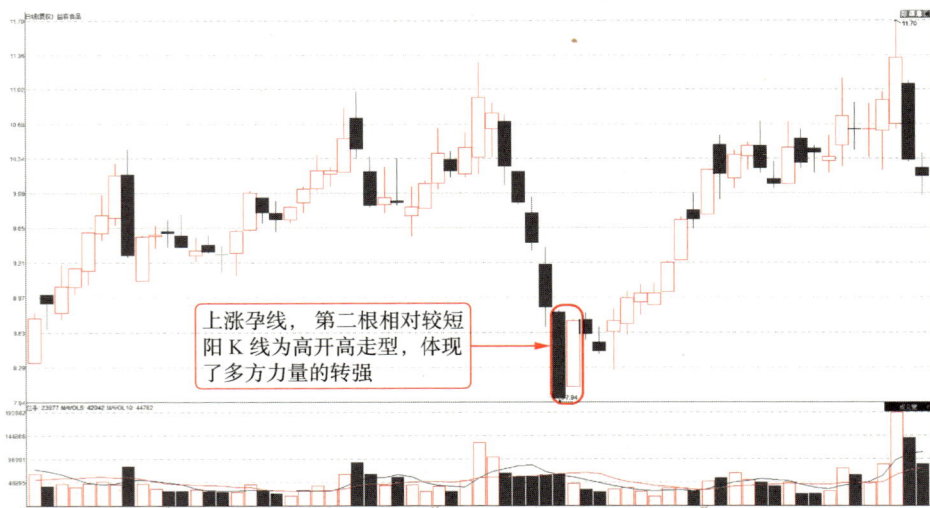

> 上涨孕线，第二根相对较短阳K线为高开高走型，体现了多方力量的转强

图2-21　益客食品2024年2月至5月走势图

后包含前的双日组合也称为抱线，即前面的K线实体较短，后面的则相对较长，从形态上来看，犹如后面的长K线将前面的短K线"抱"入其中。一般来说，在阶段性的低点易出现前阴后阳的抱线，这称为上涨抱线；在阶段性的高点则易出现前阳后阴的抱线，这称为下跌抱线。上涨抱线与下跌抱线都体现了短期内多空力量对比的转变，相对于孕线而言，抱线所体现的多空力量转变速度更快、力度更强，价格走势的阶段反转也往往更为剧烈。下面，我们结合实例来看看孕线与抱线的使用方法。

图2-22为福田汽车2024年5月至8月走势图。在低位平台整理后出现了上涨抱线的组合形态，这是多方力量转强且有上攻意图的信号，也是中短线买股提示信号；随后的高点出现了下跌孕线的组合，由于此时阶段涨幅较大，且下跌孕线形态特征十分鲜明，表明空方力量转强速度较快，操作上，更宜第一时间卖出离场。

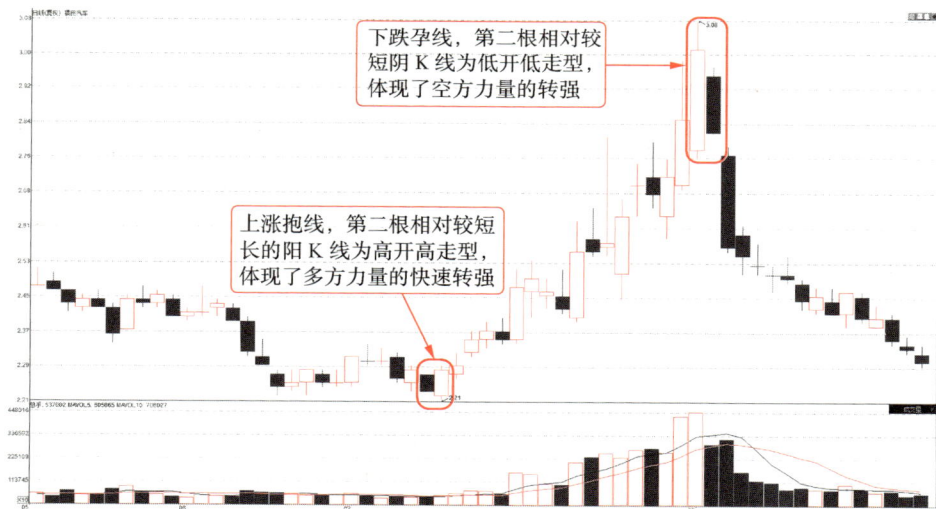

图2-22 福田汽车2024年5月至8月走势图

2.3.4 穿越型双日组合

穿越型的双日组合是指前后两根K线互相错开，后面的K线实体对前面的K线实体实现了向上或向下的穿越。它有两种表现形式：向上穿越型、向下穿越型。

在向上穿越型组合中，个股先收于一根阴线，次日是高开高走的阳线，且当日收盘价高于前一日开盘价，即以收于阳线的方式实现了向上穿越。向上穿越型组合是多方力量陡然增强的信号，多预示着短期内一波反弹上攻走势的展开。

图 2-23 为波导股份 2023 年 12 月至 2024 年 3 月走势图。在短期急速、深幅下跌中出现了向上穿越型的双日组合，这是多方力量突然转强的信号，往往预示了较为迅急的反弹行情将出现，宜第一时间把握住入场时机。

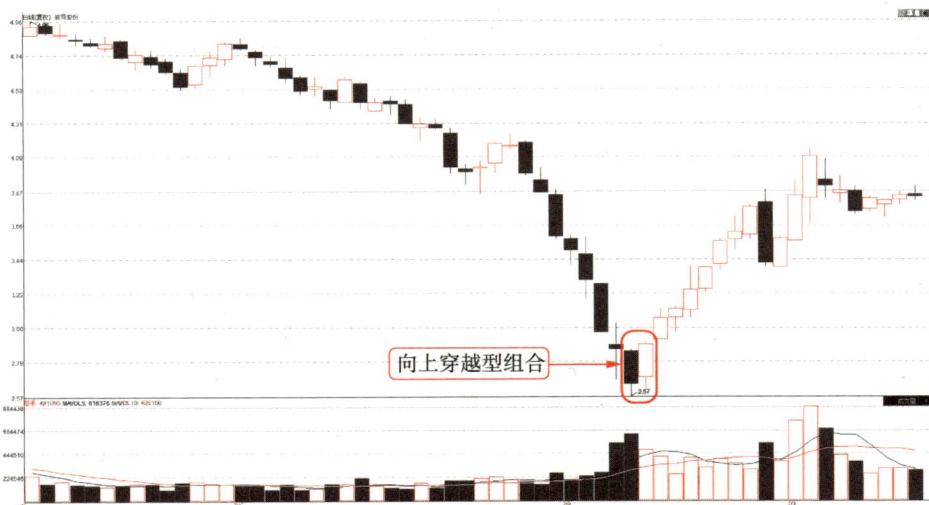

图2-23　波导股份2023年12月至2024年3月走势图

在向下穿越型组合中，个股先收于一根阳线，次日是低开低走的阴线，且当日收盘价低于前一日开盘价，即以收于阴线的方式实现了向下穿越。向下穿越型组合是空方力量陡然增强的信号，多预示着短期内一波跌势的展开。

图 2-24 为中船科技 2024 年 3 月至 6 月走势图。在盘整振荡中出现了向下穿越型双日组合，虽然此时的短期涨幅不大，但这种组合表明了空方力量占据明显优势，投资者宜保守操作，离场观望。

图2-24　中船科技2024年3月至6月走势图

2.3.5　上攻（下降）型多日组合

上攻型组合由三根或多根K线组合而成，最前面的一根和最后面的一根K线为实体较长的阳线，且每根阳线都创出了阶段性新高，中间为一根或多根实体较短的小K线。这种形态多出现在个股的盘整突破位置，或是一波上涨走势的初期，是多方发起攻势的信号，预示着一波上涨走势的展开，或是预示着上涨行情将持续下去。

图2-25为江苏雷利2024年7月至10月走势图。在低位区长期横向振荡之后，出现了上攻型的K线组合。本例中的上攻型组合由三根K线组成，当上攻型组合出现后，股价已实现了对盘整区的突破，预示着一波短期上涨行情或将启动，是买股入场信号。

下降型组合由三根或多根K线组合而成，最前面的一根和最后面的一根K线为实体较长的阴线，且每根阴线都创出阶段性新低，中间为一根或多根实体较短的小K线。这种形态多出现在振荡之后并反转向下的初期，或是一波上涨后的高点，是空方发起攻势的信号，预示着一波下跌走势的展开，或是预示着下跌行情仍将持续下去。

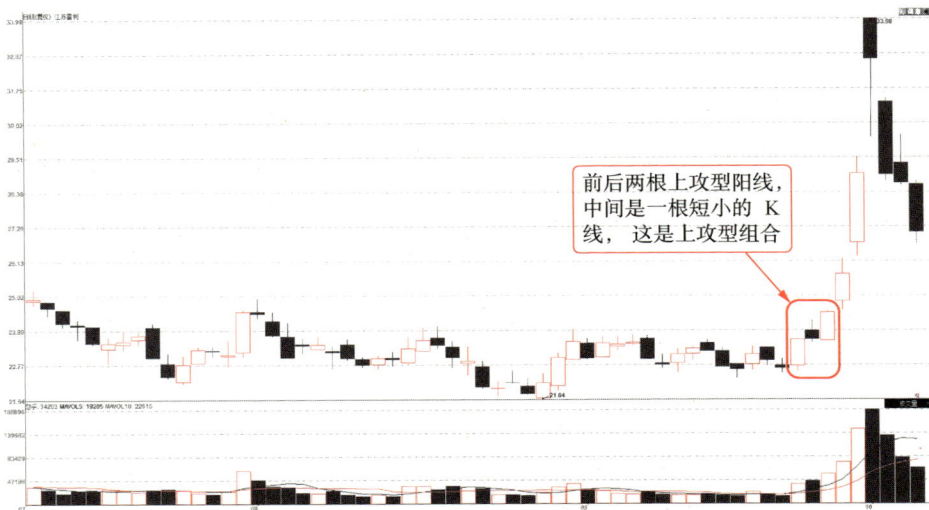

前后两根上攻型阳线，中间是一根短小的 K 线，这是上攻型组合

图2-25　江苏雷利2024年7月至10月走势图

图 2-26 为科蓝软件 2023 年 12 月至 2024 年 3 月走势图。在振荡区的下沿位置出现了下降型组合。本例中的下降型组合由多根 K 线组成，可以看到，组合形态中的左右两根阴线的实体较长，明显打低了股价，彰显了空方力量的优势，也预示了一波跌势的展开。

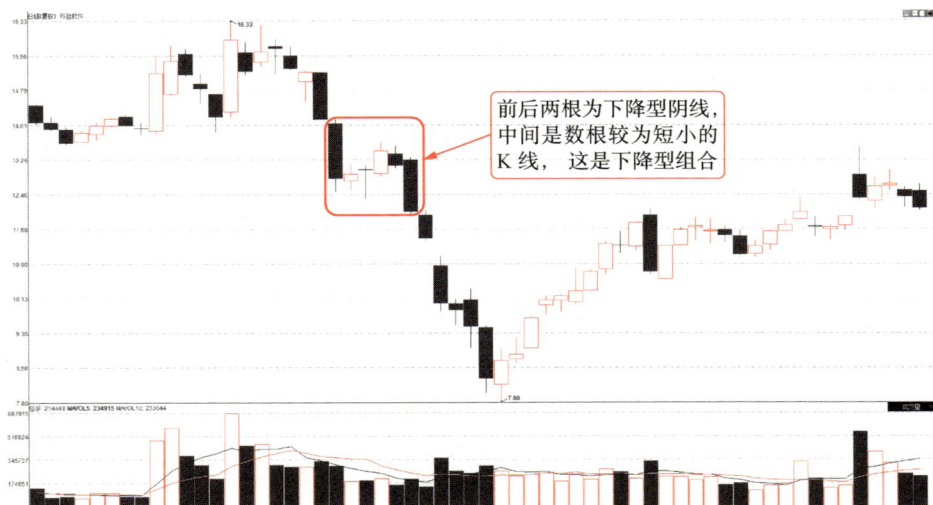

前后两根为下降型阴线，中间是数根较为短小的 K 线，这是下降型组合

图2-26　科蓝软件2023年12月至2024年3月走势图

2.3.6 反转之星多日组合

反转之星是常见的局部反转组合形态之一，分为希望之星、黄昏之星。

希望之星由三根或多根K线组合而成，通常由最左侧的一根长阴线、中间的一根或多根位于长阴线收盘价附近的小K线以及右侧的一根长阳线组合而成。左侧的长阴线表明空方力量较强，出现在低点时，也是空方力量过度消耗的标志，紧随的小K线是多空力量强弱开始转变的一种过渡，最右侧的长阳线是多方力量增强并开始反攻的信号。当希望之星出现在持续下跌后的低点，或是出现在盘整振荡区的箱体下沿位置时，多预示着一波反弹上涨走势将出现，一般是短线买股信号。

图2-27为凤凰光学2024年6月至9月走势图。在持续下跌后的低点出现了希望之星组合。本例中的希望之星由三根K线组合而成，是空方力量转弱、多方力量转强的信号，预示着阶段低点的出现，是中短线的买入信号。

图2-27 凤凰光学2024年6月至9月走势图

黄昏之星由三根（或多根）K线组合而成的，通常由最左侧的一根长阳线、中间的一根或多根位于长阳线收盘价附近的小K线、右侧的一根长阴线组合而成。左侧的长阳线表明多方力量较强，出现在高点时，也是多方力量过度消耗的标志，紧随的小K线是多空力量强弱开始转变的一种过渡，最右侧的长阴线是空方力量增强、开始反攻的信号。当黄昏之星出现在持续上涨后的高点，或是出现在盘整振荡区的箱体上沿位置处时，多预示着一波下跌回落走势将出现，一般是短线卖股信号。

图 2-28 为工大科雅 2023 年 11 月至 2024 年 2 月走势图。在下跌途中的反弹过程中出现了黄昏之星的组合。本例中的黄昏之星由三根 K 线组合而成，是反弹上涨力量减弱、空方压力再度增强的标志，也预示反弹走势将结束。

图2-28　工大科雅2023年11月至2024年2月走势图

2.4　整体K线的关键形态

市场上的趋势运行并不是非升即降，很多时候都是以反复振荡为主基调的，利用传统的技术分析理论、分析工具，如波浪理论、移动平均线等，往往难以把握买卖时机，常出现追涨被套、止损后反弹的情况，操作上较为被动。

单根 K 线或组合 K 线能够很好地体现短期内多空力量的转变，是提示短期走势转向点的重要信号。整体 K 线形态，也称为整体 K 线模式，则更关注中长期走向及整体运动模式，可以帮助我们很好地把握中长期的方向变化及短期波动节奏。例如：当个股在上升途中出现了"先整理、后下跌、再整理"的走势，如果仅从移动均线角度来看，均线的上升形态已被打破，升势难以持续，但这种判断很有可能失真。因为，一旦个股于"再整理"之后出现长阳线突破，则很可能就是新一轮攻势展开的信号，这就要参考K线模式中的"整理突破模式"。理解了这种模式，无论是中线，还是短线，交易上的成功概率就会大大增加。本节中，笔者结合实盘经验总结了一些常见的整体K线模式，帮助读者更好地运用K线，并为进一步学习量价分析法做好铺垫。

2.4.1　波浪上升（下降）模式

日K线图上的价格运行轨迹往往呈现出高低起伏的"波浪"特征，借鉴经典的技术分析理论——波浪理论，我们应关注价格的波浪运动模式。波浪理论（Wave Principle）又称艾略特波段理论，是由美国证券分析家拉尔夫·纳尔逊·艾略特（Nalph Nelson Eilliott）在1938年提出的。艾略特以道琼斯工业指数为研究对象，发现股票市场的波动与自然界的潮汐现象极其相似，一浪跟着一浪，周而复始。例如：上升趋势就是价格走势一浪高于一浪的运动过程，而下跌趋势则是价格走势一浪低于一浪的过程。

波浪理论用"五升三降"特征模式来揭示股票市场的趋势运行过程，如图2-29所示。波浪理论指出：一轮完整的上升趋势与下跌趋势是通过五升三降实现的。五升三降也称为八浪循环，在五升三降的波浪式运动过程中，推动浪和调整浪是价格波动两个最基本的形态，推动浪与基本趋势的运行方向一致，调整浪则与基本趋势的运行方向相反。

波浪理论提出的"波浪"模式是一种重要的整体K线模式，当价格走势呈现出一个浪底高于另一个浪底时，就提示我们当前处于上升趋势中，逢低吸纳是较好的策略；反之，当价格走势呈现出一个浪顶低于另一个浪顶时，就提示我们当前处于下跌趋势中，反弹卖出是较好的策略。而在把握买卖时机上，应重点关注"浪顶"与"浪底"。下面我们通过实例来看看如何结合价格走势的波浪特征进行交易。

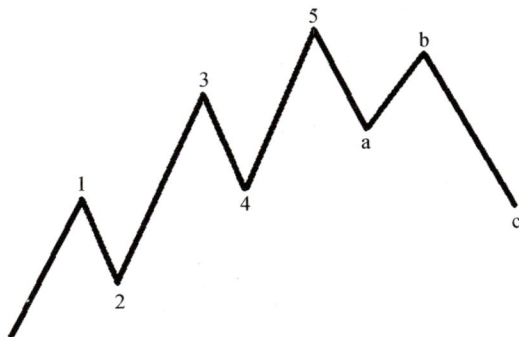

图2-29 波浪理论八浪运行过程示意图

图 2-30 为浙能电力 2023 年 10 月至 2024 年 9 月走势图。在振荡上扬过程中呈现出了"波浪"的运动特征。图中标注了三个上升浪、三个回调浪，前两个上升浪的涨幅较小，每个紧随其后的回调浪幅度也相应较小，第三个上升浪幅度较大，随后的回调浪幅度也较大。这种"上升浪幅度大，回调浪幅度也大"的特征是波浪上升过程中常见的表现形式，体现了多空交锋力度或缓或急，操作上，应注意结合个股运动特征加以把握。

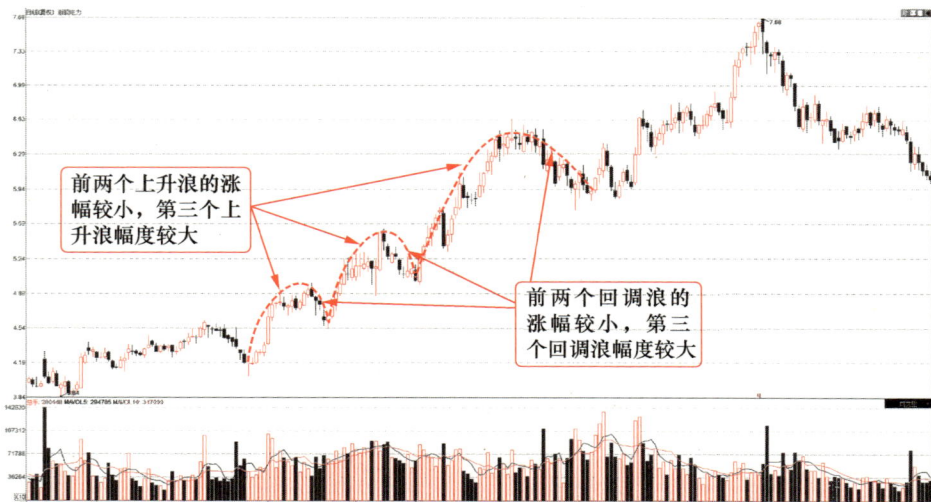

图2-30 浙能电力2023年10月至2024年9月走势图

图 2-31 为华电国际 2023 年 4 月至 11 月走势图。在跌破位高位振荡区后的下跌过程中，呈现了一种波浪式的特征，跌势初期的反弹浪幅度较小而下跌浪则幅度较大，体现了空方力量占据着主导地位；跌势末期的反弹浪幅度

较大，下跌浪也较大，体现了多空双方剧烈的交锋过程，也预示着多空力量对比或将转变，是中期见底的信号之一。

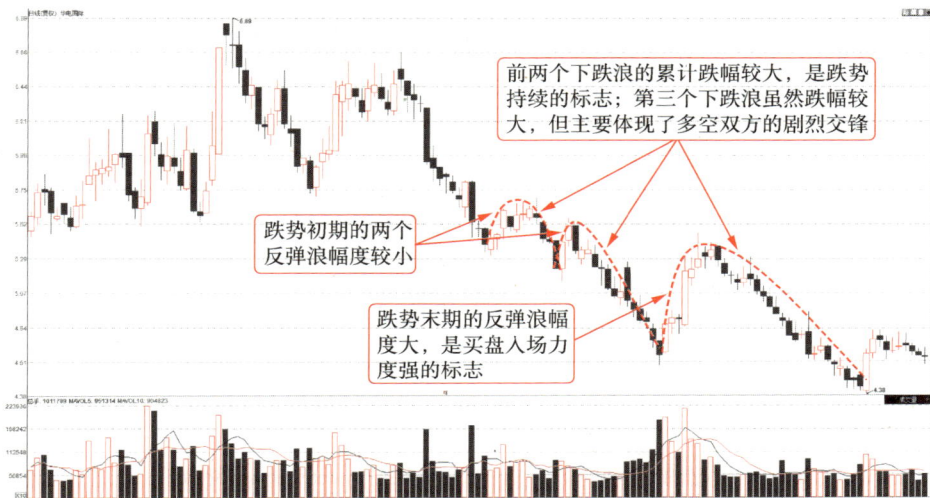

图2-31 华电国际2023年4月至11月走势图

2.4.2 箱体振荡模式

箱体振荡模式，也称为宽幅振荡模式，价格总体走向呈横向，但是这期间上下振荡幅度大（一般能够达到30%）。由于箱体振荡幅度大，支撑与阻力位容易寻找，操作上，可以结合振荡特征实施高抛低吸。并且随着箱体振荡的持续，在走势上出现向上突破箱体区或向下跌破箱体区的概率也越来越大，这时应注意仓位的调整。一般来说，相对低位区的箱体振荡之后，价格走势向上突破的概率较大；而在累计涨幅较大的高位区，箱体振荡之后出现向下跌破箱体区间的概率更大。下面我们结合一个实例来看看如何利用箱体振荡模式把握交易时机。

图 2-32 为白云机场 2022 年 7 月至 2024 年 1 月走势图。该个股在此期间处于宽幅振荡之中，如图中标注，将宽幅振荡过程中的两个高点连接成一条直线以构成箱体上沿，这条直线就是箱体振荡模式下的强阻力位，一旦价格反弹至此位置，如果上攻动能不是特别大，则再度跌回箱体区的概率较大；同理，将宽幅振荡过程中的两个低点连接成一条直线以构成箱体模式下的强

支撑位，一旦价格回落至此位置，如果下跌动能不是特别大，则将获得较强的支撑并再度反弹回箱体区间。

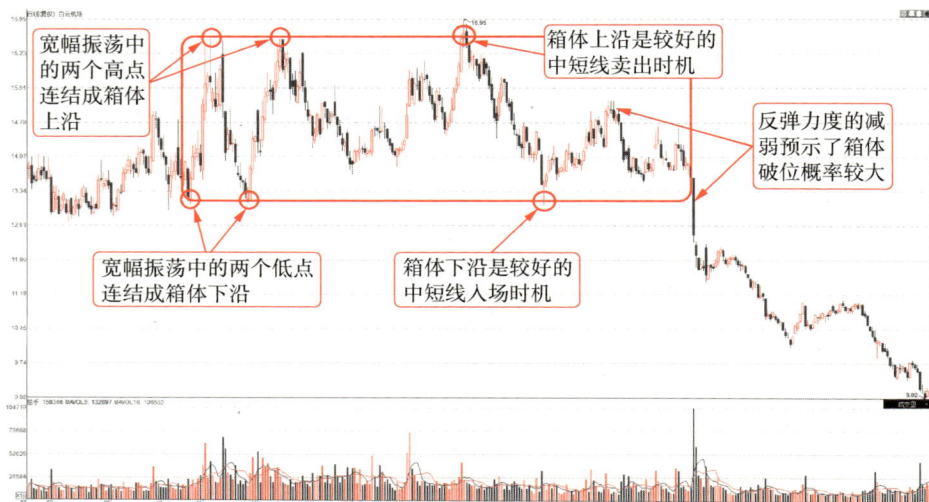

图2-32 白云机场2022年7月至2024年1月走势图

画出支撑位与阻力位后，可以看到，在此后很长的时间里，价格都在这个箱体区间内波动，由于个股的走势在很大程度上受到大盘影响，因而，反弹上涨未必能达到箱体上沿，回落下跌也未必能触及箱体下沿，短线交易中，个股在箱体区内波动的高低点还须结合大盘指数走势。一旦价格向上涨至箱体上沿，且短期涨幅较大，则是一个相对明确的卖出时机；反之，一旦价格向下跌至箱体下沿，且短期回落幅度较大，则是一个较好的入场时机。

在走势图的后半段，可以看到，随着反弹力度的减弱，当股价跌至箱体下沿时，此时的短期跌幅是较小的，这表明空方力量已经显著增强了，未来的价格走势向下跌破箱体区的概率较大，此时就不宜在箱体下沿进行买入了。

2.4.3 整理突破（破位）模式

整理突破（破位）模式主要出现于窄幅整理（幅度一般在20%以内）走势之中，多标志着价格走势出现了方向性的选择。

在整理突破模式中，个股以一根长阳线（或是向上跳空型的阳线）实现了对这个窄幅整理区间的向上突破，这是多方蓄势充分并开始发力的信号，预示着一轮上升行情的展开；在整理破位模式中，个股以一根长阴线（或是向下跳空型的阴线）实现了对这个窄幅整理区间的向下破位，这是空方蓄势充分并开始发力的信号，预示着一轮下跌行情的展开。

在应用整理突破（破位）模式时，一要关注窄幅整理区的具体形态；二要关注价格当前所处的位置区间。一般来说，相对低位区的整理突破模式下的上升空间更大，成功率更高；而相对高位区的整理破位模式下的下行空间往往更大，贸然抄底则风险也更高。

图2-33为川能动力2024年7月至11月走势图。在持续下跌后的低位区出现了窄幅整理的走势，上下波动幅度不超过10%，这是多空双方交锋趋缓的标志，也是价格方向待选择的信号，随后，一根长阳线的出现使得价格走势一举实现突破，这是行情选择向上运行的强烈信号，结合个股处于低位区这一情况，短期内的一轮上涨走势有望展开，是买入时机。

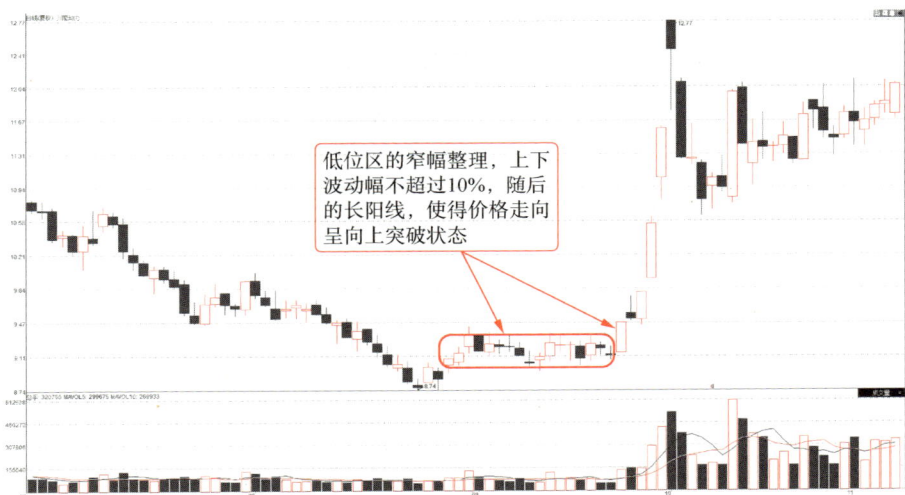

图2-33 川能动力2024年7月至11月走势图

图2-34为常山北明2024年6月至10月走势图。该个股在低位区经历了较长时间的横向整理，随后，一个跳空型的"一"涨停板使得价格走势呈向上突破状态，这是方向选择向上的信号，"一"字板之后，上涨行情并没有立刻展开，在持续了10多个交易日后，才正式步入上升通道。这种突破后继续整理蓄势的走势多与主力的运作方式有关，操作上，投资者买入后宜耐心持有，

只要价格走势仍旧呈现强势特征，不出现明显回落，则可持股待涨。

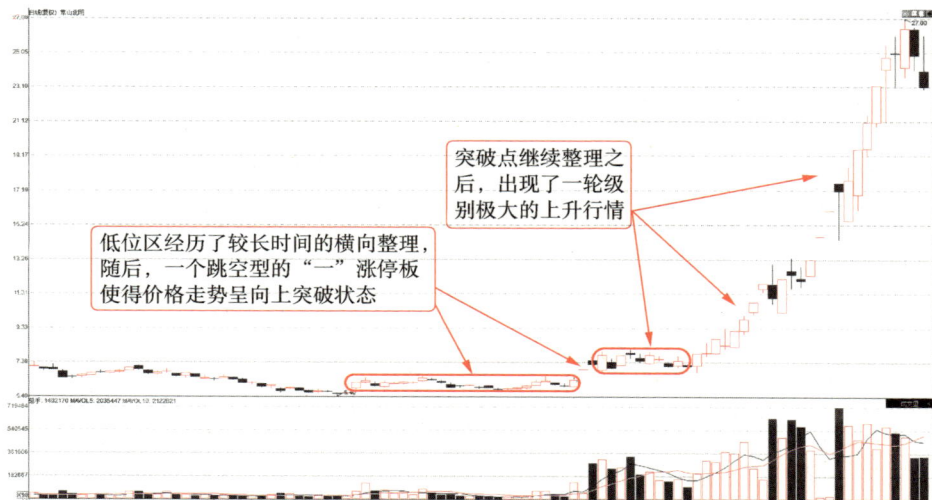

图2-34　常山北明2024年6月至10月走势图

图 2-35 为国际实业 2023 年 7 月至 2024 年 2 月走势图。从股价运动过程来看，随着横向振荡的持续，价格的上下波动幅度趋窄，这是典型的整理走势，随后一根长阴线出现，股价向下跌破了这个整理区，预示着价格选择向下运行并打开了下行空间，操作上，应注意规避持续下跌风险，不宜过早抄底入场。

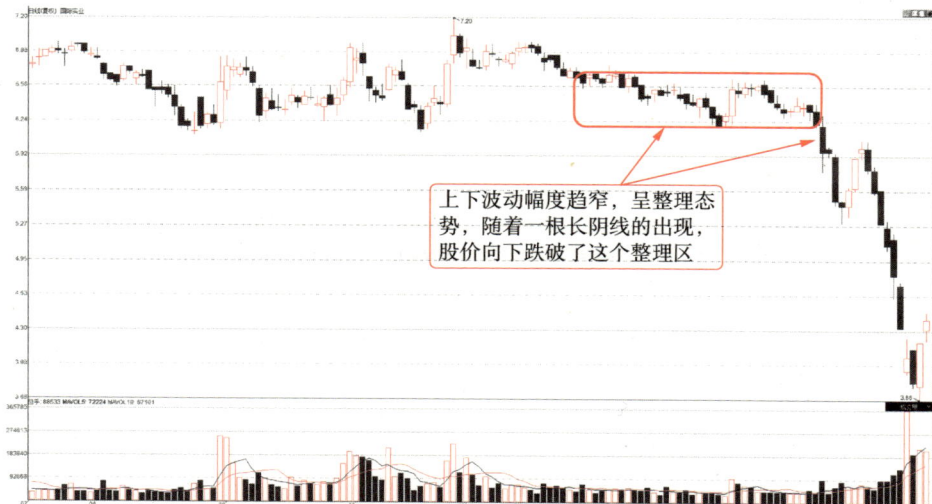

图2-35　国际实业2023年7月至2024年2月走势图

2.4.4 圆弧形转向模式

"圆弧形"也是价格中期走向发生转变的重要形态之一，它分为圆弧底与圆弧顶。

圆弧底，弧面向下，出现在低点，构成上可以分为三个部分：左侧一根实体较长的阴线、中间多根小K线（走势上呈先缓降再缓升的特点）、右侧一根实体较长的阳线。左侧的阴线表明空方仍旧占据主动，中间的多根短K线则是双方力量对比缓慢转变的信号，右侧的阳线表明多方已由弱转强且有上攻意愿。圆弧底形态较为清晰地体现了多空力量的转换过程。以"左侧阴线收盘价"画一条水平直线，也称为颈线，这可以视作圆弧底形态的阻力位，当右侧出现的长阳线向上突破颈线时，标志着圆弧底构筑完成，也预示了上升行情或将展开。

图2-36为科大讯飞2024年3月至12月走势图。在中长期低位区出现了一个圆弧底走势形态，如图中标注，当右侧长阳线向上突破颈线后，圆弧底形态构筑完成，也预示了突破行情的展开。

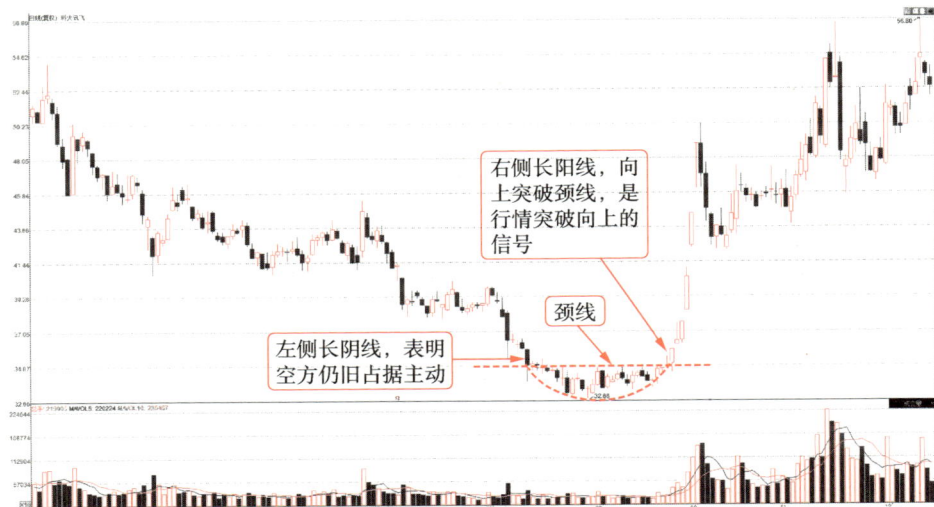

图2-36 科大讯飞2024年3月至12月走势图

圆弧顶，弧面向上，出现在高点，构成上可以分为三个部分：左侧一根实体较长的阳线、中间多根小K线（走势上呈先缓升再缓降的特点）、右侧一根实体较长的阴线。左侧的阳线表明多方仍旧占据主动，中间的多根短K

线则是双方力量对比缓慢转变的信号，右侧的阴线表明空方已由弱转强且抛压明显增强。圆弧顶形态较为清晰地体现了多空力量的转换过程。以"左侧阳线收盘价"画一条水平直线，也称为颈线，这可以视作圆弧顶形态的支撑位，当右侧出现的长阴线向下跌破颈线时，标志着圆弧顶构筑完成，也预示了下跌行情或将展开。

图 2-37 为圣农发展 2023 年 1 月至 2024 年 9 月走势图。在下跌途中多次出现圆弧顶形态，"圆弧"反转只是一种形态上的相似，时间跨度范围一般在数周至数月，是价格重心缓慢变化的表现方式，高位区的圆弧底预示了跌势或将展开，下跌途中的圆弧顶则是反弹行情终结的信号。

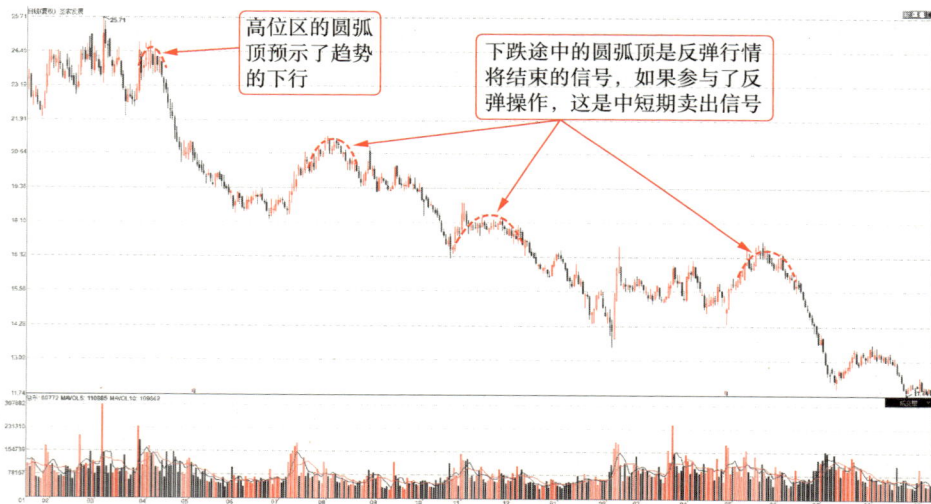

图2-37　圣农发展2023年1月至2024年9月走势图

2.4.5　尖形转向模式

尖形转向模式有两种表现形式："V"形底（也称为尖底）与"∧"形顶（也称为尖顶）。"V"形底，是一种迅急的反转形态，常出现在短期急速、深幅下跌之后，因超跌后买盘快速入场而引发了走势上的急速反转。该形态的底部一般只出现一次，在低位停留的时间很短，形态如同一个大写的英文字母 V。"∧"形顶则正好与之相反，常出现在短期急速、大幅上涨之后，因获利盘快速离场而引发了走势上的急速反转下跌。

图 2-38 为亚盛股份 2023 年 8 月至 2024 年 6 月走势图。股价先是在急速上涨之后出现了尖顶反转向下的走势，随后，又因中短期的急速、深幅下跌引发了尖底反转上行。从走势上可以看出，尖顶与尖底都是十分迅急的反转形态。操作上，如果等到尖底或尖顶构筑完成后再买卖就会错过最佳时机。

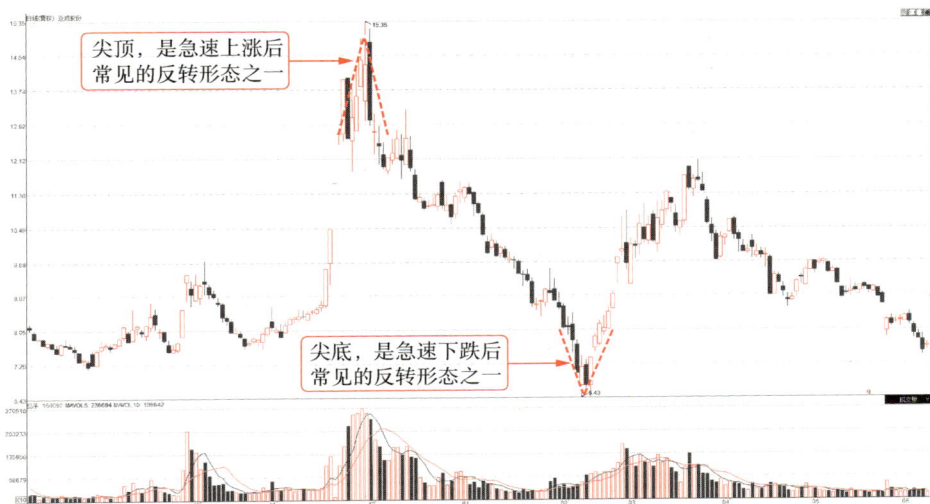

图2-38　亚盛股份2023年8月至2024年6月走势图

2.4.6　头肩形转向模式

头肩形转向模式可以分为头肩底与头肩顶。头肩底形态是中长期底部区常见的一种反转形态，它的出现频率较高，对于行情反转的预示较为准确，在结合量能变化的基础上，我们可以通过它更好地把握多空力量转变，并把握上升行情出现时的买入时机。图 2-39 是"头肩底"标准形态示意图。它由左右两个次低点（左肩和右肩）及中间一个最低点（头部）组合而成，是一种上下波动幅度较大的振荡形态。

头肩底形态由三个部分构成，它们分别是价位相近的左肩、右肩以及价位最低的头部。一般来说，从左肩下跌到头部的这一段走势往往是最后一波恐慌性抛售导致的，多是在大盘的振荡下形成的，也是空方力量的最后一次集中释放，这一波下跌的量能不固定特征，可以放量，也可以缩量，与个股筹码分布情况有关，也与市场波动幅有关；从头部到右肩的一段上涨走势则往往是放量，是买盘资金积极入场的信号；在整个头肩底形态中，左肩处与头部的反弹高点连线是阻力位——颈线。当个股从右肩处向上突破颈线时的量能会再度放大，这是买盘力度强，多方占据优势的标志。

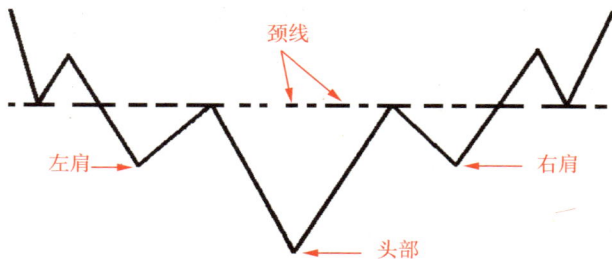

图2-39 "头肩底"标准形态示意图

图 2-40 是"头肩顶"标准形态示意图。它由左右两个次高点（左肩和右肩）及中间一个最高点（头部）组合而成，是一种上下波动幅度较大的振荡形态。头肩顶形态是中长期顶部区常见的一种反转形态，它的出现频率较高，通过它我们可以更好地把握住高位区趋势转向的卖出时机。

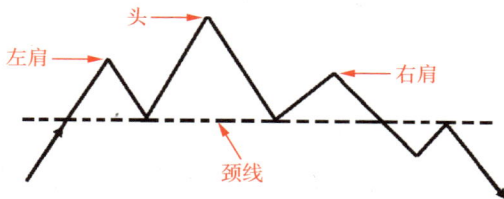

图2-40 "头肩顶"标准形态示意图

2.4.7 逆市走强走弱模式

逆市走强（走弱）模式，是将个股走势与大盘走势进行对比（日线图上对比），从而发现个股中期走势上的强势（或弱势）特征。

逆市走强，个股呈较为强势的横向振荡或振荡攀升走势，但同期的大盘走势较弱，呈振荡下跌状，从中长线的角度来看，个股处于相对低位区或累计涨幅较小的位置区，则个股表现出来的"在大盘弱势状态下能够呈强势特征"，多预示着中期上涨潜力较大，随着指数的弱势运行，个股一般也会受到影响而出现回落，此时往往就是逢低布局的入场时机。

图 2-41 是皖能电力 2022 年 7 月 27 日至 2023 年 10 月 25 日走势图。图中叠加了同期的上证指数走势图，我们将个股走势分为三个阶段：

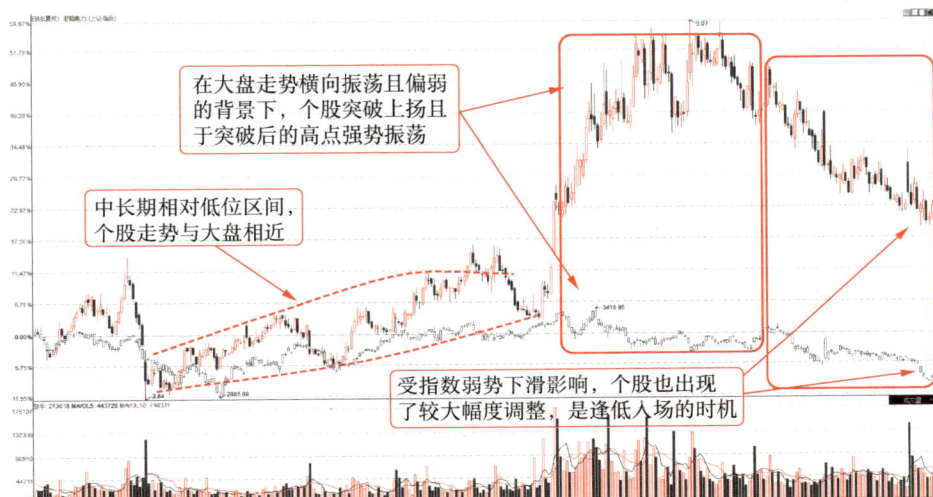

图2-41　皖能电力2022年7月27日至2023年10月25日走势图

（1）起初的低位区间，个股走势与大盘基本同步。

（2）随后，个股向上突破且于相对高点强势振荡，而此时上证指数仍旧在低位弱势振荡，这是典型的逆市走强，但个股走势也会受到大盘影响。

（3）在图中标注的第三个阶段，此期间的大盘仍旧是弱势运行且出现了一波跳水，同期的个股也出现了较大幅度调整，股价回落至前期突破点位置附近，此时就是较好的逢低入场时机。图 2-42 中标示了此股 2023 年 10 月 25 日之后的走势情况。

逆市走弱，个股呈较为弱势的横向振荡或振荡下跌走势，但同期的大盘走势较强，呈振荡攀升状，从中长线的角度来看，个股处于相对高位区或累计涨幅较大的位置区，则个股表现出来的"在大盘强势状态下却表现出弱势特征"，多预示着当前位置区域筑顶概率较大，应注意规避高位风险。

图 2-43 是风语筑 2023 年 3 月至 2024 年 8 月走势图。图中标注了两个区域，在这两个时间段，该个股的走势都要明显弱于同期大盘，这是典型的逆市下跌，预示着其中期走势向下的概率较大，操作上宜逢反弹卖出离场。

图2-42　皖能电力2023年4月至2024年7月走势图

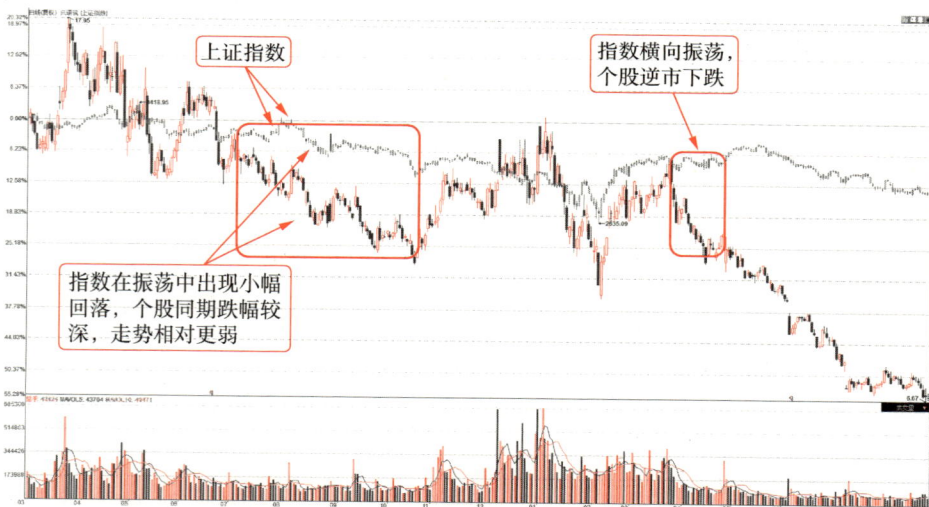

图2-43　风语筑2023年3月至2024年8月走势图

　　逆市走强（走弱）模式可能代表着中期的方向，也可能只是个股局部走势中的偶然表现，并不具有持续性。盘面上，我们也常看到一些个股的局部走势明显强于大盘，但随后的中期走向却大幅下跌，一般来说，这种情况常见于业绩较差的个股或是累计涨幅较大的个股身上，操作上，应综合分析后再做决策。

第 3 章

量的基础：典型放量
缩量模式

成交量的变化方式多种多样，"放大"与"缩小"只是相对笼统的说法，量能的具体变化方式、变化幅度、持续时间等因素的不同，两个都可以称为"放量"的量能形态的多空含义也是不同的。即使是形态特征完全相同的量能形态，当其出现在不同的价格走势中时，它的多空含义也是不相同的。虽然很难找到两种完全相同的放量形态或缩量形态，但通过归纳、总结，我们可以抽象出一些具有"典型特征"的放量形态或缩量形态，即量的模式。正确识别这些模式并了解它所反映的市场信息，是掌握量价分析技术的一个重要基础。通过这些模式，可以更好地理解成交量的各种表现形态。本章中，笔者结合市场经验总结了 4 种放量模式、2 种缩量模式，并结合实例对每种模式的特征进行详细讲解。

3.1　放量缩量的相对性

虽然我们都理解"放量"与"缩量"的说法，但为了叙述上严谨，不引起歧义，在讲解放量与缩量模式前，我们先来明晰这两个概念。

3.1.1　"放量"的相对性

放量，是指某段时间的成交量出现了相对放大。放量是一个相对性的概念，它涉及研究对象与参照对象。研究对象，即所研究时间段的成交量（单日成交量大小或这段时间的平均成交量大小），参照对象可以特指，也可以泛指。

在不做特指的情况下，当我们说某段时间出现放量时，就是指这段时间的成交量高于之前一段时间（与所研究时间段相邻）的均量水平，这是广义上的放量。

图 3-1 是京运通 2023 年 11 月至 2024 年 3 月走势图。对于图中标注的时间段，我们会说这一波下跌走势出现了"明显的放量"，就是指这一波下跌走势的均量水平要明显高于之前一段时间的均量水平。一般来说，

可以看到 5 日均量线的上扬，但均量线的视觉效果不如成交量柱形图直观、清晰，因而，在本书的讲解中，很少使用均量线来表述"放量"与"缩量"。

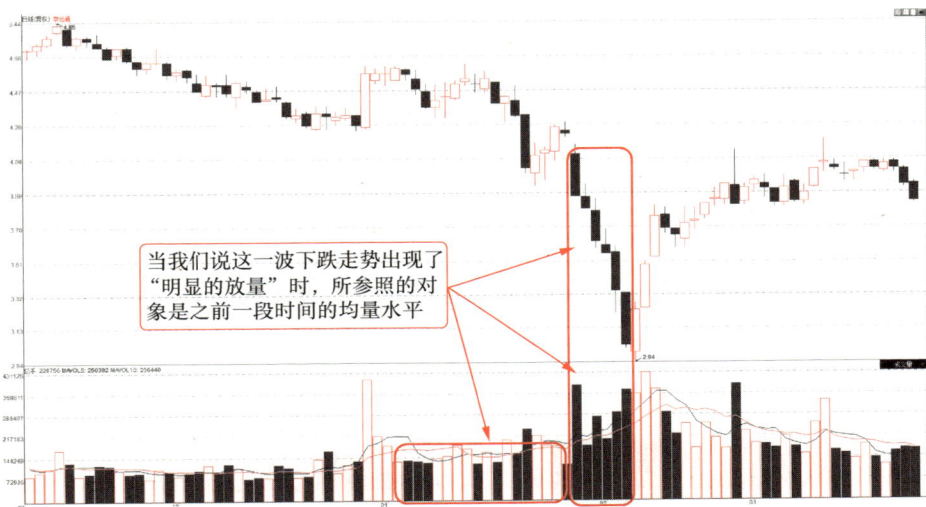

图3-1　京运通2023年11月至2024年3月走势图

3.1.2　"缩量"的相对性

与放量相反的就是缩量。缩量，是指成交量出现了相对缩小的情形。在不做特殊说明的情况下，当我们说某段时间出现缩量时，就是指这一段时间的平均成交量相对于相邻的前一段时间而言出现了相对的缩小。如果这段时间之前的成交量处于明显放量状态（快速上涨时大幅放量），则此时量能大小虽然对比放量时段出现了相对缩小，但对比前期平缓走势时的量能大小而言，仍处于放量状态。可以说，所谓的缩量只是一种相对状态，取决于对比参照系。

图 3-2 是国机精工 2024 年 4 月至 9 月走势图。对于图中标注的低点整理过程，我们说出现了"缩量"，这个缩量就是相对于整理过程前几日的均量水平而言，出现了相对缩小。

低位区的整理过程中出现了"缩量"，所参照对象是之前一段时间的均量水平

图3-2　国机精工2024年4月至9月走势图

3.2　温和放量模式——多空交易活跃

3.2.1　温和式放量的含义

温和式放量是指成交量出现了小幅度的放量，即放量幅度一般是这之前均量水平的 2 ～ 3 倍，且从个股（或指数）历史运行的角度来看，放量效果较为温和、适中。温和式放量可以出现在一个上涨波段、下跌波段或振荡整理走势中，是一种持续时间相对较长的局部放量形态。

温和式放量表明多空双方交锋较为活跃，随着温和式放量状态的持续，多方或空方有一方的力量会显著增强，是价格走势将出现反转或有加速迹象的预示。当温和式放量出现在不同的走势中，它的多空含义也不相同。

例如：当温和放量形态多出现在低位区间时，它体现了市场交投气氛较为活跃、投资者介入力度开始加大。此时的温和放量形态主要向我们传递了"买盘入场力度加大而非卖盘的持续流出"的信息，是价格走势回暖的信号；反之，高位滞涨走势中的温和式放量则是卖盘踊跃的信号，价格走势转向下行概率更大。

3.2.2 温和式放量的形态识别

识别温和式放量形态有两个要点：一是，与之前一段时间的均量水平相比，放量幅度一般在 3 倍左右；二是，从个股历史运行的角度对比，放量幅度适中。

图 3-3 是中欣氟材 2024 年 2 月至 11 月走势图。在图中标注的一波振荡上扬走势中，出现了温和式放量形态，由于股价在低位，这时的温和式放量攀升可以视作买盘入场力度加强的信号，操作中，随后可以逢回调买股布局。

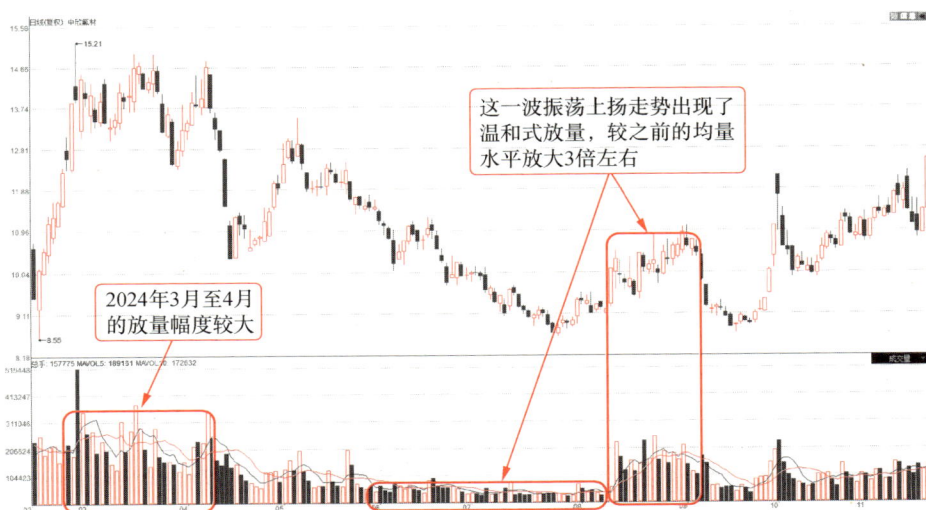

图3-3　中欣氟材2024年2月至11月走势图

3.3　山峰放量模式——波段涨跌常态表现

3.3.1　山峰式放量的含义

山峰式放量，顾名思义，其放量形态类似于一个"小山峰"，山峰的左半部分是成交量不断放大的过程，山峰的右侧是成交量不断缩小的过程。这种成交量形态是"一波上涨及随后回落"走势中的常见表现。

山峰式放量形态是波段涨跌过程中的常见放量方式。在股价上涨过程中，成交量伴随股价的上涨而放大，而在随后的回落走势中则随着下跌而缩减，这是因为持股者更倾向于逢"高"卖出，要想推升股价不断向上，就需要足够的买盘入场；反之，在下跌时，持股者因错失了之前的更好卖点，常会犹豫不决，出现惜售情况，因而，若买盘跟进力度减弱，只要有少量的卖盘就可以让价格走势向下。

山峰式放量形态常见的有两种走势，一种走势是一个完整的涨跌波段；另一种走势是一个上涨波段及紧随其后的高点整理。在分析山峰式放量形态的多空信息时，一是要结合回落波段的幅度来把握，一般来说，回落幅度能够达到之前上涨波段的1/2，可以视为回调充分，短线风险得到较好的释放，如果个股整体走势形态较好（如此时处于中长期的相对低点位），则是较好的中短线入场时机。二是要结合山峰式放量形态的整体放量幅度，一般来说，放量效果更充分是买盘入场力度较大的表现，个股随后的中短期上涨的潜力也更大。

3.3.2　山峰式放量的形态识别

识别山峰式放量形态主要关注"放量及缩量"整个过程的连续性：左半部分的成交量呈现为不断放大，虽然不要求后一个交易日的量能一定大于前一个交易日，但可以看到5日均量线的快速上扬；右半部分的成交量呈现为不断缩减，虽然不要求后一个交易日的量能一定小于前一个交易日，但可以看到5日均量线的快速下降。

图3-4是高澜股份2024年7月至10月走势图。在一波上涨及随后过程中出现了山峰式放量形态，可以看到这个量能形态的左半部分有明显的放量过程，而右半部分则有明显的缩量过程。由于股价的涨跌波动幅度较大且整体处于相对低位，因而，当量能不再继续缩减且回落幅度接近之前一波涨幅

的 1/2 时，是一个较好的逢低买入时机。

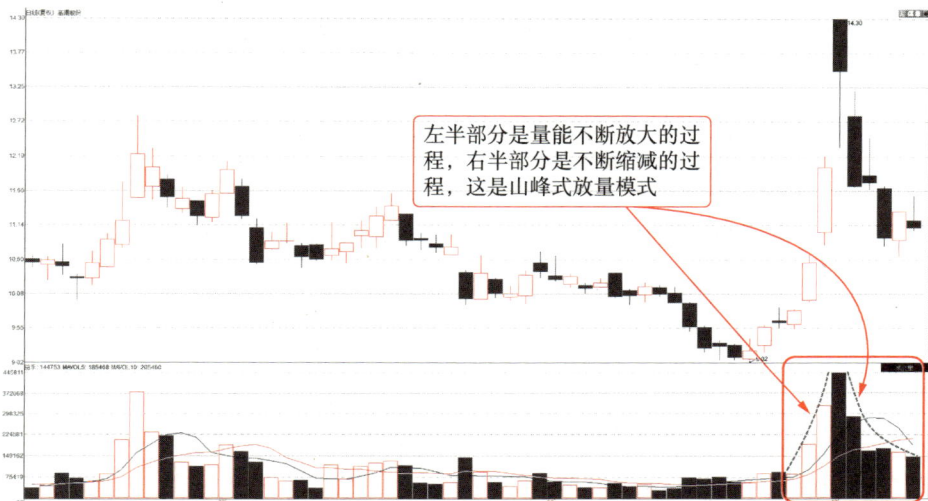

左半部分是量能不断放大的过程，右半部分是不断缩减的过程，这是山峰式放量模式

图3-4　高澜股份2024年7月至10月走势图

3.4　突兀放量模式——单日异动的表现

3.4.1　突兀式放量的含义

突兀式放量，也称为间歇性放量、脉冲式放量、单（双）日巨量，是指成交量在某一日或连续两日内突然大幅度放出，其放量程度往往可以达到之前均量的 3 倍以上，而且，在这一两日的放量之后，此股的成交量又突然恢复如初或明显小于放量当日。在双日突兀式放量形态中，这两日的放量幅度大（两日量能大小可以接近，也可以一大一小），随后第三日则大幅缩小，与放量前的均量接近。

突兀式放量形态中，量能的放大及缩小没有任何过渡，在成交量柱形图上，显得十分突兀，就犹如一座高楼出现在一片平房之地，视觉效果十分鲜明。

突兀式放量当日，伴随着量能突然性放大，价格走势也将出现明显波动，如果体现为下跌，则放大的成交量代表着市场卖盘大量涌出，这种情况常见于利空消息出现时或跳空高开低走时，是风险的信号；如果体现为上涨，则放大的成交量代表着买盘突然大力度入场，但卖盘量也十分惊人，这种情况常见于利好消息公布时或短线涨幅较大时，随后的价格运行方向需要结合消息面、股价位置等因素综合分析。

除此之外，我们也需要了解，突兀式放量形态的出现常与主力的控盘行为相关，由于散户投资者惯有"股价放量会涨"的思维方式，在高位区，主力通过特定的操盘手法实盘这种形态往往可以很好地吸引短线投机客入场，在量能大幅度放出、市场交投活跃的背景下，主力可借机出货，因而，高位区的突兀式放量上涨形态往往是风险的信号。

3.4.2　突兀式放量的形态识别

识别突兀式放量形态须注意两点：一是量能放大及缩小的不连续性，放量当日与放量前、放量当日与次日缩量，都没有任何过渡；二是量能放大的脉冲式效果、突兀式效果，突兀式放量可以出现在缩量背景下，也可以出现在温和放量背景，还可以出现在明显放量的背景下，只要放量当日的放量幅度明显高于之前、之后一大截，则当日的放量形态就是突兀式放量。

图 3-5 是国机精工 2024 年 7 月至 11 月走势图。图中标注了一个双日突兀式放量形态，另一个单日突兀式放量形态。在单日突兀式放量形态中，虽然次日的成交量也高于放量之前，却明显小于放量当日，视觉效果上呈现出了较为鲜明的单日量能的突兀式放大。值得注意的是，这两个突兀式放量形态均出现在短期高点，且伴以股价的上涨，而随后的走势均出现了较大幅度的回落。这也是突兀式放量在实盘分析中的常见效果：短期高点的突兀式放量上涨形态往往是短线见顶的信号。

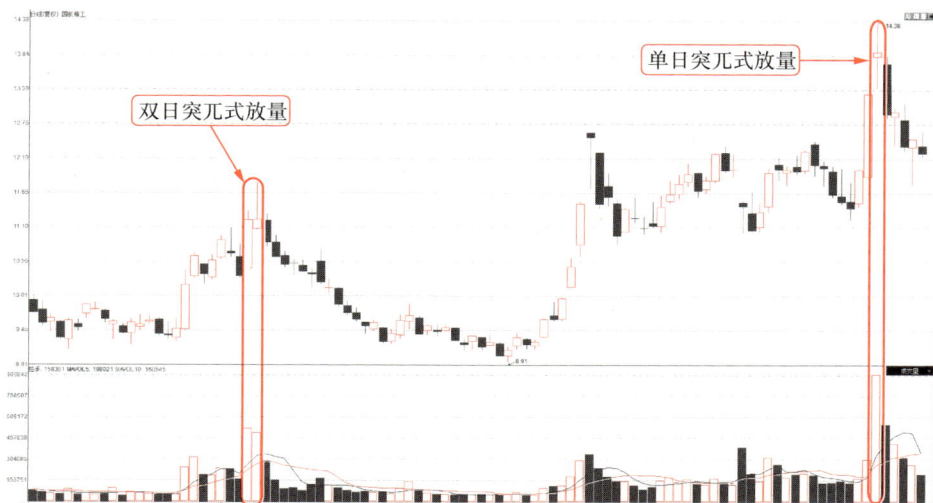

图3-5　国机精工2024年7月至11月走势图

3.5　大幅放量模式——多空的激烈交锋

3.5.1　大幅式放量的含义

大幅式放量形态也称为堆量、连续大幅放量、连续巨量，是指成交量连续且大幅度地放出。大幅度放量出现前后，成交量大小处于两种不同的水平线上，放大效果十分鲜明，且能维持一段时间。从个股历史走势的角度来看，放量幅度可以达到或超过温和式放量的3倍。

在个股出现连续大幅放量形态后，也有个别交易日的成交量出现相对缩量的情况，但即使是缩量，这些交易日的成交量也要明显高于连续大幅放量前的成交量平均水平。

成交量代表多空的交锋力度，连续大幅放量是双方交锋十分剧烈的标志，价格走势往往也会剧烈波动。连续大幅放量可以出现在不同的走势中，一般来说，上涨时的连续大幅放量是买盘大量入场的信号；下跌时的连续大幅放量是卖盘大量离场的信号；振荡中的连续大幅放量也称为放量滞涨，常见于短期高点，是市场抛压沉重的信号。

由于连续大幅放量打破了个股原有的多空交锋节奏，实盘中，我们还要结合消息面、题材股、主力控盘等因素综合分析，才能把握其中的机会，并规避风险。例如：连续大幅放量伴以价格走势的快速上涨，这属于量价井喷形态，当它出现在中长期低点时，往往源于个股题材面较好从而获得了场内资金追捧，甚至是主力的介入，上涨刚刚启动时或随后的深幅回调时，就是较好的买入时机；但是，当量价井喷形态出现在累计涨幅较大的位置点时，我们就需要思考一下，这时的大幅放量究竟是谁在充当买方？主力会在高位接盘吗？个股未来的上涨空间还大吗？或是这种大幅放量是否与主力的一些操盘手法有关，意在打乱市场投资者的判断？从很多个股的实际走势来看，高位区再度出现的连续大幅放量上涨并不是机会的象征，出现尖形反转的概率很大。

3.5.2　大幅式放量的形态识别

识别大幅式放量形态有两个要点：一是从放量效果来看，放量前后是两个不同的层级，即量能的大小不在一个规模上；二是从历史走势来看，连续大幅度放量形态的放量幅度远远高于温和式放量。

图 3-6 是东港股份 2024 年 7 月至 12 月走势图。在高位区的一波反弹上涨走势中，成交量大幅度放出，且放量效果能够保持很长一段时间，这就是连续大幅式放量形态。比照之前振荡上扬过程中出现的温和式放量，其放量效果达到了温和放量的 3 倍左右。

结合个股的走势来看，连续大幅放量出现在累计涨幅较大的高位区，是市场卖压沉重的信号，应注意规避追涨风险。

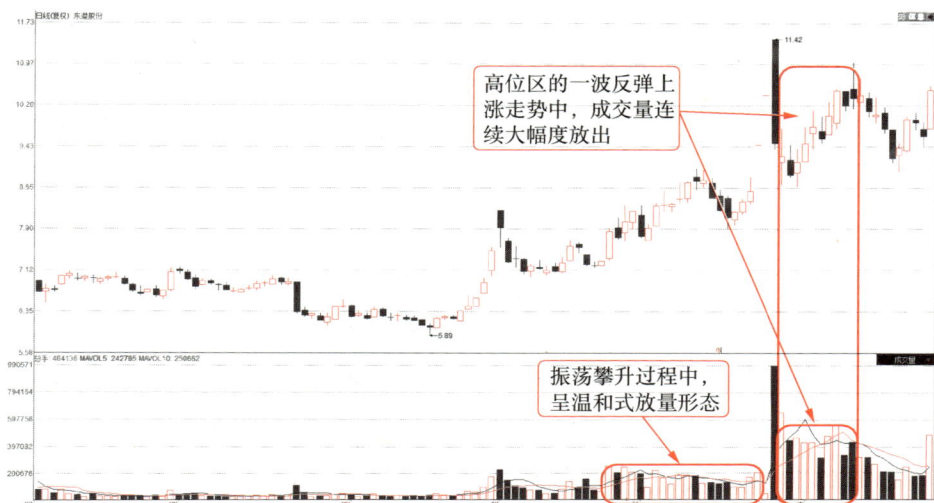

图3-6　东港股份2024年7月至12月走势图

3.6　间隔式放量模式——忽强忽弱的价格波动

3.6.1　间隔式放量的含义

间隔式放量，也称为忽大忽小的放量形态，它是一种包含多个交易日的局部量能形态。在局部走势中，成交量会在一两个交易日忽然放大（这是一个放量点）又忽然缩小（这是一个缩量点），随后再度出现忽然放大、忽然缩小，放量点一般最多持续两个交易日，缩量点可以是一个交易日，也可以是多个交易日，量能的放大与缩小是突然出现的，没有逐步变化的过程。

间隔式放量常见于上涨波段或横向振荡走势，放量点的K线多为长阳线，体现了多方力量的进攻；缩量点的K线多为阴线，是回落、整理中多空交锋力度减弱的标志。

在分析间隔式放量所蕴含的多空信息时，我们须结合趋势运行来把握。例如：低位区横向振荡走势中，间隔式放量的出现是多空双方交锋趋于活跃的信号，频繁出现的放量点是买盘开始入场的信号。

但是，间隔式放量并不是一种看涨形态，相反，在更多的时候，它是上涨走势需要调整的信号，因为持续上涨需要买盘资金源源不断地推动，间隔式放量说明买盘资金只是在一两个交易日内入场的力度较大，随后则突然降低，这是买盘入场力度不连续、时强时弱的标志。

在上涨过程中，买盘入场力度忽强忽弱必然会导致上涨过程"一波三折"，买盘强时，一两日出现上涨，买盘弱时就会在获利抛压下出现回落，而且，这种忽大忽小的量能形态、忽涨忽跌的形态特征也会让持股者产生动摇。如果股价位于中长期低位区间，或是行情刚刚启动时，对持股者的影响可能很小，但是，若价格位于中短期涨幅较大的高位区，持股者就会产生较强的卖出意愿，从实际走势来看，高位区的间隔式放量往往是多方已无意再度向上推升，中期走势见顶的信号。

3.6.2　间隔式放量的形态识别

识别、运用间隔式放量形态时有三个要点：一是量能忽大忽小是间隔式放量的基本特征，如果量能由大至小有一个逐步缩减的过程，或者是由小至大有一个逐步放大的过程，这就不是间隔式放量形态；二是间隔式放量的适用范围，间隔式放量主要用于分析上涨波段（包括振荡区间的上涨波段），且放量点多为阳线形态（少数为高开低走的阴线）；三是关注间隔式放量的最初放量点所在位置，最初放量点往往形成于创新高的上涨走势中，在短线最高点放出巨量，随后突然缩量，这个放量点所处位置既是这一轮上涨走势的高点，也往往会成为后期振荡反弹中的高点，即使后期能够突破，但只要继续出现间隔式放量形态，则行情的突破力度一般就会较弱且难以持续。

图 3-7 是国泰集团 2024 年 9 月至 11 月走势图。图中标注了间隔式放量的形成过程与形态特征。首先是在一波上涨行情的高点形成了间隔式放量的最初放量点，次日量能忽然缩小并持续多日，随后再度放量，与之前的放量点呼应，形成间隔式放量形态。在间隔式放量形态下，个股的走势也由前期的上涨转变为横向振荡，虽然振荡过程中的价格走势又创出了新高，但由于

间隔式放量很难支撑行情的持续上涨，因而这种突破也是暂时的，当量能忽然缩减时，价格走势也再度跌回至这个横向振荡区间。

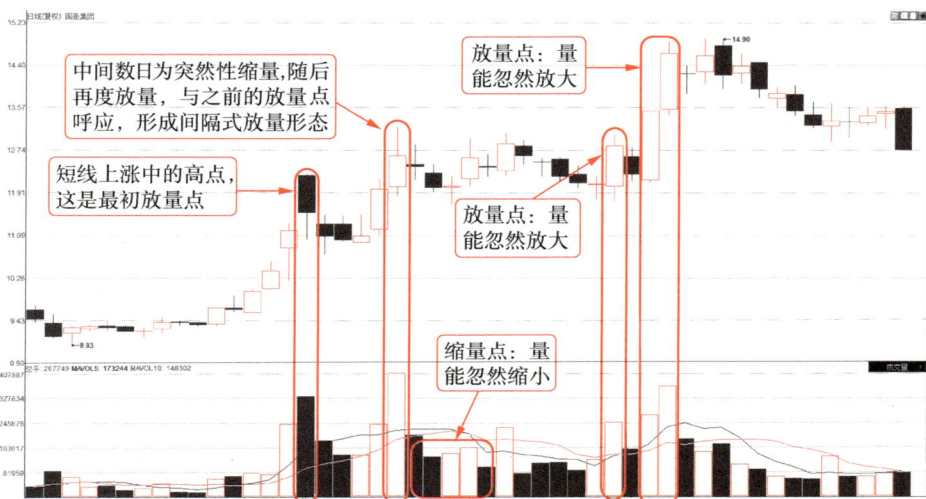

图3-7　国泰集团2024年9月至11月走势图

3.7　相对缩量模式——多空交易趋缓

3.7.1　相对式缩量的含义

相对式缩量，也称相对缩量，也是我们常说的缩量，是指成交量较之前的放量状态出现了明显的缩减，是成交量向减小状态变化后的稳定状态。相对缩量形态常见于横向整理走势、短线回落后的低点，是多空交锋力度缓和的信号。

相对缩量是一种局部量能形态，需要结合价格走势、量能的具体缩减情况等方面来分析其蕴含的多空信息。

例如：相对缩量前的放量幅度较大，随后的成交量即使出现了相对缩小，但较放量之前的均量水平而言，仍是一种"放量"状态。即从局部的一波上涨及回落走势来看，此时的量能出现相对缩小，是相对缩量状态，但如果将时间周期拉长，此时的量能仍旧明显高于上涨波段之前的平均量能水平，是相对放量状态，这表明多空交锋依旧活跃，也是市场卖盘力度仍旧较强的信号。这种情形若出现在累计涨幅较大的高位区，即使当前处于短线回落的低点，后期价格走向或仍将进一步下探，应注意风险。

3.7.2 相对式缩量的形态识别

对于相对缩量形态而言，要重点关注成交量缩减至何种水平，如果能够缩减至放量之前的均量水平，则多空交锋明显缓和的信号，在价格回调幅度较为充分的情况下，有望触底反弹；如果仅仅是小于放量水平，却明显高于放量前的均量水平，则是市场卖盘依旧较多的信号，应注意价格走势可能出现进一步下跌风险。

图3-8是长春燃气2023年11月至2024年2月走势图。图中标注的3个交易日股价位于短期回落的低点，且这3日的量能小于之前的放量水平，这是相对缩量形态。但是，如果对比放量上涨波段之前的平均成交量，这3日的量能依旧较大。因而，综合来看，这3个交易日所呈现的"相对缩量"不宜解读为空方压力较轻，此时也不是回调买入的时机。

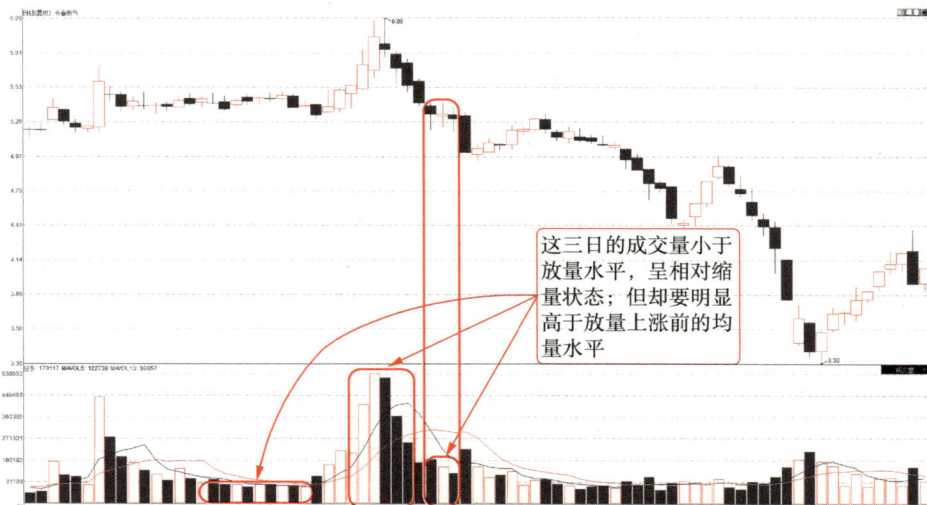

这三日的成交量小于放量水平，呈相对缩量状态；但却要明显高于放量上涨前的均量水平

图3-8 长春燃气2023年11月至2024年2月走势图

3.8 极度缩量模式——行情选择前的等待

3.8.1 极度式缩量的市场含义

极度缩量，也称为绝对缩量，是指成交量大小处在一种极低的状态，明显低于常态下的均量水平。极度缩量不仅是一种相对式缩量，更是全局视角下的一种低量状态。将价格走势图的时间周期拉长，极度缩量是历史走势中的低量水平，也是市场交投极不活跃的标志。

极度缩量出现时，价格走势一般多处于横向的窄幅整理走势或缓慢下跌过程中，由于股价上下波动幅度很小，多空双方的参与热情大减，成交低迷。

极度缩量是股票筹码流动速度极为缓慢的标志，要想理解这种量能形态所蕴含的多空信息，就要分析筹码低速流动的原因。一般来说，有两种原因可能导致这种情形。

一是受市场整体交投清淡影响。这种情况多出现在熊市持续时间较长的背景下，由于市场长期处于弱势下跌状态，财富效应骤减，买盘少，持股者多处于被套状态，从而导致成交量处于极低的状态。此时的极度缩量并不预示着底部的出现，特别是在价格重心仍旧下移的情况下，投资者是不宜过早抄底入场的。

二是主力持筹数量过多所致。例如：在累计涨幅较大的高位区，由于主力持有的筹码数量较多，却没有拉升动作，无法激发投资者高位追涨的热情，从而导致高位参与者很少，造成了极度缩量，这种情形下的极度缩量是危险的信号，虽然主力此时的控盘能力很强，但因主力获利丰厚，随后的动向很难预判，可能会结合大市上升而进一步推升个股，但更有可能是反手卖出，获利了结，但因高位承接盘过少，这种行为势必造成价格快速下跌，投资者是不宜参与这种高位极度缩量股的。

3.8.2 极度式缩量的形态识别

识别极度缩量的关键是要对比历史走势中的成交量情况，将走势图的时间周期拉长（一般在 1 年左右即可，不宜过长），将当前的成交量与历史上的低量状态对比，如果当前成交量与历史低量接近，则可视为极度缩量。

图 3-9 是模塑科技 2022 年 3 月至 2023 年 6 月走势图。如图中标注，在 2023 年 5 月至 6 月的窄幅整理过程中，呈极度缩量状态，这是一个上可突破、下可破位的中间点位，极度缩量形态往往是一轮上涨或下跌行情出现前的等待、过渡阶段，一旦出现方向信号，往往也预示着买卖时机出现，实盘中，应密切关注随后的方向选择。

2023年5月至6月的窄幅整理过程中，呈极度缩量状态

图3-9　模塑科技2022年3月至2023年6月走势图

图 3-10 是模塑科技 2022 年 10 月至 2024 年 1 月走势图。可以看到，2023 年 6 月 12 日，以长阳线的方式突破了整理区，这就是一个向上的方向信号，而且从该个股近几年的历史走势来看，当前处于中长期低位区间，上升空间较大，是买股布局时机。

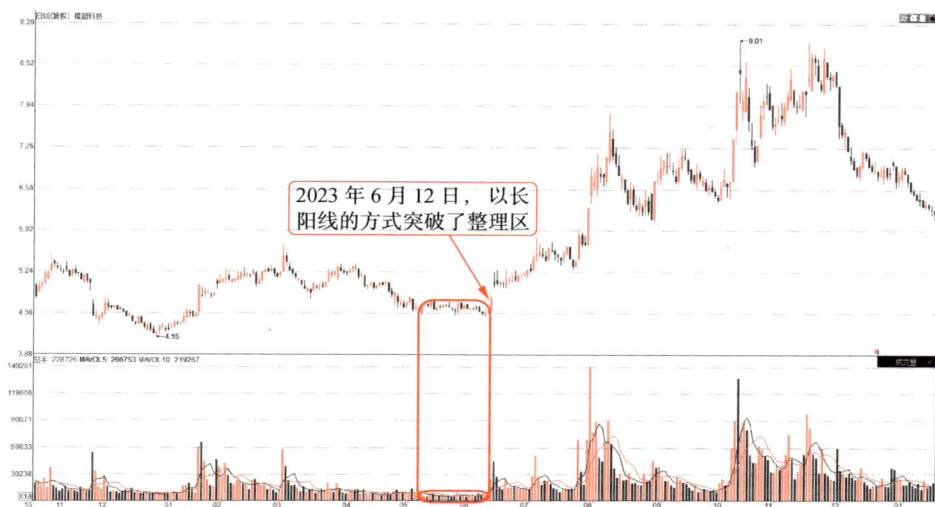

图3-10　模塑科技2022年10月至2024年1月走势图

093

第 4 章

经典量价关系八准则

美国投资专家格兰威尔（Joseph E.Granville）是移动平均线、格兰威尔八大法则的创立者，也是率先提出量价理论的人。他在《股票市场指标》一书中提出，在股票市场中，量是价的先行指标，成交量值是股市的一面镜子。成交量是股市的元气与动力，成交量的变动，直接表现股市交易是否活跃，人气是否旺盛，而且体现了市场运作过程中供给与需求间的动态实况，没有成交量的发生，市场价格就不可能变动，也就无股价趋势可言，成交量的增加或萎缩都表现出一定的股价趋势。

通过对股市走势的长期观察与研究，格兰威尔总结了八种常见的量价配合关系，它们较为全面地反映了各种不同类型的走势，因而也被称为经典量价理论，也是投资者学习量价分析技术的基础性内容。本章中，我们就结合实例来看看这八种量价关系。

4.1 量价齐升，有价有市

4.1.1 量价齐升的含义

量价齐升，即随着价格走势的攀升，成交量也同步放大，价格的上涨与量能的放大呈同步状态。具体表现形式是：在波浪式上涨过程中，后一浪的价格与量能均高于前一浪，同步创出新高。

量价齐升形态说明价格的上涨源于充足买盘的推动，是健康、理想的上涨形态，也是多方能量充足的信号，多预示着升势仍将持续下去。就股票市场而言，它由无数投资者构成，不存在单一或少数实力较强的控盘主力，筹码的供求能够很好地体现市场多空力量变化，因而，量价齐升形态特别适合用于分析大盘指数，当大盘指数出现量价齐升的形态时，多说明股市整体交投气氛持续活跃，且不乏场外资金持续介入，是上升趋势正强劲运行的标志。

4.1.2 量价齐升案例解读

图4-1是祥龙电业2024年6月至12月走势图。如图中标注，在后一浪的

上涨中，价格与量能均高于前一浪。这就是量价齐升形态，表明买盘充足，也预示着个股在上升通道中延续下去的概率较大。

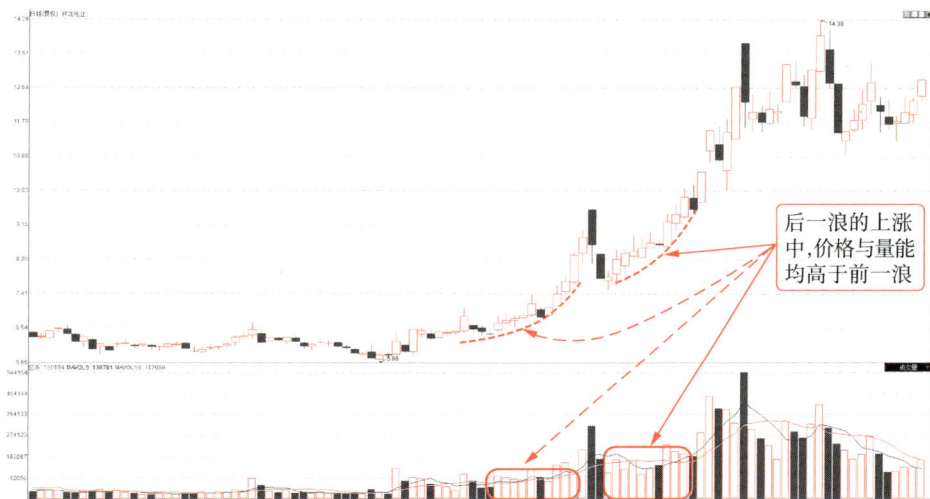

图4-1　祥龙电业2024年6月至12月走势图

4.2　量价背离，有价无市

4.2.1　量价背离的含义

量价背离，即随着价格走势的攀升，成交量非但没同步放大，反而较之前的上涨波段出现了相对缩小，量价的变化方式与价格走势出现了背离。具体表现形式是：在波浪式上涨过程中，后一浪的价格创出新高，但量能小于前一浪；或者是在一波持续上涨且创出新高的过程中，成交量整体处于较低的状态。

量价背离形态说明价格的上涨只是因为持股者的锁仓力度较好，并不是强劲买盘推动所致，是买盘力度开始明显减弱的信号。在累计涨幅较大的时候，这种量价关系并不是健康的上涨方式，因为持股者此时已获利丰厚，一旦遇到大盘回调或市场振荡，就会产生较强的抛售意愿，会造成趋势反转。一般来说，量价背离形态常见于累计涨幅较大的高位区，是上升趋势惯性上涨的结果，也是上升趋势见顶前的典型量价关系。

4.2.2　量价背离案例解读

图 4-2 是鼎信通讯 2022 年 4 月至 2023 年 7 月走势图。如图中标注，股价在相对高位区持续攀升且再创出新高，但同期的量能却处于较低水平。这就是量价背离，表明买盘入场力度较弱，价格走势易出现反转，操作上，宜减仓或清仓，规避趋势转向风险。

持续攀升创出新高，但同期的量能却处于较低水平，这是量价背离

图4-2　鼎信通讯2022年4月至2023年7月走势图

4.3　价升量减，力度趋弱

4.3.1　价升量减的含义

前面讲过的量价齐升、量价背离的时间跨度都较长，至少涉及两个上涨波段，一般将其看作"整体性"的量价形态，多用于分析趋势运行。而价升量减则是"局部性"的量价形态，侧重于短线分析。

价升量减是指在一波上涨走势中，起涨时的成交量较大，但随着价格的攀升，成交量开始逐步减小。一般来说，在一波上涨过程中，成交量会保持较为活跃的放大状态，即放量上涨，但价升量减的配合方式打破了这种常见的放量上涨关系，从市场含义来看，是买盘资金入场力度越来越弱，股市或个股上涨动力不断减弱的标志，预示着这一波上涨走势不牢靠，随后回调下跌的概率较大。

4.3.2 价升量减案例解读

图 4-3 是森马服饰 2024 年 1 月至 7 月走势图。如图中标注，在高位区一波创出新高的走势中，起涨初期的量能较大，但随着上涨持续，成交量逐渐缩小。这就是价升量减形态，是涨势不牢靠的表现，当成交量缩小至起涨前的均量水平时，往往就是短期行情结束的时候，操作上，宜逢高卖出，规避随后可能出现的短期深幅回落。

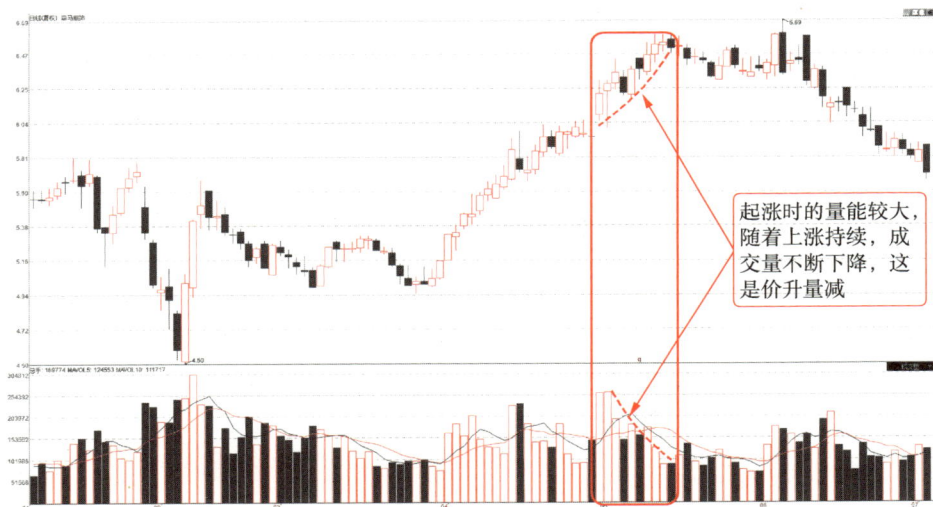

图4-3 森马服饰2024年1月至7月走势图

4.4 放量滞涨，压力沉重

4.4.1 放量滞涨的含义

放量滞涨是一种"局部性"量价配合，它是指在个股成交量在连续数日（至少连续 3 日）明显放大的情况下，价格走势却呈横向振荡或整理态势，并没有在量能的推动下出现上涨。放量滞涨形态多出现在短期上涨后的高点。

成交量的连续放大是多空双方交锋激烈的表现，一般来说，会对原有的走势起到加速作用，但放量滞涨形态则打破了这种量价配合方式，连续放大的量能无法加速原有的价格走势，多代表反向压力较重。当这种量价配合出现在短期高点时，是市场压力沉重的表现，一旦随后的买盘入场力度的减弱，短期内出现深幅下跌的概率极大。实盘中，此形态常作为短线卖出信号。

4.4.2 放量滞涨案例解读

图 4-4 是中国卫通 2024 年 5 月至 8 月走势图。如图中标注，在股价短期上涨后的高点，该个股连续 6 个交易日的成交量远大于上涨前的均量水平，且价格走势横向振荡。这是放量滞涨形态，当量能开始缩减时，往往就是短期深幅回调之时，操作中，应注意把握好离场时机。

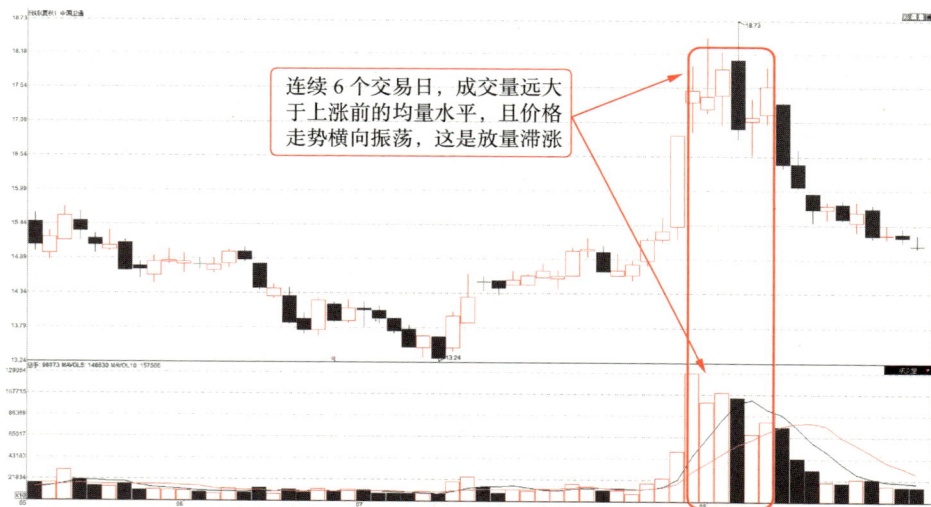

图4-4　中国卫通2024年5月至8月走势图

4.5 量价井喷，价市同步

4.5.1 量价井喷的含义

量价井喷是一种形态特征鲜明的量价配合，常见于个股短期急速上涨过程中。其形态特征是：伴随着股价的急速上涨，成交量呈连续大幅放出的状态，放量效果一般能够达到起涨前 3 倍以上，且在快速上涨过程中能够一直较好地保持着这种放量程度。

量价井喷是买盘快速、大量入场的表现，正是买盘的加速入场才推动了价格的快速上扬，但是，成交量这种连续性放大的方式也是多方力量加速释放的体现，一旦买盘入场和幅度减弱（表现在盘面上就是放量幅度减小），往往就会在卖盘的压力下出现深幅回落。

量价井喷形态出现在低位整理之后，是趋势向上的标志，深幅回落后的调整低点仍然是低吸的时机；但是，若出现在累计涨幅较大的高位区，往往预示着多方力量过度消耗，易引发趋势的反转，回落后的低点只宜短线参与。

4.5.2 量价井喷案例解读

图 4-5 是明星电力 2024 年 2 月至 7 月走势图。股价在经历了较长时间的振荡攀升之后，出现了一波幅度大、速度快的上涨，这期间的成交量连续大幅度放出。这就是量价井喷形态。由于这一波上涨幅度过大，也导致了趋势见顶，操作中应注意规避高位风险。

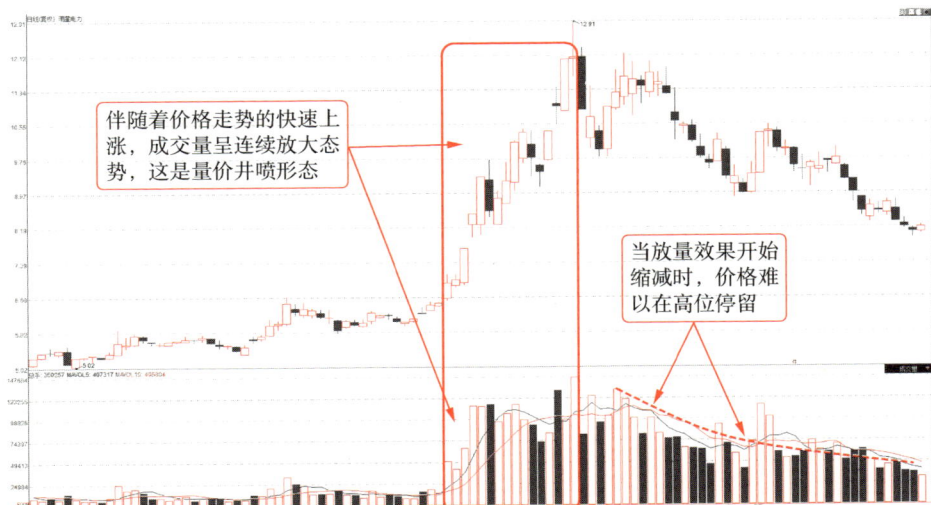

伴随着价格走势的快速上涨，成交量呈连续放大态势，这是量价井喷形态

当放量效果开始缩减时，价格难以在高位停留

图4-5　明星电力2024年2月至7月走势图

4.6　放量下跌，抛盘涌出

4.6.1　放量下跌的含义

放量下跌是指在价格下跌的过程中，成交量出现了明显的放大。放量可以见于一两个交易日，也可以见于连续多个交易日。下跌且伴随量能的放大，这代表涌出的抛盘较多，既是压力沉重的信号，也是卖压快速释放的信号。

一般来说，当放量下跌形态出现在中短期涨幅较大的高点或是横向整理之后向下破位点时，多预示着一轮下跌行情的展开；但是，若放量下跌出现在一轮下跌的尾声时，即中短期跌幅较大的位置点，可以看作空方力量过度消耗的信号，易引发价格走势的反转。

4.6.2　放量下跌案例解读

图4-6是合兴包装2023年1月至2024年3月走势图。图中标注了两个放量下跌，第一个出现在横向整理之后，是方向选择的标志，也预示了随后开启的一轮下跌行情，是风险信号；第二个出现在中短期跌幅较深的位置点，此时这种形态鲜明的放量下跌可以看作空方力量的快速释放，一般来说，在个股没有明显利空消息的前提下，仅从技术分析的角度来看，低点的放量下跌易引发价格走势的快速反转。

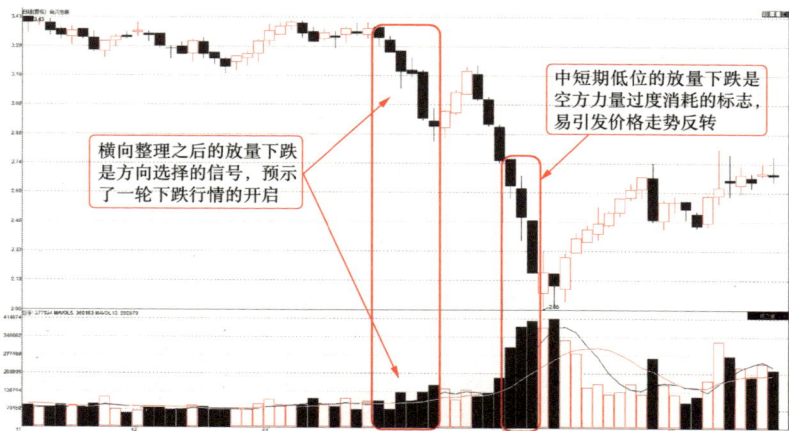

图4-6　合兴包装2023年1月至2024年3月走势图

4.7 回探缩量，压力下降

4.7.1 回探缩量的含义

回探缩量形态出现在横向振荡走势中，在价格走势第2次回落至振荡区低点时，此时的成交量明显小于前一次回落至此处的量能，呈相对缩量的状态。

回探缩量表明随着振荡走势的持续，这个低点卖压很轻，只须少量买盘推动就能够出现反弹行情。如果从中长线角度来看，这个回探的低点还是中长期低点，则此时是较好的入场时机。

4.7.2 回探缩量案例解读

图4-7是显盈科技2024年5月至10月走势图。如图中标注，股价第2次回探至低点时的量能小于第1次，并出现了一波反弹走势；随后，受大盘回调影响，第3次回落至低点时的量能小于第2次，此时的量能呈极度缩量状态，是市场抛压轻的标志，拉长K线图来看，这个低点也是中长期的低点，是较好的中短线买入时机。

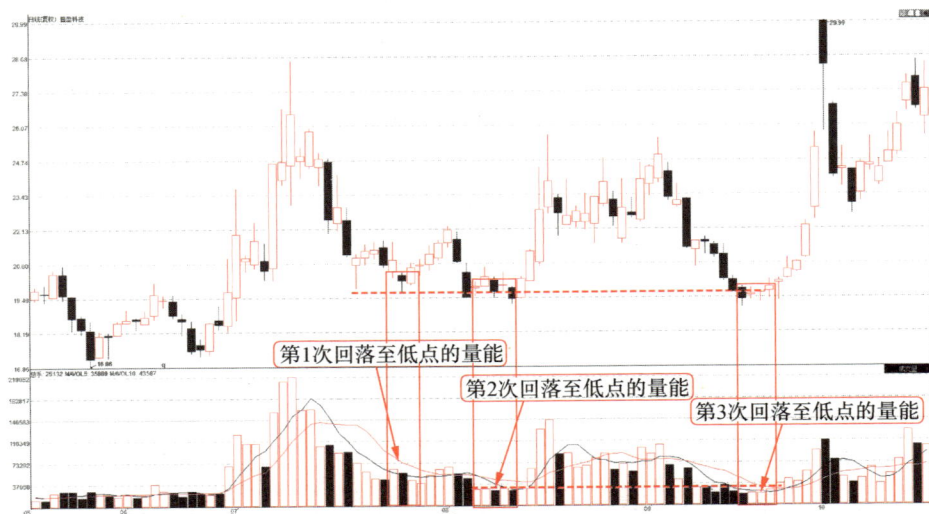

图4-7　显盈科技2024年5月至10月走势图

4.8　放量破均线，方向调整

4.8.1　放量破均线的含义

放量下破均线是将量价关系与均线运行相结合得出的判断，均线一般使用能够代表中期方向的 MA20（20 日均线）或 MA30（30 日均线）。

其形态特征是：在累计涨幅较大的高位区或是长时间的横向整理之后，MA20（或 MA30）与日 K 线较近，一根实体较长的阴线伴以明显的放量，由上至下跌破了 MA20（或 MA30）。一般来说，这种形态是多空力量对比格局发生转变的信号，也是一轮跌势或将出现的信号，持股者宜卖出观望、规避风险。

4.8.2　放量破线案例解读

图 4-8 是中国海油 2024 年 2 月至 8 月走势图。在图中标注的位置点，走势在高位区的小幅回落，价格开始向中期均线 MA20 靠拢，MA20 反映了 20 日的市场平均持仓成本变化方向。这也代表着该个股的中期运行方向，当股价距离 MA20 较近时，是多方或空方目前都不占明显主导地位的信号，市场运行方向待选。由于此时累计涨幅较大，出现放量跌破 MA20 表明空方抛压突然增强，中期方向或将转向下行，是风险的信号，宜卖股离场。

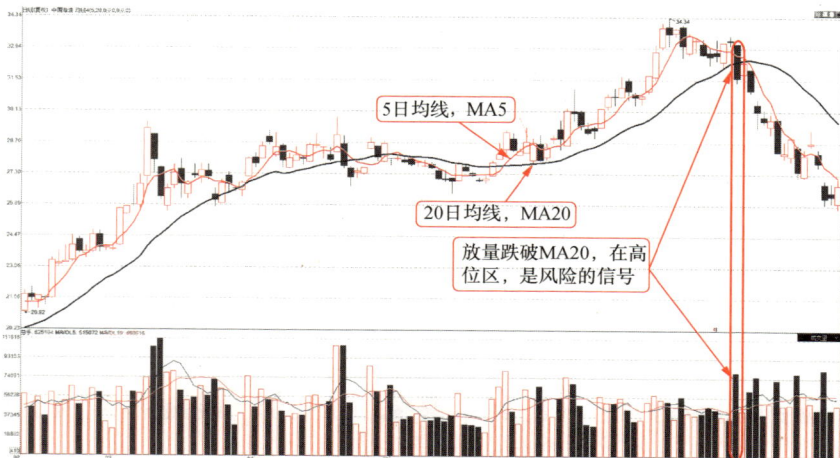

图4-8　中国海油2024年2月至8月走势图

第5章 利用成交量把握趋势运行

正确的判断市场及个股所处的趋势状态至关重要。在上升趋势中，我们可以实行中长线持股或阶段性高抛低吸的短线操作；而在横盘振荡趋势中，则不宜进行中长线布局，更适宜进行波动操作；在下跌趋势中，我们只能进行短线反弹操作，如果进行中长线操作则很可能出现重大亏损。

将价格走势图的时间线拉长，每一轮的趋势运行似乎泾渭分明，但如果身处其中，往往很难把握，因为影响市场或个股运行的因素错综复杂，一轮上涨行情到哪个位置才会见顶？横向整理区是原有趋势的中继阶段，还是预示着反转的过渡阶段？只有准确地判断趋势运行状态才能做出正确的决策。在众多趋势分析技术中，量价关系直接呈现市场多空力量的变化，其重要性不言而喻。本章中，我们将在讲解股票市场趋势运行规律的基础上，看看如何利用各种不同的量价形态分析，把握趋势的各个阶段。

5.1 理解趋势运行规律

一笔交易的成功，不仅取决于对短期高低点的把握，还取决于对价格走势整体方向的判断。而且，对于整体方向的判断更为关键，因为它直接关系到仓位的调度、止盈止损的设定。这个"整体方向"就是趋势。趋势，既是技术分析的基础，也是入场交易的前提。道氏理论率先提出并系统地总结了股市趋势运行的规律。本节中，我们就结合道氏理论阐述的内容深入理解趋势。

5.1.1 趋势与走势、波动的区别

"趋势"这个词语并不是股票市场的专有名词，根据汉语字典，趋势的意思是"事物或者局势发展的动向"，而且这种"动向"可以看作一种客观规律，它描述的是可预见的发展方向。股票市场中的"趋势"一词也有"客观性""方向性"的含义。简单来说，趋势描述的就是价格运行的"总体方向"，依据总体方向的不同，趋势可以分为三种：上升趋势、下降趋势、横盘振荡趋势。为了更好地理解趋势这个概念，我们可以先了解道氏理论对于趋势、走势、波动所做的区分。

道氏理论依据价格运动的"级别"将各种不同的价格运动过程划分为三种类型：基本趋势、次级走势、短期波动。

1. 基本趋势

基本趋势，就是我们常说的"趋势"，它是大规模的、中级以上的上下运动，通常持续一年或数年之久，并导致股价增值或贬值 20% 以上。依据基本趋势的运行方向，可将其细分为三类：基本上升趋势、基本下跌趋势、横盘振荡趋势。

2. 次级走势

次级走势，也称为折返走势、次要趋势（在道氏理论中，只有"基本趋势"中的"趋势"一词才对应于平常我们所说的"趋势"），它与基本趋势的运动方向相反，并对其产生一定的牵制作用，例如：上升趋势中的回调走势、下跌趋势中的反弹走势均属于次级走势。次级走势一般可持续几日到几周，对原有基本趋势的修正幅度一般为上升趋势的一波上涨中（或下跌趋势的一波下跌中）的 1/3 或 2/3。

3. 短期波动

短期波动是指短短几个交易日内的价格波动，多由一些偶然因素决定，从道氏理论的角度来看，其本身并无多大意义。

图 5-1 为道氏理论"价格运动"级别划分的示意图。从"1"到"6"的整体运行过程称为基本趋势。在本图中，基本趋势的运行方向向上，因而，这是一个基本上升趋势；从"2"到"3"、从"4"到"5"这两段走势都是次级折返走势，与基本上升趋势的方向相反，属于回调走势；从"A"到"B"这一小段运动则为短期波动。

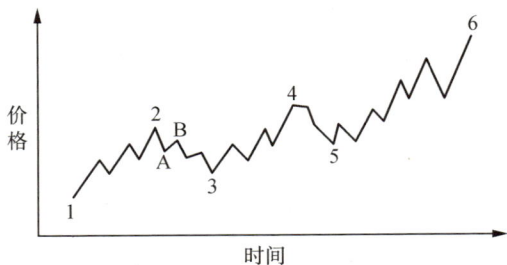

图5-1 道氏理论"价格运动"级别划分的示意图

5.1.2　上升趋势的三个阶段

无论是上升趋势，还是下跌趋势，都是一个时间跨度较长的运动过程，要经历多个阶段。为了更好地阐述趋势运动，道氏理论将上升趋势与下跌趋势各划分为三个阶段，了解这种三阶段的划分方法，有助于我们进一步认识趋势、把握趋势。

上证指数在2004年至2009年期间出现了一轮级别较大的牛熊交替走势，这个运动过程较为清晰地展示了升势与跌势的六个阶段。为了更好地理解道氏理论关于趋势各个阶段的划分，我们可以结合图5-2来进行了解。

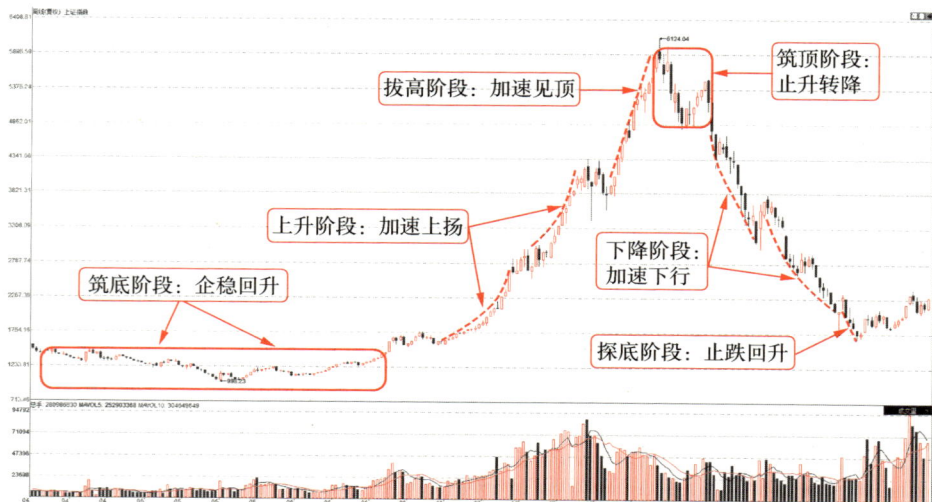

图5-2　上证指数2004年6月至2009年3月走势图

我们先来看看上升趋势的三个阶段。

1. 筑底阶段（多方力量积累阶段）

借助"波峰""波谷"这两个概念，上升趋势的运动过程大体表现为："一峰高于一峰""一谷高于一谷"。价格走势之所以能够不断攀升，既与不断入场的买盘推动有关，也与底部区多方力量的积蓄有关。上升趋势的第一阶段可以称为筑底阶段，多出现在中长期的低位区。

在筑底阶段，市场或个股往往处于低估状态，但市场人气不旺，多空双方仍旧势均力敌，缺乏耐心的投资者卖出了手中筹码，而资金实力雄厚的主力及一些中长线投资者则看到了机会，持续买入并耐心持有，等待市场好转，股票筹码陆续被看多、做多意愿更强的多方买入手中。这一阶段虽然仍有利空消息，但价格走势却不再进一步下跌，而是开始企稳回升，但大部分投资者仍然看空，因而也错失了低位布局的机会。

实盘操作中，我们应注意一点：在基本面因素（市场或个股）未见改善，但也没有实质性利空消息时，即使市场上看空氛围依旧强烈，但如果市场或个股的累计跌幅已经够大，且当前走势出现企稳回升，往往就是底部出现的信号。因为二级市场走势代表着多空力量对比格局的转变，且股市是一个预期性极强的市场，价格的运行不可能与市场情绪、消息面等因素同步，只有重点关注二级市场走势，才能及时把握买卖时机。

2. 上升阶段（多方力量占主导阶段）

第二阶段是持续上涨阶段。这一阶段是上升趋势的主要阶段，狭义的上升趋势其实就是指这一阶段。在这一阶段中，受基本面因素（经济指标、企业盈利能力、行业发展前景等）持续向好的推动，买盘积极入场、市场氛围热烈，价格走势也开始了振荡上扬，且具有很强的持续性，市场的财富效应显现，更多的资金开始关注并入场，从而推升价格持续走高。这一阶段上涨幅度巨大，是整个上升趋势的主升浪。正是在这一阶段，技巧娴熟的交易者往往会获得最大收益。我们常说在股市中要"顺势而为"，这种"顺势"体现在上升趋势中就是：我们应在这一阶段做到"让利润奔跑"，而不是过早止盈离场。一般来说，只有在个股因短期涨幅过大，随后出现深幅回调概率较高时，才宜减仓或清仓。

3. 拔高阶段（惯性上冲阶段）

第三阶段是见顶前的拔高阶段，且往往与下跌趋势的筑顶阶段交织在一起。经历了第二阶段的大幅度上涨，市场上虽然仍旧看涨热情较高，但场外的买盘资金毕竟数量有限，再叠加较高的估值状态，多方力量已消耗较大。此时，在大量持股者看多做多的氛围下，上涨阻力虽然小，但买盘的入场力度已明显减弱，价格走势虽然会延续原有的上升节奏，甚至出现加速，但升势已进入尾声。在这一阶段，有远见的投资者意识到了风险的来临，从而抛出手中的获利筹码，也有一些不够理性的投资者因情绪影响仍旧看涨买入，从而高位接盘。

5.1.3 下跌趋势的三个阶段

1. 筑顶阶段（空方力量积累阶段）

下跌趋势的运动过程大体表现为："一峰低于一峰""一谷低于一谷"。下跌趋势的第一阶段可以称为筑顶阶段，多出现在中长期的高位区。此时的股市或个股处于明显的高估状态。在这一阶段，多方力量不再占据主动，买盘资金入场力度减弱，市场获利抛压增强，价格走势也开始振荡滞涨、重心下移。随着这种振荡滞涨（或振荡向下）走势的持续，持股者的抛售意愿会增强，空方力量在进一步积累之中。当空方力量开始明显占优时，筑顶区域就会被跌破，价格走势也将步入快速下跌通道中。

2. 下降阶段（空方力量占主导阶段）

经历了高位振荡筑顶后，市场原有的看涨氛围已被完全扭转，空方开始占据主导地位。这一阶段的市场卖压远强于买盘承接力，空方力量完全占优，价格走势也呈持续下跌状态。这一阶段的持续时间是最长的，累计跌幅也是最大的，稳健的投资者应耐心持币观望，而不是贸然抄底入场。

3. 探底阶段（惯性下跌阶段）

这一阶段出现在中长期的低位区，与上升趋势的筑底阶段交织在一起。价格走势的持续下跌使得空方力量受到了极大的消耗，市场或个股的估值开始趋于合理，甚至明显低估，很多投资者都处于亏损状态。持续的下跌虽然是价值回归的过程，但市场的看空氛围依旧较浓，在此背景下，价格走势进一步下跌后进入筑底阶段。

5.1.4 把握趋势的两个关键点

趋势的三阶段划分法，是理解趋势的一种抽象概述，趋势的实际运动过程则较为复杂，其中的"顶部"（对应于筑顶阶段）与"底部"（对应于筑底阶段）是最为关键的两个阶段。道氏理论提出：可以结合"成交量"与"反转信号"分析趋势运行状态。

1. 交易量是对趋势的验证

交易量也就是我们常说的成交量。道氏理论指出，交易量跟随趋势。一般来说，当价格沿着趋势（特别是上升势）的方向发展时，成交量也应随之而增加，这体现了趋势前进的动力。例如：在上升趋势中的上升浪（或下跌趋势的下降浪）中，经常出现成交量放大的情况。但道氏理论同时也指出：成交量并非总跟随趋势，成交量只能起到一个辅助的验证作用。趋势的运动方式（价格走势）才是最重要的，其方向变化的结论性信号，只能通过价格分析得出，成交量是分析价格运动的辅助工具。

2. 一轮趋势结束时会有反转信号出现

道氏理论指出，只有当反转信号明确显示出来，才意味着一轮趋势的结束。这一原则的实用价值突出，也是顺势交易法的重要基础。一个既成趋势具有惯性，如果没有强大外力作用，通常会继续发展下去。在趋势方向扭转之前提前判断结束或转向是非常困难的，不要指望自己成为市场的超人，主观臆断"顶"与"底"，而应等到明显的反转信号出现时，再改变原有的交易模式（如持股待涨与持币观望就是两种不同的交易模式）。

对于急躁的交易者，这无疑是一个警告，与那些过早买入（或卖出）的交易者相比，机会总是站在更有耐心的交易者一边。后者只有等到自己有足够把握时才会采取行动。

5.2 底部区常见的量价关系

底部区，即筑底阶段，是一个相对的概念，它通常指的是在一个相对较长时间的周期内，股价经过连续下跌后形成的相对低位。在这个位置，价格走势不再继续大幅下跌，而是开始反弹或进入稳定期。在底部区域，如果出现量能明显大于前期下跌途中的成交量，通常被称为"放量"。底部放量可能意味着多方力量正在快速聚集，市场可能很快就会反弹。这种反弹的振荡幅度可能非常大，但持续时间相对较短。与放量相反，如果底部区域的量能与下降时的量能相差不大，甚至更小，则被称为"缩量"。底部缩量表明市场人气低迷。可以说，底部区可以放量，也可以缩量，这取决于具体的市况，不同的放量、缩量形态呈现了不同的筑底过程、不同的多空力量转变过程。本节中，我们就来看看底部区常见的量价关系及市场含义。

5.2.1　缩量式低位整理

缩量式低位整理是一种持续时间相对较长（一般要两个月以上）、成交量不断缩减、价格走势上下波动幅度相对较小的量价形态。缩量式低位整理主要有两种表现方式。

一种是，在整理过程中，股价重心缓慢下降，但下跌幅度较小，这体现了空方力量不断减弱，难以促成价格快速下行，这种形态可以称为"缩量式低位下移整理"。

另一种是，横向的整理，股价重心不下移，这期间可能会有反弹放量波段，但较为短促，且反弹回落后能够迅速缩量，这种形态可以称为"缩量式低位横向整理"。

两种表现方式均出现在中长期的低位区，价格走势经历了一轮较大幅度的下跌，致使投资者看淡后市，参与热情大减，不断缩减的成交量是市场交投清淡的表现，也说明多方力量汇集较慢，因此持续时间可能会比较长。当缩量整理形态被打破时（多以放量型大阳线或向上跳空突破的方式），价格走势有望迎来反转，也预示着缩量筑底走势的结束。

图 5-3 是华懋科技 2023 年 9 月至 2024 年 9 月走势图。股价在经历了一轮大幅下跌后，于低位区出现反弹，并于反弹后的高点振荡下移，在图中标注区域，随着振荡的延续，可以看到价格的上下波动幅度变小，成交量也不断缩减，这是一种缩量式低位整理的量价关系，表明空方压力不断减轻，结合当前所处的中长期低位区分析，筑底概率较大。

操作上，可以逢振荡回调之机买股布局，只要不出现破位下行信号，就可以耐心持有。随后，个股以放量大阳线的方式向上突破了这个缩量整理区，这也是筑底走势将结束的信号。

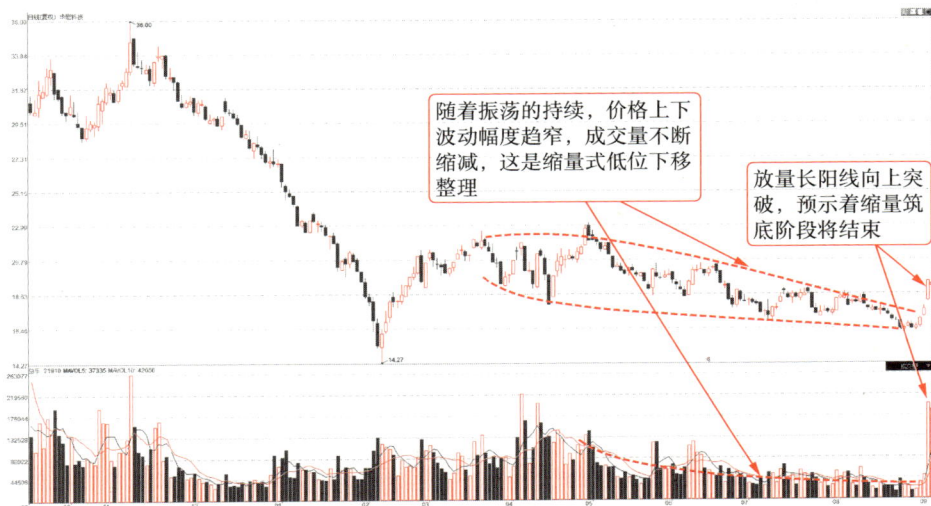

随着振荡的持续，价格上下波动幅度趋窄，成交量不断缩减，这是缩量式低位下移整理

放量长阳线向上突破，预示着缩量筑底阶段将结束

图5-3　华懋科技2023年9月至2024年9月走势图

图 5-4 是海南高速 2024 年 4 月至 9 月走势图。在下跌后的低位区出现了横向振荡整理走势，期间量能整体萎缩，只在短促的反弹中有所放大，这是缩量式低位横向整理。随后，个股出现量能温和放大、价格走势上扬的形态，这是缩量筑底即将结束的信号，也是底部买入时机。

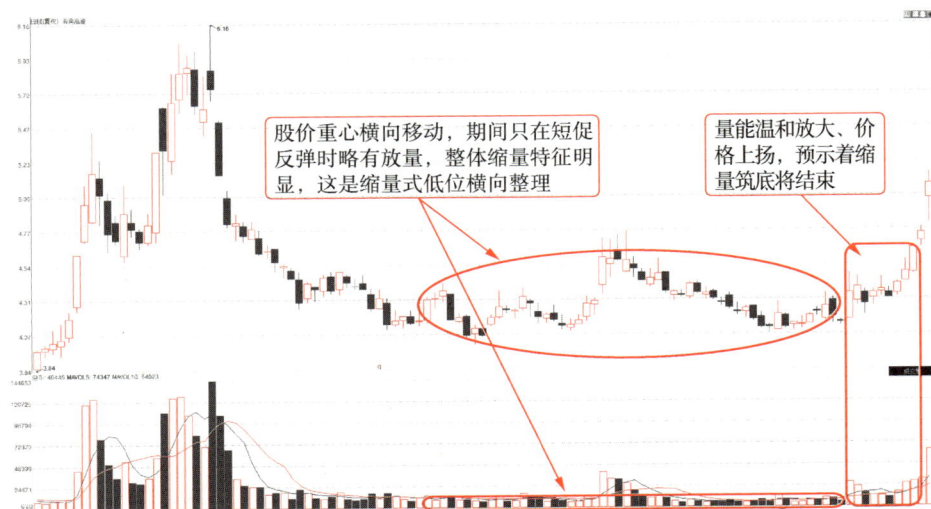

股价重心横向移动，期间只在短促反弹时略有放量，整体缩量特征明显，这是缩量式低位横向整理

量能温和放大、价格上扬，预示着缩量筑底将结束

图5-4　海南高速2024年4月至9月走势图

5.2.2 温和放量缓升

温和放量缓升也是底部区常见的一种量价形态，它是指在中长期低位区，股价自最低点或接近最低点的位置开始向上缓慢攀升，在缓慢攀升过程中，成交量的放大方式较为温和，放量幅度一般是之前整理时或下跌时的2～3倍。这种量价形态可以看作多方力量开始积极蓄势的信号，价格走势有望反转上行。

温和放量缓升之后，个股往往会出现短线回落，当价格回落至这一波涨幅的启动点附近或是 1/2 位置点时，若有明显的缩量特征，则是较好的中短线买入时机。

图 5-5 是奇精机械 2024 年 5 月至 11 月走势图。如图中标注，股价自中长期的低点向上攀升，速度缓慢，成交量温和放大，这是底部区常见的量价形态——温和式放量缓升，是买盘入场力度开始增强的信号。一般来说，随着买盘的不断增加，价格走势有望向上加速。实盘操作中，我们可以结合攀升的方式把握入场时机，如果攀升幅度在 10% 左右，这是节奏缓慢的上涨，出现深幅回调的概率不大，宜在盘中把握入场时机；如果攀升幅度超过20%，则反弹力度较大，可逢短线回调时择机入场。

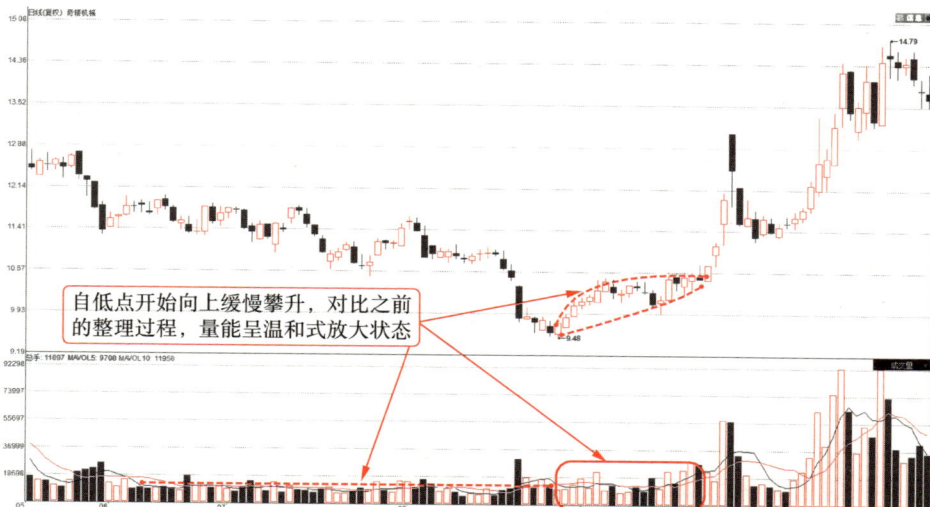

图5-5 奇精机械2024年5月至11月走势图

5.2.3 缩量放量式振荡整理

缩量放量式振荡整理形态是指在中长期的低位区，个股走势止跌企稳，呈横向宽幅振荡或窄幅整理状，在宽幅振荡或窄幅整理的过程中，成交量起初为缩量状态，随后变化为放量状态，即先缩量、再放量。

这种量价形态体现了市场交投由"冷"转"暖"的过程，也是买盘开始积极入场的信号，价格走势有望迎来反转，在这个振荡区或整理区筑底成功的概率很大。

图 5-6 是梦洁股份 2024 年 3 月至 10 月走势图。股价经历了大幅度下跌后，进入一个明显的低位区间，此时的价格走势开始横向整理，股价重心略有上移，企稳特征明显，如图中标注，在横向整理过程中，可以看到成交量形态表现为先缩量、后放量，这也是买盘入场力度由弱到强的标志，预示着当前区域有望成为预示价格走势反转的底部区，操作上，可以买股布局。

中长期的低位整理走势中，成交量形态出现了先缩量、后放量的变化过程，这是买盘开始积极入场的信号

图5-6 梦洁股份2024年3月至10月走势图

5.2.4 涨跌波段的峰式量能

在中长期的低位区，如果个股能够在一波上涨及随后的回落走势中（整个涨跌过程持续时间较长，不是短短数日的反弹行情），出现较为鲜明的

"山峰式"放量形态，即上涨波段出现了明显放量，在随后的回落波段中，量能缩减迅速，则表明推动价格上涨的买盘筹码锁定性极好，多空力量对比格局有望转变，当前的区域或将成为趋势反转的底部区间。

图5-7是上海九百2023年12月至2024年9月走势图。如图中标注，在低位区出现了一个持续时间接近两个月的波段涨跌走势，在整个运动过程中，上涨波段的成交量明显放大，回落波段则快速萎缩，体现了入场买盘资金的良好锁定性，也预示着此区域将成为筑底区，操作上，短线回落后的低点就是很好的买股布局时机。

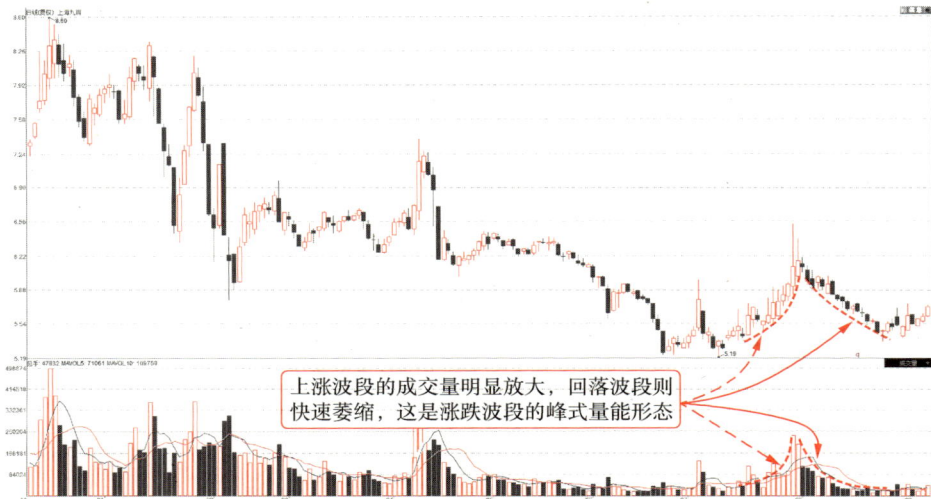

图5-7　上海九百2023年12月至2024年9月走势图

5.3　上升阶段常见的量价关系

上升阶段出现在跌势筑底之后，是多方开始推升价格持续走高的一个过程。在上升阶段，常会看到一些典型的量价形态，例如：第4.1节的量价齐升，第4.5节的量价井喷，除此之外，还有很多量价形态出现在上升阶段，它们体现了不同的多空交锋过程，有着特定的市场含义。本节中，我们就结合实例了解一下这些形态。（我们将上升阶段与拔高阶段的量价关系合并讲解。）

5.3.1 巨量突破低位平台

巨量，是指成交量远高于之前的均量水平，至少达到均量的 5 倍。"巨量突破低位平台"常出现在大盘走势较好的背景下。个股先是在低位区出现了止跌企稳，开始横向振荡整理并构筑一个低位平台，但由于没有主力介入，或是主力吸筹不充分，个股走势更多地受到大盘影响。这时，大盘走势明显转强或是出现了强劲上涨，受此带动，个股也突破了筑底平台，因市场浮筹过多，突破时面临着过多的解套压力、短线获利抛压等，从而出现巨量阳线。

巨量的出现，既是个股筑底完成的信号，也预示着上升行情的展开，随着价格的不断上扬，一般会看到成交量始终保持着放大的状态，这是买盘源源不断入场的标志。

图 5-8 是海象新材 2024 年 5 月至 11 月走势图。该个股在低位区持续的横向整理，构筑了一个振荡平台，这种低位平台可能是筑底，也可能是下跌中继，一般来说，如果平台的振荡幅度在 10% 左右，则宜等方向信号出现后再做决定；如果振荡幅度较大，在 20% 以上，则可在振荡低点适当介入，既可博取短线反弹，也可中线布局。

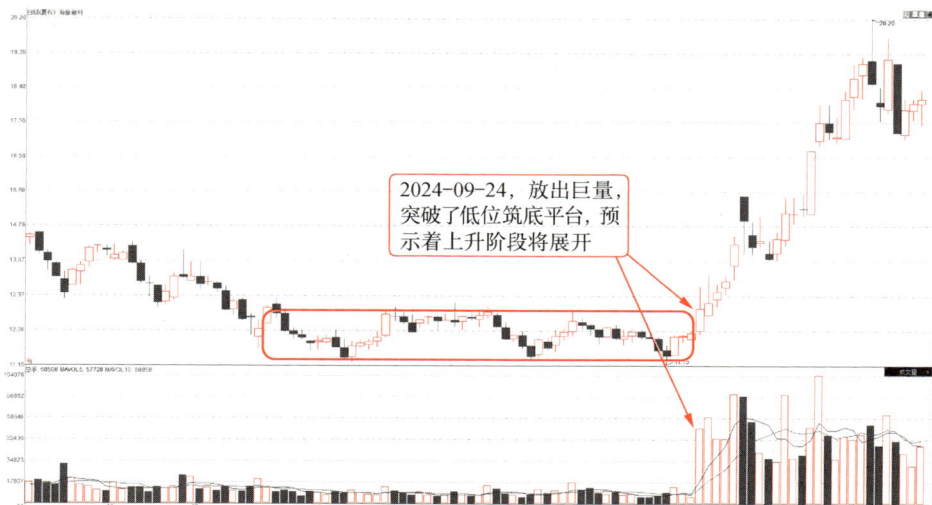

图5-8 海象新材2024年5月至11月走势图

对于本例来说，低位平台的振荡幅度较小，如图中标注，大盘指数2024年9月24日出现了强劲上涨，受此带动，个股以巨量阳线突破了低位平台，这是上升行情开启的信号，也是较好的中短线入场时机。

5.3.2 温和放量突破低位平台

在一波上涨走势中，成交量以温和放大的形态突破低位平台，这也是上升阶段常见的量价形态。温和放大的量能是买盘积极入场的信号，也是市场筹码锁定度较高的标志。出现这种量价形态的个股，中长期的上涨潜力往往较大。

图5-9是合百集团2024年5月至2025年1月走势图。该个股在低位区经历了长时间的横向整理，随后，一波上涨伴以量能的温和放大，对这个低位平台区实现了突破，这是个股步入上升通道的信号，操作上，可在第一时间买股入场，或是在这一波上涨后的回调时买入。

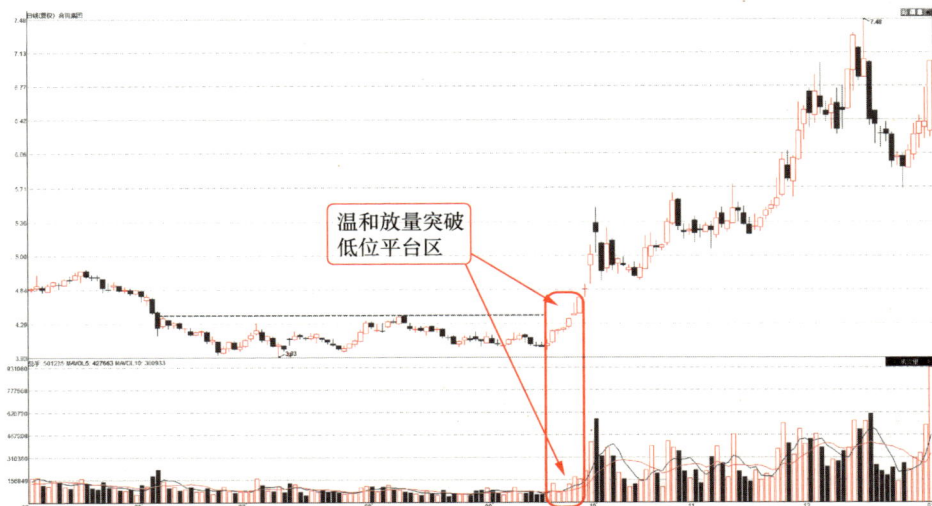

图5-9 合百集团2024年5月至2025年1月走势图

5.3.3 峰式量能突破振荡区

在相对低位区，如果一波上涨伴以鲜明的"山峰"式量能形态，且在山峰式放量的过程中，向上突破了一个构筑时间较长的振荡平台，这表明做多力量强劲，市场抛压较轻，价格走势有望在短暂回调后步入上升阶段。

图 5-10 是东港股份 2024 年 5 月至 11 月走势图。如图中标注，该个股先是在相对低位区构筑了一个振荡平台，随后向下跌破这个平台，之前的振荡平台可以视为"次低位平台"。随后，一波强势上涨突破了次低位振荡平台，成交量呈典型的山峰式形态，量能的变化表明多空力量对比格局已发生转变，在山峰式量能的右半段回落走势中，是逢低买入时机。

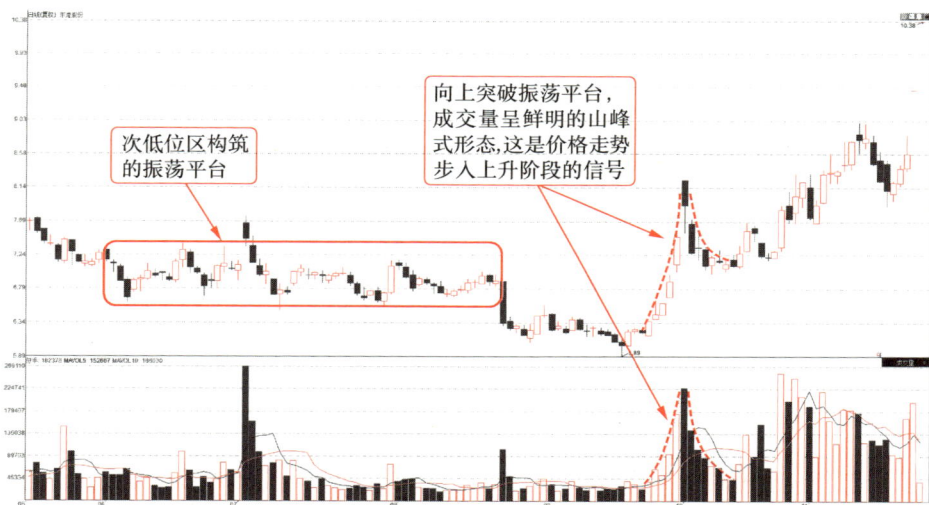

图5-10　东港股份2024年5月至11月走势图

振荡平台可以是次低位平台，也可以是最低位平台，一般来说，构筑平台的时间越长，突破后的上升空间越大。山峰式放量形态是上升阶段最常见的量价形态之一，它既可以出现在上升途中，也可以出现在突破筑底区时。

图 5-11 是利欧股份 2024 年 5 月至 10 月走势图。股价在经历了长时间的下跌后，于低位区止跌企稳、横向振荡，构筑了一个低位平台，随后，一波强势且幅度较大的上涨走势突破了这个低位平台，突破及回落波段的量能呈

鲜明的山峰式形态，这是价格走势将进入上升阶段的标志，操作中，可逢回调买股入场。

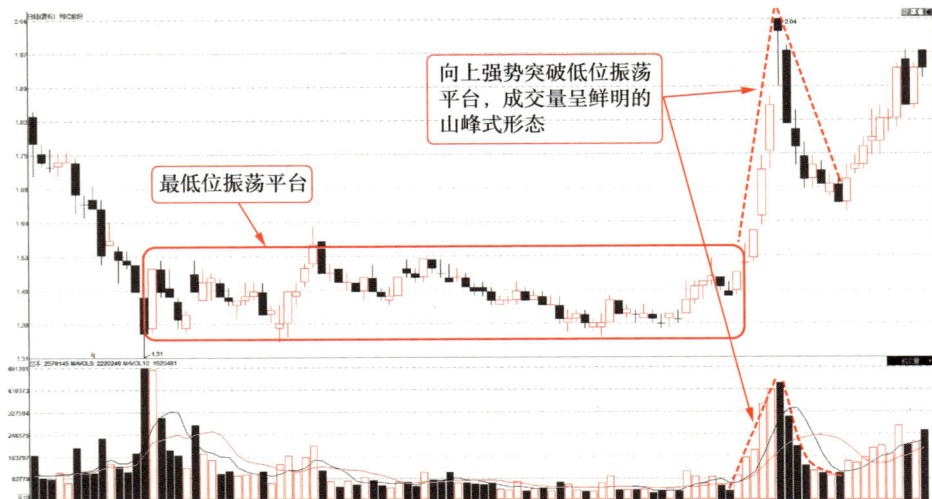

图5-11　利欧股份2024年5月至10月走势图

5.3.4　攀升中的活跃式量能

只有买盘资金持续保持着"充裕"的状态，价格走势才有不断上涨的动力，而判断买盘资金是否充裕，一个重要的标准就是成交量是否处于较为"活跃"的状态。活跃式的量能是指成交量的整体水平呈放大状态，明显高于前期筑底阶段的均量水平。一般来说，只要活跃式的量能形态没有明显变化，且价格重心呈上移状态、累计涨幅不大，上升阶段就会延续下去。

图5-12是北纬科技2024年5月至12月走势图。在突破筑底区后，价格重心缓慢上移，这期间的成交量保持活跃的状态，这是买盘入场力度持续保持较强状态，也是多方力量充足的信号。由于价格上升速度缓慢，活跃式的量能也可以看作多方力量积极蓄势的标志，随着多方力量的不断增强，价格走势有望打破缓慢的节奏、加速上行。操作中，在活跃式量能配合下的上升过程中，可以趁振荡回调之机买入布局。

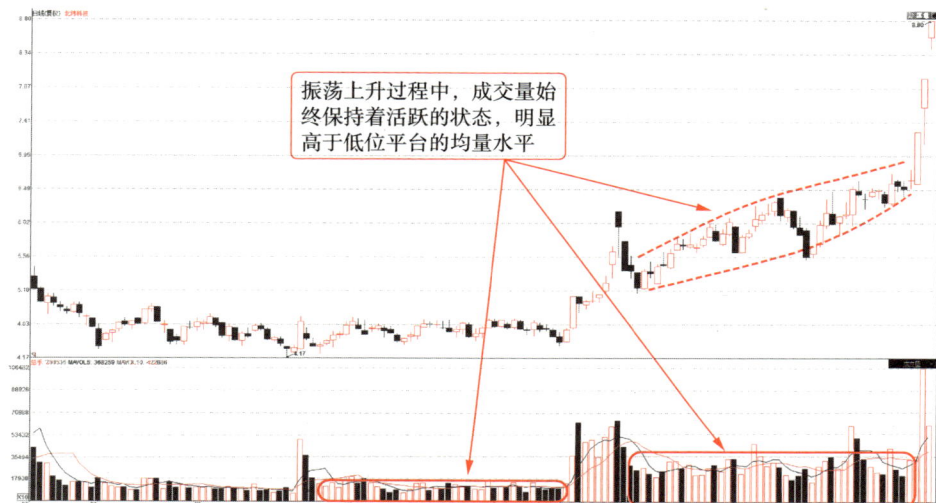

振荡上升过程中，成交量始终保持着活跃的状态，明显高于低位平台的均量水平

图5-12　北纬科技2024年5月至12月走势图

5.3.5　放量后的连续巨量

上升阶段，价格走势往往会经历"由缓到急"的过程，起初的上涨较为稳健，速度较缓，"趋势在犹豫中发展"；随着累计涨幅的加大，趋势已经较为明朗，这时常会走出"加速"行情。如果在行情加速阶段，出现了连续巨量形态（成交量连续大幅度放出，且远高于之前攀升时的均量水平），那往往是上升阶段将要结束的信号，趋势可能快速筑顶并反转，应把握好高点卖出时机。

图5-13是通富微电2024年8月至2025年1月走势图。该个股以山峰式放量形态突破了筑底平台，这是其步入上升阶段的标志，此时的放量效果较为温和，彰显了多方力量的释放不急不缓，持续性强；随着升势的延续，如图中标注，在一波加速上涨时出现连续巨量形态，过大的量能既是多方力量过度释放的标志，也表明这一波上涨时的获利抛压极重，一旦买盘跟进力度减弱，价格走势出现反转下行的概率极大，应注意规避中期见顶的风险。

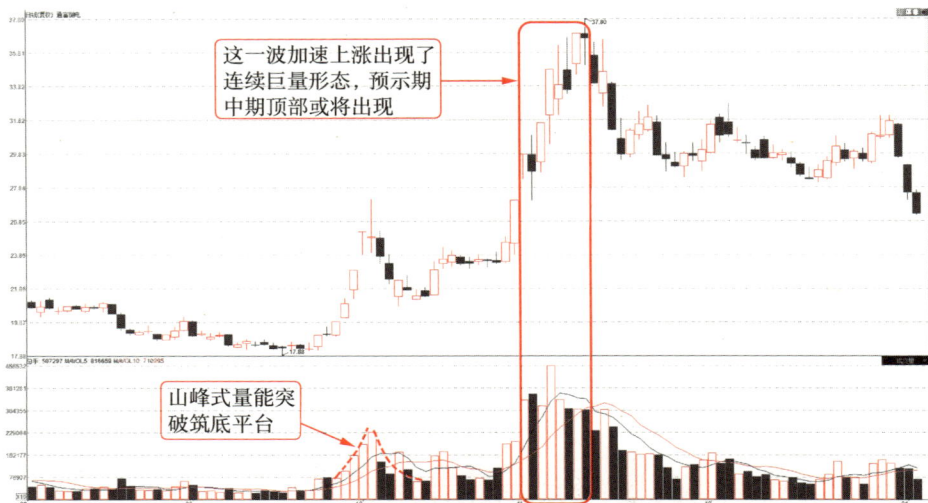

图5-13　通富微电2024年8月至2025年1月走势图

5.4　顶部区常见的量价关系

顶部区，即筑顶阶段，是上升趋势与下跌趋势转换时的过渡阶段。筑顶时间可长可短，主要取决于筑顶前的走势特征及累计涨幅情况。一般来说，如果筑顶前的上涨方式迅急，呈直线状，且累计涨幅大，则出现尖形顶的概率较大；如果筑顶前的上涨方式较为缓和，呈振荡上升状，且累计涨幅小，则出现横向振荡筑顶的概率更大。不同的筑顶方式有着不同的量能特征，短时间的顶部多呈放量状态，长时间的顶部多呈缩量状态，可以说，不同的筑顶方式有着不同的量能特征。本节中，我们就来看看如何通过量价关系特征把握顶部区的出现。

5.4.1　振荡中的放量下跌波段

相对高位区的振荡走势，可能是上升途中的中继整理，也可能是中期顶部。判断振荡区性质的一个重要方法是：观察振荡下跌波段的量能形态。在横向振荡过程中，如果下跌波段（从振荡区高点开始的一波下跌）的成交量出现了放大，多表明此振荡区的市场抛压较重，特别是在反复振荡之后，如果下跌波段仍然出现明显放量，则随后的运行方向向下概率极大，应注意规避趋势反转下行的风险。

图 5-14 是华能国际 2023 年 12 月至 2024 年 7 月走势图。该个股在一个相对高点出现了横向振荡走势，如图中标注，多次在下跌波段出现放量形态，表明此位置区阻力重重，抛压极重。图中标注了三个放量下跌波段，在第三个放量下跌波段之后，出现了破位下行走势。可以看出，振荡中的放量下跌波段是趋势筑顶的信号。

图5-14　华能国际2023年12月至2024年7月走势图

顶部区并非都是出现在中长期高位区，很多时候，个股自低点开始的累计涨幅并不大，如只有 50% 左右，从中长期来看，仍旧处于相对"低位"。此位置区出现的横向振荡更容易被投资者误判为上升行情中的中继整理，这时，关注振荡中的下跌波段量能就可以很好地规避破位下行风险。

图 5-15 是华信新材 2023 年 3 月至 2024 年 3 月走势图。该个股的价格在 2020 年时最高曾涨至 27.43 元，当前的价格则在 16 元附近上下振荡。从中长线角度来看，虽然自低点 10.67 元算起，已有 50% 的涨幅，但这仍是一个低位区。随着振荡的持续，如图中标注，出现了明显的下跌波段放量形态，这是市场抛压突然增强的信号，也预示随后会破位下行。

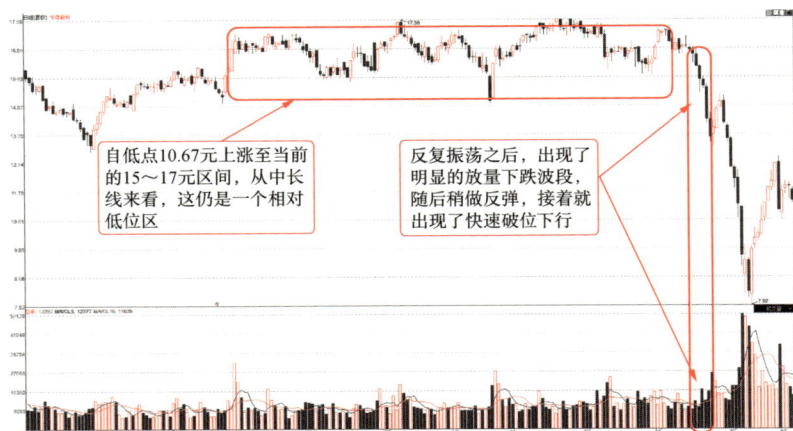

自低点10.67元上涨至当前的15～17元区间，从中长线来看，这仍是一个相对低位区

反复振荡之后，出现了明显的放量下跌波段，随后稍做反弹，接着就出现了快速破位下行

图5-15 华信新材2023年3月至2024年3月走势图

5.4.2 回落后的放量弱反弹

在累计涨幅较大的高位区，个股出现了一波回落，如果回落后的反弹力度较弱且量能出现了放大，则表明此位置点的抛压较重，较大力度的买盘入场也无法向上推升，是筑顶的信号之一。

图5-16是科大讯飞2023年12月至2024年9月走势图。该个股中长期累计的涨幅较大，如图中标注，在高位区的一波反弹走势中，反弹幅度很小，成交量却呈放大状态，结合回落前的下跌波段量能也呈放大状态，可以认为此位置区的空方力量开始占上风，是趋势反转的信号。

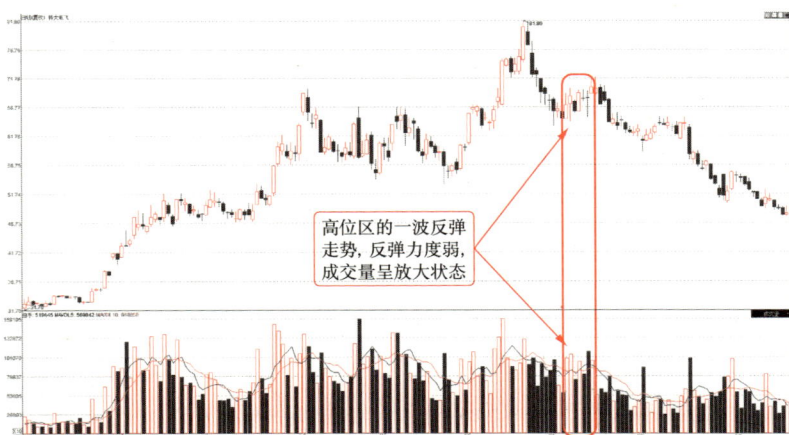

高位区的一波反弹走势，反弹力度弱，成交量呈放大状态

图5-16 科大讯飞2023年12月至2024年9月走势图

5.4.3 弱势振荡的缩量趋向

在高位区的横向振荡走势中，如果反弹力度不断减弱且成交量呈缩减趋向，则表明此位置区的多空力量对比格局正在发生转变，当前的弱势振荡区域或将成为顶部区。这种量价形态常见于中长期累计涨幅较大的个股，且主力控盘能力较强，只有通过长时间将股价维护在高位区，主力才能够顺利实现出货。但股价所处的高位区又是一目了然，市场参与热情较低，从而造成了量能不断缩减。

图5-17是大金重工2022年3月至2023年2月走势图。该个股在进入高位区后，开始横向振荡，随着振荡的延续，反弹力度不断减弱，这属于典型的弱势振荡。一般来说，只有卖盘长时间多于买盘时才会出现这种情况，而且往往与主力出货行为有关。由于投资者参与高位区个股的热情较低，因而量能呈缩减趋向。

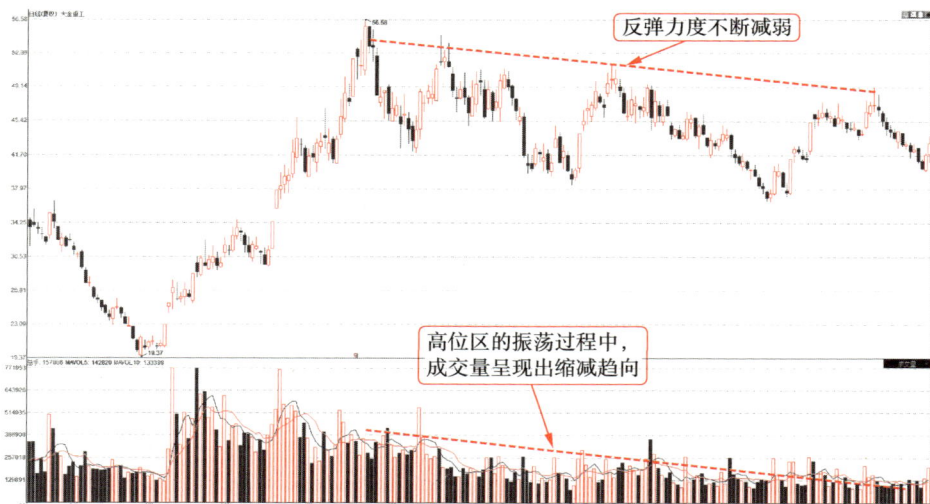

图5-17 大金重工2022年3月至2023年2月走势图

综合来看，这种弱势振荡并伴以缩量趋向的量价配合关系，表明当前价格走势筑顶概率极大，操作上，宜趁反弹之机卖股离场。而且，随着振荡的持续，个股向下破位并步入下跌通道的概率也在不断增加，并不适宜短线博取振荡反弹收益。

5.4.4 二次上探的峰式量能

在高位区的宽幅振荡过程中，如果二次上冲前期高点时出现了鲜明的山峰式放量形态，多表明上冲动能不足，买盘入场力度缺乏连续性，易引发趋势反转下行。

图 5-18 是山东章鼓 2022 年 7 月至 2023 年 3 月走势图。如图中标注，在第二次上冲前期高点的过程中，出现了山峰式放量形态，这是上冲力度不足的表现。操作中，识别这种量能形态后，宜在第一时间卖出，以规避随后可能出现的深幅回落。

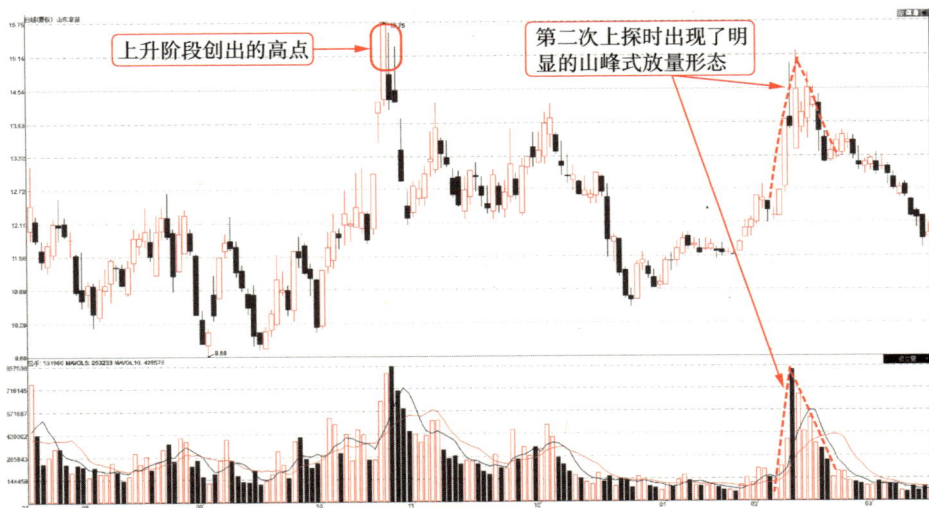

图5-18 山东章鼓2022年7月至2023年3月走势图

5.4.5 放量式振荡整理

涨时放量，跌时缩量，这是上升阶段的健康量价关系。涨时放量代表买盘充足，跌时缩量代表卖压较小。如果在一波上涨后的振荡整理过程中，成交量没有出现缩减，而是继续保持着与之前上涨波段相当的量能水平，这是市场卖压明显增强的标志，也往往预示着顶部的出现，特别是在累计涨幅较大的高位区，更应注意规避趋势反转的风险。

图 5-19 是东方钽业 2021 年 4 月至 2021 年 9 月走势图。股价在中长期一

直保持着稳健的上升形态，在图中的标注区域，此时的价格走势呈振荡整理状，从价格走势上来看，趋势运行状态良好，似乎升势仍将保持。但振荡整理期间的放大量能形态却表明这一位置区的市场抛压较重，操作中，应注意规避趋势反转风险。

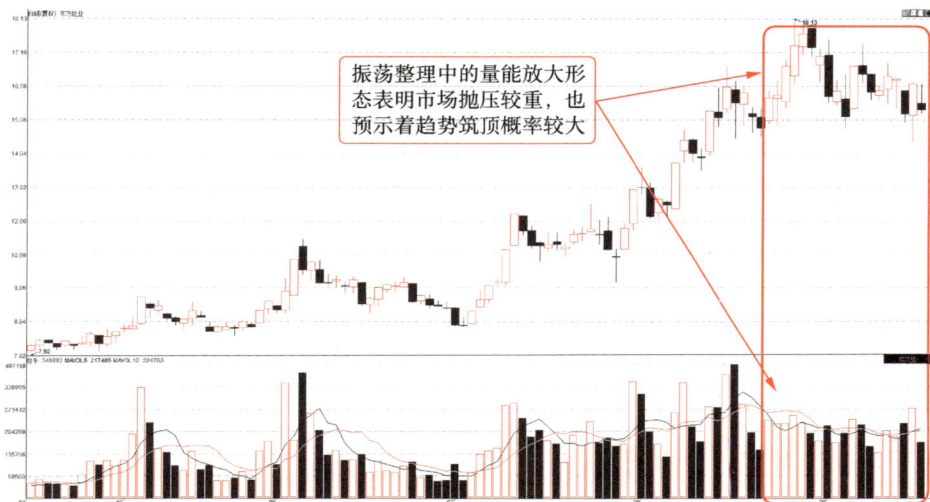

图5-19　东方钽业2021年4月至2021年9月走势图

5.5　下降阶段常见的量价关系

下降阶段出现在升势筑顶之后，是空方开始占据主导地位、价格走势持续下行的一个过程。在下降阶段，常会看到一些典型的量价形态，如第4.6节的"放量下跌"形态，第4.8节的"放量跌破均价线"，除此之外，还有很多常见的量价形态出现，它们体现了不同的多空交锋过程，有特定的市场含义。本节中，我们就结合实例了解一下这些形态。（我们将下降阶段与探底阶段的量价关系合并讲解。）

5.5.1　整体性缩量下滑

当趋势转至下降阶段后，由于价格走势的弱势运行，财富效应骤减，因而场外买盘资金无意入场，市场观望氛围浓郁，此时并不需要太多的卖盘就可以使得价格走势持续下跌，因而，在下跌途中，我们常常可以看到个股出现整体性缩量。

所谓的整体性缩量是指：整个下跌途中的平均成交量处于一种较低的水平，明显低于筑顶期间的均量水平，这期间可能因短促反弹而有所放大，但随着反弹结束，成交量再度回落至明显缩量的状态。一般来说，只要这种缩量下跌的整体性形态不被明显地打破，个股的下跌趋势就难言结束，在实盘操作中，我们就不宜抄底入场。

图 5-20 是明德生物 2022 年 10 月至 2024 年 4 月走势图。如图中箭头标注所示，当股价由高位振荡区开始破位下行并步入下跌通道后，该个股的成交量就始终保持在一种缩量的状态，这正是场外买盘资金无意入场，市场观望气氛浓郁的体现，也是下跌趋势持续运行的标志。

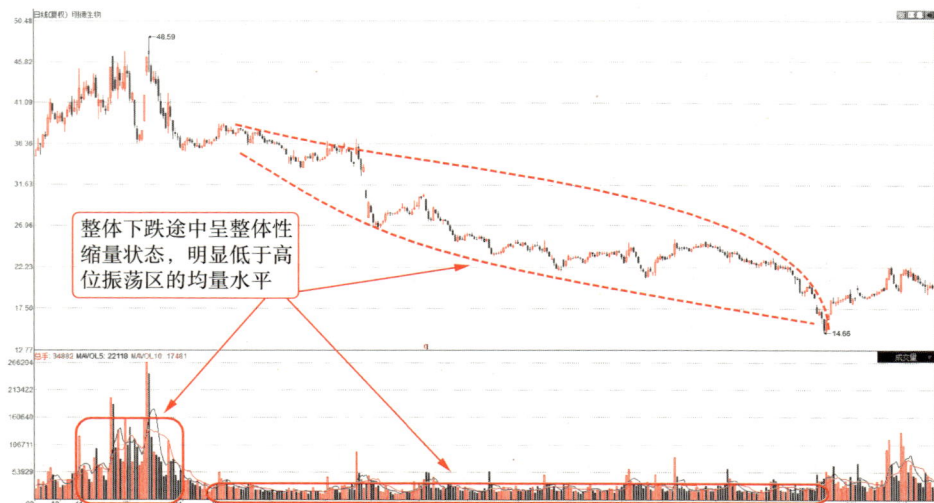

图5-20　明德生物2022年10月至2024年4月走势图

5.5.2　簇团型放量反弹

簇团型放量是指：成交量因价格走势的反弹或下跌，而连续多个交易日放大，随着反弹或下跌的结束，成交量再度恢复至原来的均量水平。从成交量柱形图上来看，反弹或下跌期间的量能犹如一个"簇团"位于原来的均量水平线上。

簇团型量能的出现表明价格走势沿这一方向运行的动力不足，仅仅是偶然出现的买盘或卖盘才导致了与趋势相反的运动，难以扭转原有的趋势运行。整个下降阶段的走势往往呈一波三折的状态，这期间不时有止跌回升，打破原有的下跌节奏，此时，簇团型放量可以帮助我们判断这种止跌回升走势的性质，是反弹，还是可能出现的触底？一般来说，下跌途中的反弹走势多源于买盘偶然涌入，并不具有持续性，量价配合上多呈现为簇团型放量反弹。

图 5-21 是保利联合 2023 年 1 月至 2024 年 4 月走势图。该个股的下降阶段持续时间很长，整体性的量能效果呈相对缩量状态，这期间多次出现短促的反弹，如图中标注，当反弹力度相对较强时，簇团型量能的放大幅度也较大；当反弹力度相对较弱时，簇团型量能的放大幅度相对较小。簇团型放量的幅度虽然有大有小，但它们都有一个共同特征：短暂放量之后，成交量又恢复至原来的均量水平。这也是我们识别簇团型放量的重要依据。

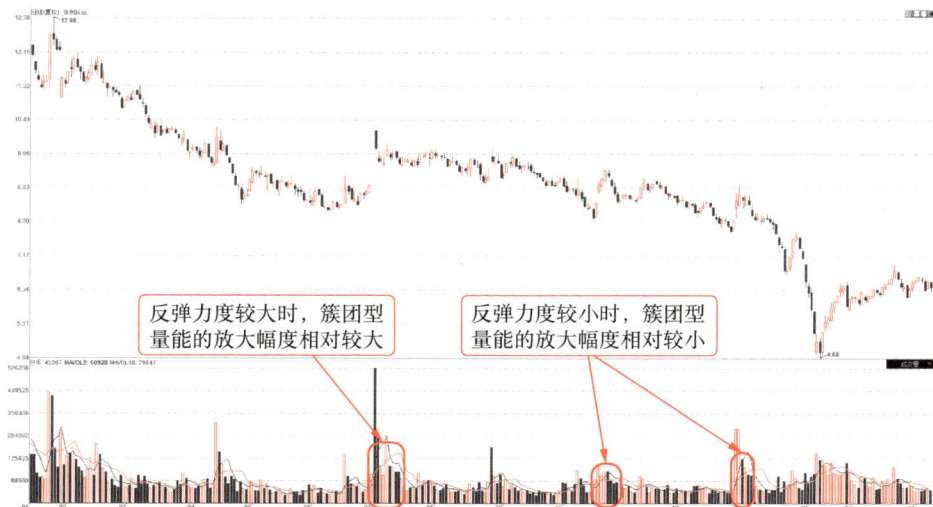

图5-21　保利联合2023年1月至2024年4月走势图

5.5.3　温和式放量下行

温和式放量也常见于下降阶段，当温和式放量伴以价格持续下行时，它体现了市场卖压较重，卖盘源源不断的涌出这样的市场状况。只要这种量价关系不出现明显改变，就表明空方力量依旧占据主导地位，是跌势持续的信号。

图 5-22 是健之佳 2023 年 12 月至 2024 年 9 月走势图。如图中标注，在股价跌破盘整区后的持续下行过程中，可以看到成交量呈温和放大状态，当温和放量伴以价格下跌这种量价关系没有出现变化时，不宜贸然抄底入场。随着跌势的持续、跌幅的加大，可以看到，出现了一个单日巨量形态打破了原有的温和式放量下跌形态，这是多空力量格局将出现变化的信号，由于此时的累计跌幅较大，在个股无重大利空的情况下，价格走势有望迎来筑底阶段，操作上，随后可以择机低吸布局。

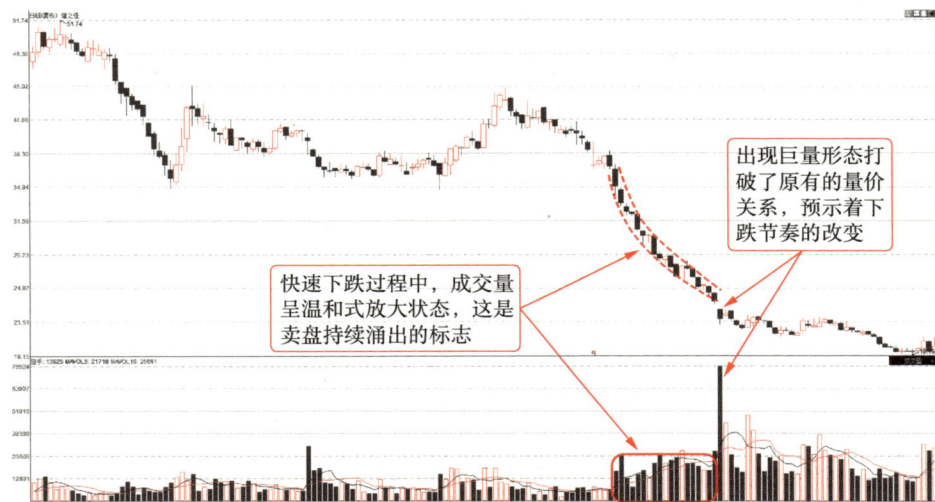

图5-22　健之佳2023年12月至2024年9月走势图

5.5.4　加速下行中放量

下跌趋势的过程往往是一波三折，而不是一跌到底，一般来说，在累计跌幅较大时，如果出现跌速加快、量能放大的情形，则代表着卖盘涌出的力度较大，中短期内的市场抛压将骤然减轻，易引发强势反弹，甚至是趋势反转，在个股无利空消息的情况下，这种加速下行中放量的形态往往预示了中短线入场时机。

图 5-23 是广西广电 2023 年 11 月至 2024 年 3 月走势图。在下跌途中的第二波快速下跌过程中，出现了加速下行伴以明显放量的形态，卖盘的快速涌出也引发了强势反弹，从最低点 2.16 元至反弹最高点 3.23 元，幅度达到 50%。

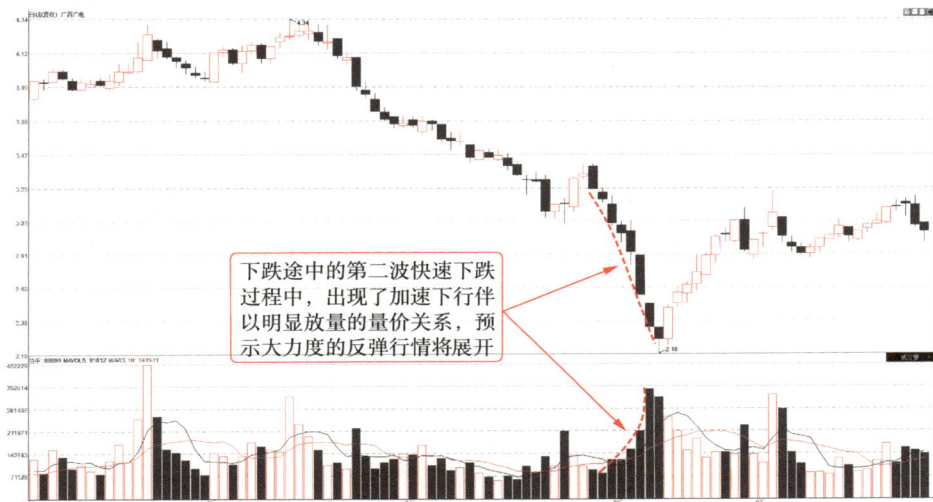

图5-23　广西广电2023年11月至2024年3月走势图

5.6　中继阶段常见的量价关系

中继阶段，也称为中继整理，它是原有趋势运行过程中的"暂停"，其走势特征常表现为水平方向的窄幅整理或振荡（上下波动幅度一般不超过20%）。中继阶段的出现会打破原有的趋势运行状态，仅仅从价格走势特征来看，投资者很难判断这种横向运行究竟是筑顶、筑底，还是中继整理？实盘分析中，结合量能特征来把握中继阶段是一种重要的方法。

5.6.1　弱势整理的极度缩量

在股价重心下移的背景下，或是下跌途中，若此时的横向整理过程中出现了极度缩量形态，即成交量处于几个月内的极低的状态，则表明买卖双方的交锋力度非常弱，无法打破原有的多空力量对比格局，也预示着原有的趋势运行状态仍将持续。

图 5-24 是思源电气 2021 年 11 月至 2022 年 5 月走势图。如图中标注，价格走势自高位区开始振荡下移，这表明空方力量开始占据优势，但随着多空力量趋于均衡，价格走势开始呈现出水平振荡，打破了原有的下跌节奏；在水平振荡过程中，可以看到成交量呈极度缩量状态，这是下跌趋势处于中继阶段的信号。

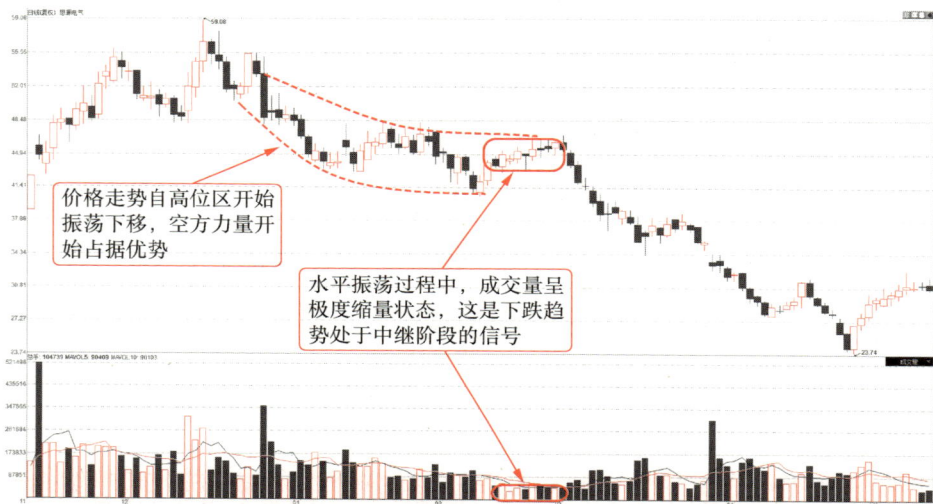

图5-24　思源电气2021年11月至2022年5月走势图

5.6.2　强势整理的极度缩量

下跌途中的整理区极度缩量预示着跌势将延续，同样，上升途中的整理区极度缩量形态往往也预示着升势将持续。由于价格走势总体处于振荡上升状态，此时的整理走势也称为强势整理。

图 5-25 是森源电气 2024 年 5 月至 12 月走势图。该个股的整体走势呈现振荡上扬状，这是多方力量占据主导的信号，如图中标注，在一波短线回落

后，价格走势呈横向振荡状态，且这期间的成交量处于几个月内的极低值，这是极度缩量下的整理，预示着原有的上升趋势将延续，此时也是中短线买股布局的时机。

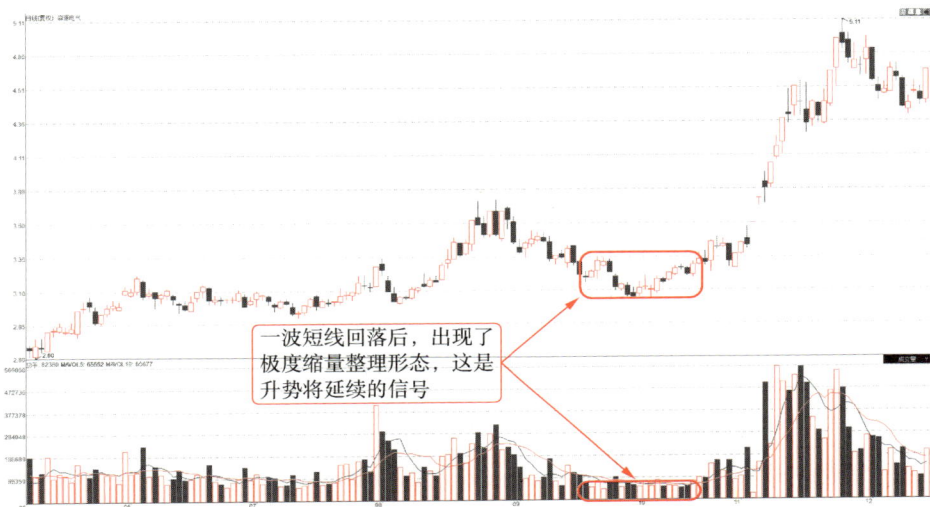

图5-25　森源电气2024年5月至12月走势图

5.6.3　突破整理区放量回落

下跌途中出现的长时间的横向振荡整理，是趋势不明朗的信号，此时若向上突破振荡整理区，但随即放量回落，则表明突破遇阻，市场抛压十分沉重，也是空方依旧占据主导地位的标志，就随后的中期走势来说，趋势延续下跌状态的概率较大，不宜过早抄底入场。

图5-26是达安基因2023年3月至2024年2月走势图。该个股经高位区的破位下跌后，在累计跌幅较大的位置区出现了长期横向振荡，随后，如图中标注，个股虽然向上突破了横盘区，但在回落过程中却出现了明显的放量，这说明市场逢高卖出意愿十分强烈，空方力量占据明显的优势，随后的价格走势易跌难涨，应注意规避跌势延续的风险。

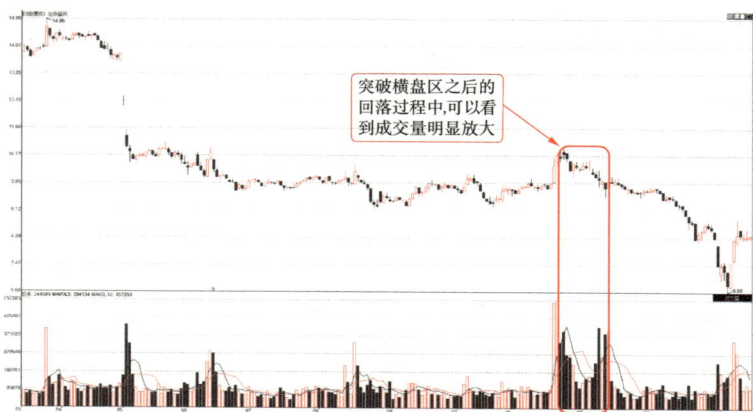

图5-26　达安基因2023年3月至2024年2月走势图

5.6.4　温和放量的振荡回升

　　价格整体走势呈振荡攀升状，在一波幅度较大的回落走势后，如果随后的振荡回升过程中出现了成交量温和放大形态，则是多方在积蓄力量的标志，价格走势继续突破上行的概率较大，也预示了升势的延续。

　　图5-27是天下秀2024年7月至11月走势图。股价在一波强势上涨后出现了深幅回落，随后价格走势开始振荡回升，这个振荡回升的位置区是筑顶还是中继整理？我们可以结合振荡回升时的量能形态来分析。一般来说，如果振荡回升时的成交量呈现为温和放大形态，则是多方积蓄力量的标志，预示价格走势有望进一步突破上行，也是升势延续概率较大的信号。

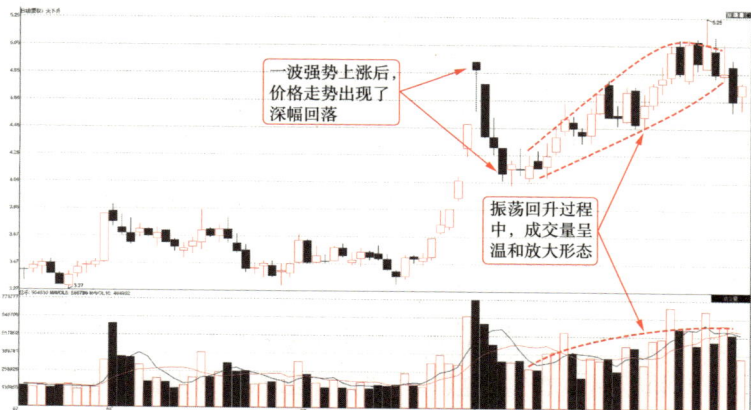

图5-27　天下秀2024年7月至11月走势图

5.6.5 箱体区的方向选择

箱体区是一种上涨波动幅度较大的横向振荡形态，它常见于上升途中或下跌途中，是趋势中继阶段的常见表现形式。

箱体区有两个重要的位置：

一个是箱体上沿，也称为箱顶，它代表阻力位。在上升趋势中，箱顶被突破时往往伴有量能明显放大，这是买盘踊跃、多方力量充足的信号，也预示着趋势继续向上推升。

另一个是箱体下沿，也称为箱底，它代表支撑位。在下跌趋势中，箱底被跌破时虽然有时会出现明显放量，但很多时候只是温和放量（或量能与之前持平），这是买方承接力差，卖方依旧占据主动的标志，也预示下跌趋势的进一步发展。

下面我们结合一个案例来看看如何结合下跌途中的箱体区分析趋势运行。

图5-28是复星医药2023年2月至2024年2月走势图。从整体走势来看，股价虽然跌势缓慢，但处于向下通道之中，是下跌趋势。缓慢的下跌趋势有助于不断累积空方力量，一旦空方力量明显增强，在大盘弱势的背景下，个股就可能会加速向下，策略上，抄底应谨慎。

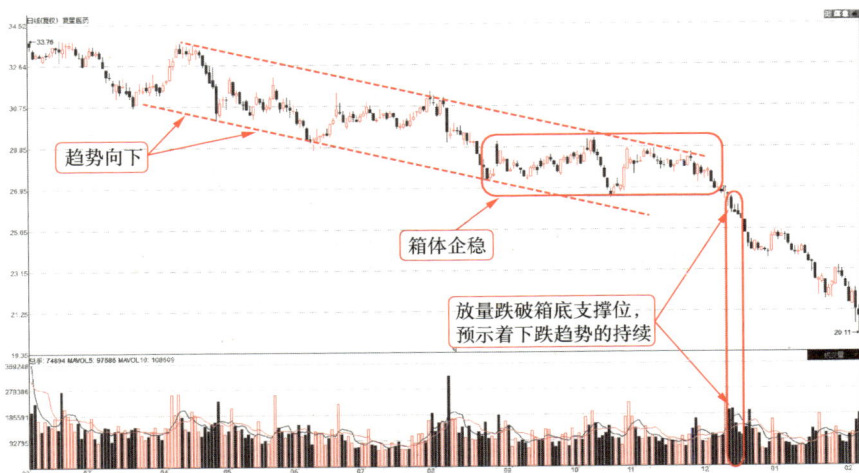

图5-28 复星医药2023年2月至2024年2月走势图

如图所示，随着股价的重心不断下行，在相对低位区，个股开始企稳，并呈箱体振荡状，那么，这个区域是预示趋势反转的底部区吗？操作上，应跟随市场，不宜主观臆断。

箱底区放量下滑这种量价形态的出现，预示着这个箱体区只是中继整理，并非底部，操作上，应注意规避新一轮下跌行情出现的风险。

那么，什么是箱底区放量下滑形态？它如何提示趋势运行情况呢？我们对图5-28中的这个箱体企稳区进行放大，来看看它的特征。

图5-29是箱底区放量下滑形态特征图。价格走势先是横向振荡，构筑了一个类似于"箱体"的形态，箱体上沿为箱顶，下沿为箱底。一波回落使得价格跌破了箱底支撑位，并伴有成交量明显放大，成交量放大幅度超过之前均量水平的2倍。这是市场抛压沉重，空方力量占据优势且有主动攻击意图的信号，下跌行情延续下去的概率较大。操作上，当箱体区位于长期上涨后的高位区时，这种量价形态是趋势转向的信号之一；当箱体区位于持续下跌途中的低位区时，多表明跌势仍未见底，不宜过早抄底入场。

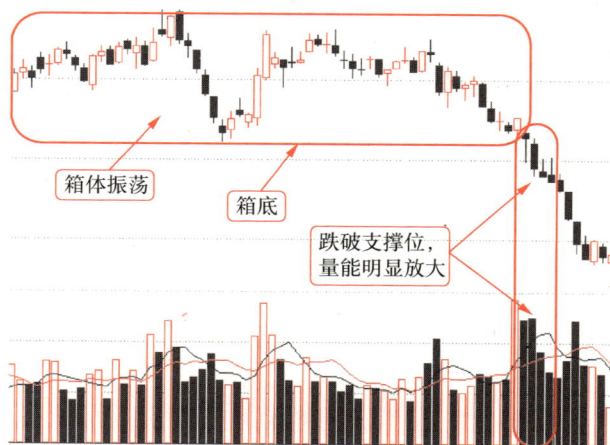

图5-29　箱底区放量下滑形态特征图

在箱底区放量下滑形态中，我们可以关注两点：一是跌破支撑位的判断方式。以收盘价是否跌破支撑位为依据，如果收盘价低于支撑位，则为破位。二是放量的方式。跌破支撑位当日的量能放大幅度超过之前均量水平的2倍。

第6章 预涨型量价形态实盘分析

任何一种技术分析手段，都是通过一些特殊的形态、信号来提示价格走势将要上涨或下跌，从而为交易提供指导。对于量价分析技术来说，我们可以将各种各样的量价形态划分为两个大类：预涨型、预跌型。

预涨型是指那些能够预示价格走势将要上涨的量价形态，这种类型的量价形态蕴含着多方力量开始转强、占据优势或占据主导地位的市场含义。一般来说，它们常见于短线回落后的低点、盘整后的突破点或者是横向盘整走势中，是中短线买股入场的提示性信号。本章中，笔者结合实盘经验，总结了 20 种能够提示价格走势将要上涨的量价形态，并结合形态特征、市场含义、实盘案例三个方面详细讲解每一种量价形态的运用方法。

6.1　冲高回落急速缩量

6.1.1　形态与市场含义

冲高回落急速缩量的形态特征见图 6-1。这种形态出现在一波快速冲高与回落走势中。上涨波段中，股价创出阶段新高且上冲速度较快，成交量相对放大；紧随而至的回落波段中，同样是幅度较大、速度较快，并伴以成交量的快速缩减。

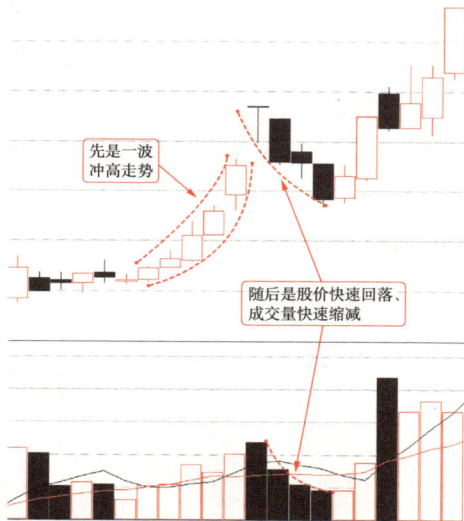

图6-1　冲高回落急速缩量形态特征图

冲高回落急速缩量形态常见于低位区的突破走势中，快速冲高彰显了多方的强烈上攻意愿，但由于短期获利盘、解套盘阻挡，价格随即出现深幅调整，调整过程中的快速缩量说明卖盘力度较轻、市场筹码锁定度较好，当前的回落走势只是上升行情中的短暂调整，回落后的低点也是较好的中短线入场时机。

在把握形态时，可以关注两点：

一是，这种形态只有出现在中长期的低位区，才能更好地预示新一轮上升行情的展开。

二是，在价格创出新高后的次日下跌中，成交量应表现为快速缩小的特征。只有这样，才能体现出良好的筹码锁定性，也才更有利于后续上升行情的展开。

6.1.2 实盘案例分析

图 6-2 是御银股份 2024 年 8 月至 12 月走势图。股价在突破低位整理区时，出现了先是快速冲高，随后深幅回落的运行轨迹，从量能特征来看，快速冲高时有明显的放量特征，这是买盘大力入场的标志；而回落时的成交量则快速缩减，体现了良好的筹码锁定性。操作上，快速回落后的止跌企稳点就是较好的中短线入场时机。

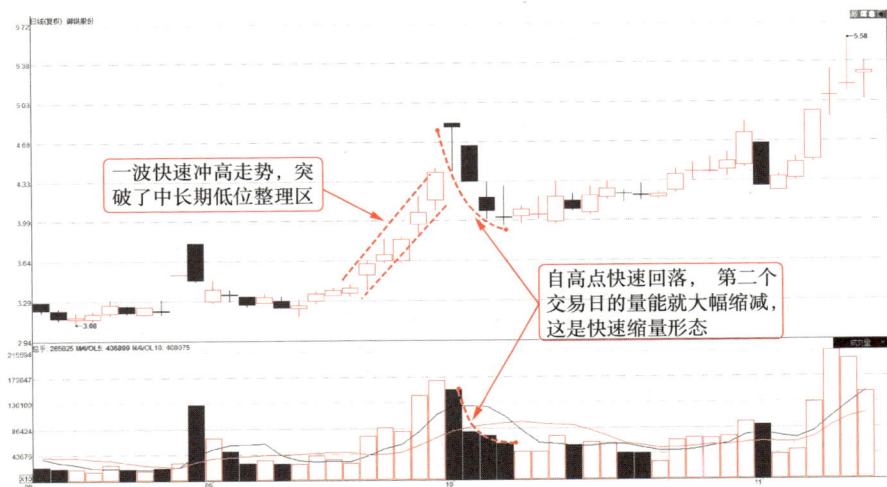

图6-2 御银股份2024年8月至12月走势图

6.2　低点盘中宽振不放量

6.2.1　形态与市场含义

低点盘中宽振不放量的形态特征见图 6-3。这一形态出现在短线下跌后的低点，某个交易日的单根 K 线带有明显的上下影线、盘中振荡幅度较大（盘中振幅至少达到 5%），当日的成交量没有相对放大，即当日量能与之前几日的均量持平，或小于前几日均量水平。

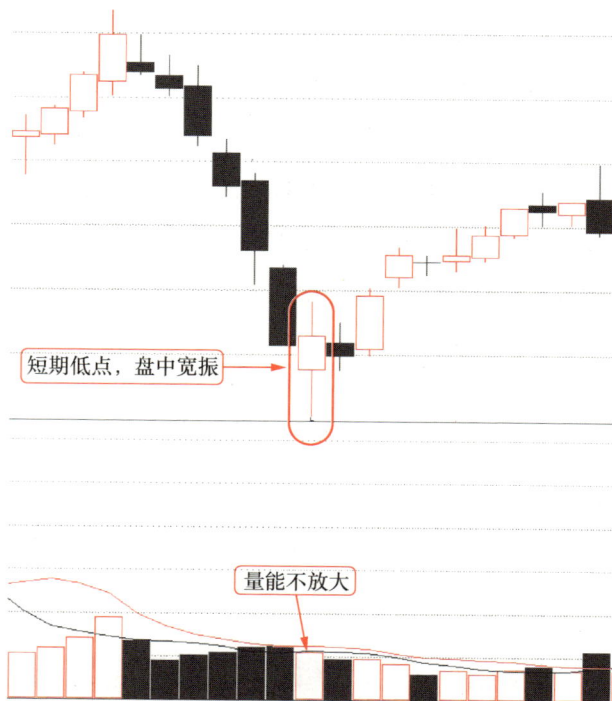

图6-3　低点盘中宽振不放量形态特征图

盘中的宽幅振荡代表着买卖双方交锋较为激烈，买方与卖方投入力量较多，一般来说，剧烈的交锋必然引发量能放大。但此时出现的盘中宽振却未导致量能放大，这表明空方力量已经明显减弱，无法投入更多的力量。当日盘中之所以出现宽振，主要源于多方发起了攻势。因而，这种量价形态预示的是价格走势止跌回升。

在把握形态时，可以关注两点：

一是盘中宽振不放量形态的位置点。只有在短期大跌后的低点，这一量价形态才更易引发反弹或反转行情。

二是宽振形态的 K 线表现形式。从形态特征来看，应带有明显的上下影线，且当日的振幅不小于 5%，这样才能体现出多空双方的交锋力度明显增强，也才是多空力量对比转变的重要信号。

6.2.2 实盘案例分析

图 6-4 是宁波富达 2023 年 12 月至 2024 年 3 月走势图。股价在短期快速下跌后的低点出现盘中宽振形态，当日的盘中振幅达 14.53% 且 K 线带有明显的上下影线，这是多空双方盘中交锋剧烈的表现，但当日的成交量小于之前的均量水平，这表明空方力量已经大幅减弱，盘中宽振还代表着多方上攻意愿的增强。综合来看，这时的低点盘中宽振不放量形态预示着反弹行情或将展开，是短线买入的信号。

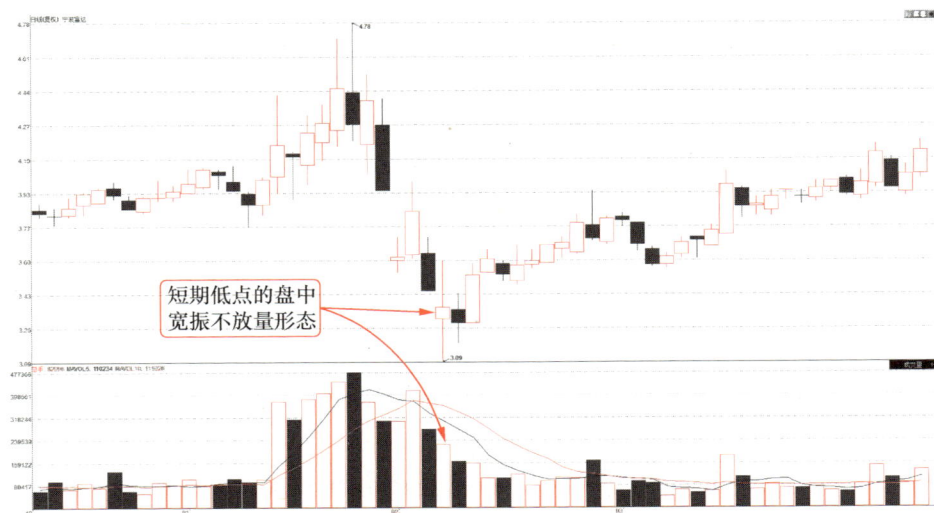

图6-4 宁波富达2023年12月至2024年3月走势图

6.3 振荡区间放缩量组合

6.3.1 形态与市场含义

振荡区间放缩量组合形态特征见图 6-5。这种形态是指，在横向振荡走势中，振荡上升波段的成交量呈温和放大或快速放大状态，而振荡回落波段的成交量则呈快速缩减或相对缩量状态。当振荡区出现这种放量缩量的组合形态时，是买盘入场积极、卖压较轻的标志，预示着向上突破振荡区的概率较大。

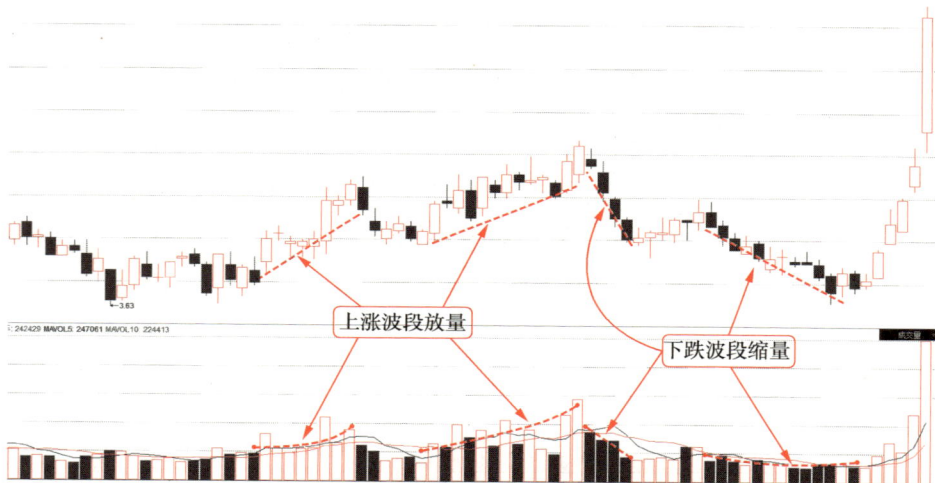

图6-5 振荡区间放缩量组合形态特征图

在把握形态时，可以关注三点：

一是振荡区的位置。振荡区位于中长期的低位区时，这种放缩量特征才是更为准确的上涨信号。

二是放量与缩量的相对性。下跌波段的缩量特征是相对于最近一波上涨走势中的量能而言的。

三是下跌波段的缩量特征。下跌波段的量能缩减速度越快越好，且对比放量波段的缩量效果越鲜明越好。

6.3.2 实盘案例分析

图 6-6 是友好集团 2024 年 6 月至 10 月走势图。在股价低位区的横向振荡过程中，出现了两个明显的上涨、下跌波段组合（涨跌波段），这两个涨跌波段均有上涨波段明显放量、下跌波段快速缩量的形态特征，这是预示着行情或将突破向上的振荡区放缩量组合量价形态。操作上，当股价回落至振荡区低点时，是较好的中短线买入时机。

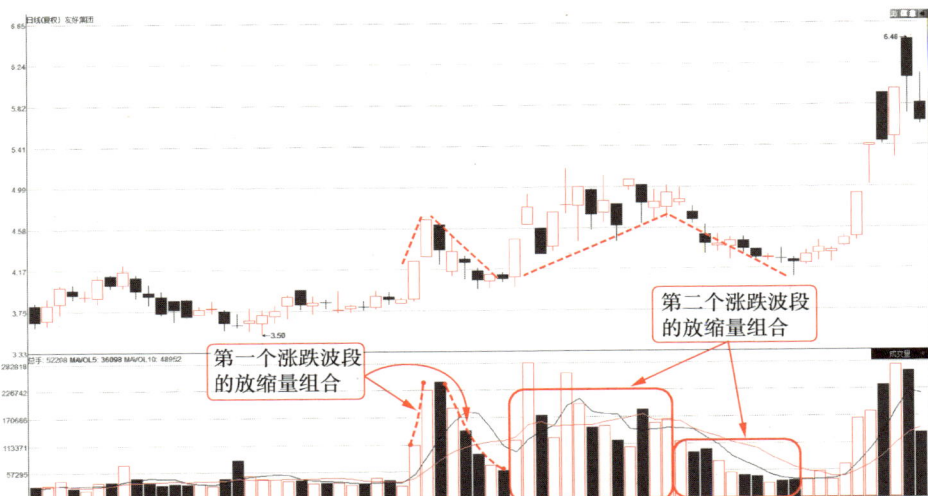

图6-6　友好集团2024年6月至10月走势图

6.4 进二退一式放缩量组合

6.4.1 形态与市场含义

进二退一式放缩量组合的形态特征见图 6-7。这一形态常出现在下跌后的反弹走势中，或是低位区的短期整理之后。K 线形态上，前后两根实体较长的阳线形成突破组合，中间的几根小阴线、小阳线形成短暂整理（或回调）；量能上，前后两根阳线出现放量，且第 2 根阳线的量能大于第 1 根，这是多方力量进一步增强且上攻意愿强烈的标志；中间的小阴线、小阳线则明显缩量，这种缩量整理（或回调）表明市场抛压较轻，是个股突破成功率较高的信号。

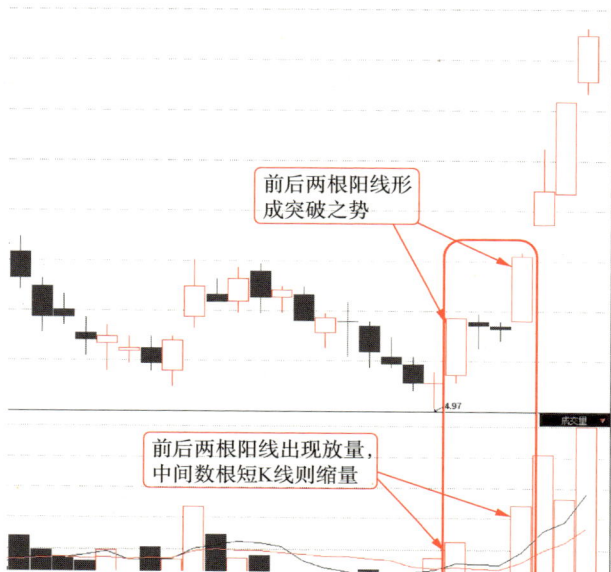

图6-7 进二退一式放缩量组合形态特征图

在把握形态时，可以关注两点：

一是"进二退一"的形态特征。两根阳线对局部区形成突破之势，这是"进二"，这种突破之势可以是短线下跌后的低点反转，也可以是横向整理之后的向上突破。中间的短K线往往使得价格小幅回调，这是"退一"。

二是两根阳线的放量效果一般较为温和。特别是第一根K线，一般不会出现大幅度放量，这是突破时市场筹码锁定度较好的标志。

6.4.2　实盘案例分析

图6-8是东南网架2024年7月至10月走势图。股价在低位区的振荡幅度趋窄，虽然股价重心略有下移，但从形态上来看，呈现出了横向整理特征，如图中标注，随着整理的延续，出现了"进二退一"的放缩量组合形态，即代表着价格向上突破的两根阳线呈相对放量状态；中间两根小阴线使得价格略有回落，且成交量明显缩小。

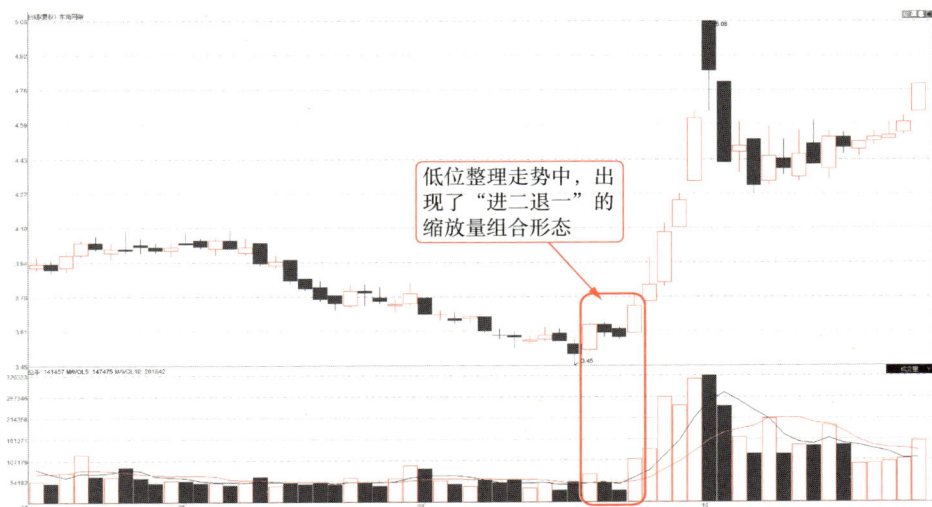

低位整理走势中，出现了"进二退一"的缩放量组合形态

图6-8　东南网架2024年7月至10月走势图

这种量价组合表明经过整理走势之后，多方力量已开始占据优势且有较强的上攻意愿，预示着一波突破上升行情或将展开，操作上，第二根放量阳线出现时，由于价格走势刚刚形成突破，短线上涨幅度不大，此时就是较好的中短线买入时机。

6.5　"空中加油"倍增式放量

6.5.1　形态与市场含义

"空中加油"倍增式放形态特征见图 6-9。"空中加油"是指一根跳空型的中阳线或小阳线，它出现在一波上涨走势初期或是盘整后的突破点，当日的成交量呈倍增式放大状态。

顾名思义，跳空型的小阳线代表着上攻方向，而倍增式放量则是后市行情的买盘资金加速入场的标志，因而称为"空中加油"。

在把握形态时，可以关注三点：

一是短线涨幅。只有跳空阳线出现在一波上涨走势初期，它才是较为可靠的上涨信号。

二是倍增式放量效果。以 2 倍以内的温和放量为最优，2 ～ 3 倍的放量幅度次之，而超过 4 倍的放量宜再观察几日。因为交易是双向的，过大的量能也代表市场逢高抛压较重。

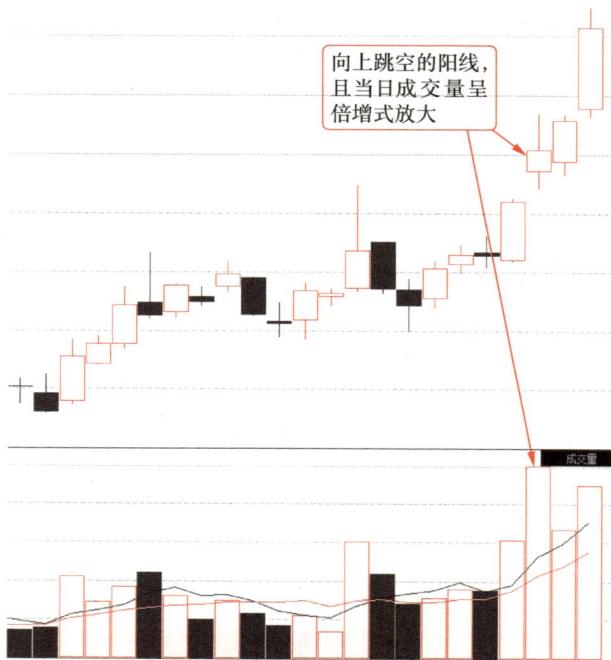

向上跳空的阳线，且当日成交量呈倍增式放大

成交量

图6-9　"空中加油"倍增式放量形态特征图

三是阳线实体长度。以小阳线为最优，中阳线次之，大阳线最差。因为大阳线的开盘价与收盘价相差较多，这使得多方力量在盘中过度释放，不利于短期进一步上涨。

6.5.2　实盘案例分析

图 6-10 是宝鹰股份 2024 年 8 月至 11 月走势图。如图中标注，在向上突破横向整理区时，连续出现了两个跳空型的小阳线且这两日量能均呈温和放大状态，这是上升行情在加速推进前常见的"空中加油"倍增式放量形态，预示着个股随后的突破上升空间较大，操作上，宜第一时间买股入场。

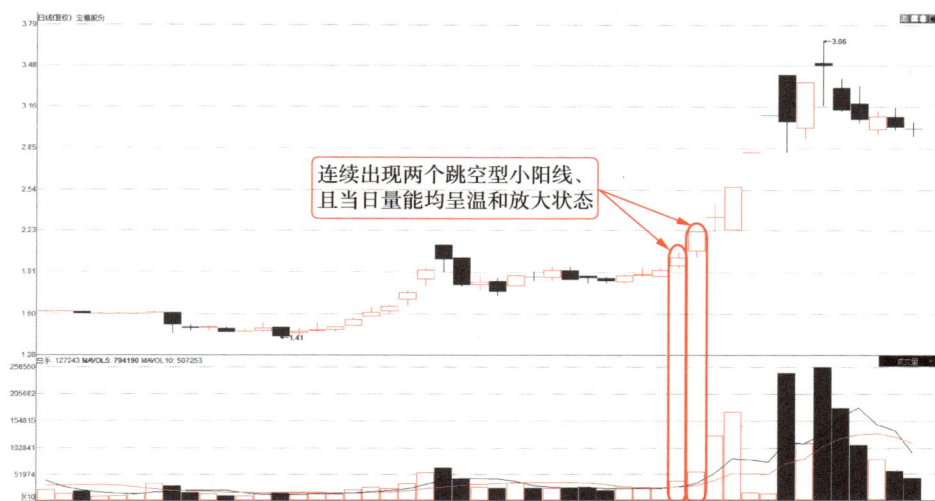

图6-10 宝鹰股份2024年8月至11月走势图

图 6-11 是徐工机械 2024 年 1 月至 4 月走势图。在低位区的横向振荡中出现了一个跳空向上的小阳线，当日的量能达到之前均量的 4 ~ 5 倍，虽然形态特征上属于"空中加油"倍增式放量，但当日过大幅度的放量也表明短期突破上行遇到一定阻力，实盘操作上，宜再观察两日，看多方力量能否保住跳空上涨成果。

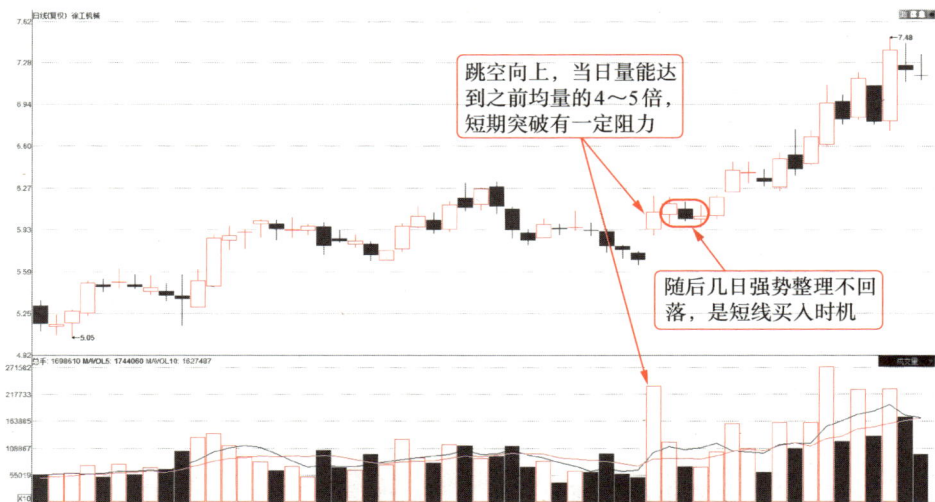

图6-11 徐工机械2024年1月至4月走势图

从走势上来看，股价在随后几日强势整理不回落，这表明多方力量能够有效抵挡短期卖压，突破行情仍将持续，此时是短线买入时机。

6.6 振荡区上方带量整理

6.6.1 形态与市场含义

振荡区上方带量整理的形态特征见图6-12。在经历横向振荡之后，个股向上突破了振荡区（或上涨至振荡区上沿位置附近），但上涨走势没有延续，价格在振荡区上沿位置持续数日窄幅整理，这期间成交量呈温和放大状态。

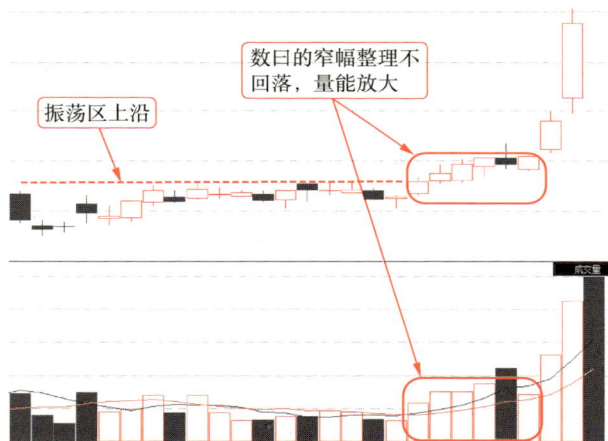

图6-12 振荡区上方带量整理形态特征图

这种量价形态的多空含义与上一节讲到的"空中加油"倍增式放量相似，是多空力量在一轮上攻行情展开前的蓄势过程。股价能够在振荡区上沿强势整理不回落，说明振荡区阻力位有效突破，阻力位转变成新一轮上涨行情的支撑位；温和式的放量代表着买盘的积极入场，也是多方力量进一步积蓄增强的信号。

在把握形态时，可以关注三点：

一是量能的放大方式。以温和放量为宜，且随着整理走势在振荡区上沿位置的延续，量能有缩小的倾向，这是在买盘积极入场后，市场筹码锁定度进一步提升的标志。

二是振荡区所处位置点。振荡区位于中长期的低位区（或是上升途中累计涨幅较小的位置），在被突破后，才有更充足的上涨空间。

三是温和放量整理的持续时间。一般来说，这种形态是多方发动新一轮攻势前的快速蓄势过程，因而，整理时间往往较短，短则数日，长则一两周，操作上，应把握好入场时机。

6.6.2 实盘案例分析

图 6-13 是汉邦高科 2024 年 7 月至 11 月走势图。首先股价在中长期低位区构筑了一个振荡区间，随后，一波小幅度上涨向上突破了这个振荡区，并在振荡上方横向整理，量能温和放大，这是新一轮上攻行情展开前的短暂蓄势，操作上，应把握买入时机。

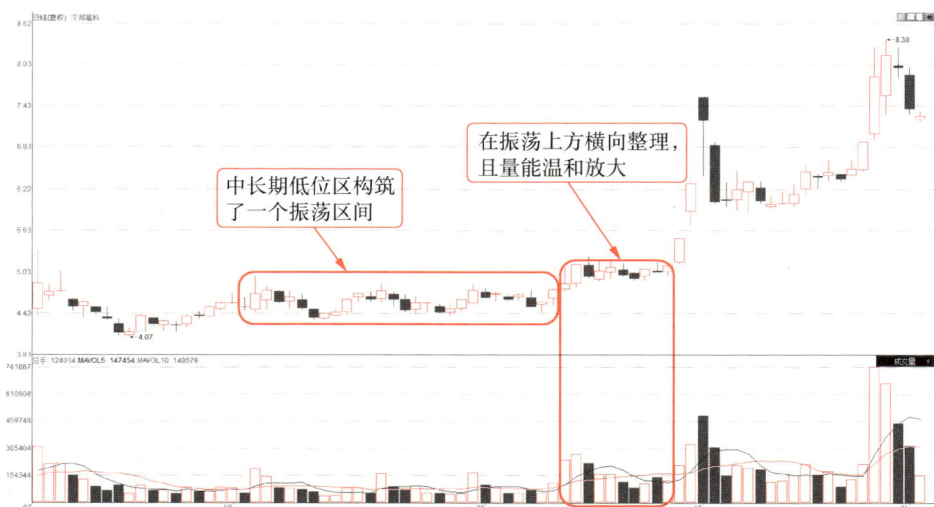

图6-13 汉邦高科2024年7月至11月走势图

6.7 水平区阻力点温和突破

6.7.1 形态与市场含义

水平区阻力点温和突破的形态特征见图 6-14。在这种量价形态中，价格走势呈横向窄幅波动，并构筑了一个水平振荡区；随后，一根实体相对较长的阳线突破了这个水平区，收盘价突破了水平振荡区的阻力位，且当日的放量效果较为温和，一般来说，放量幅度不超过水平振荡区均量的 2 倍。

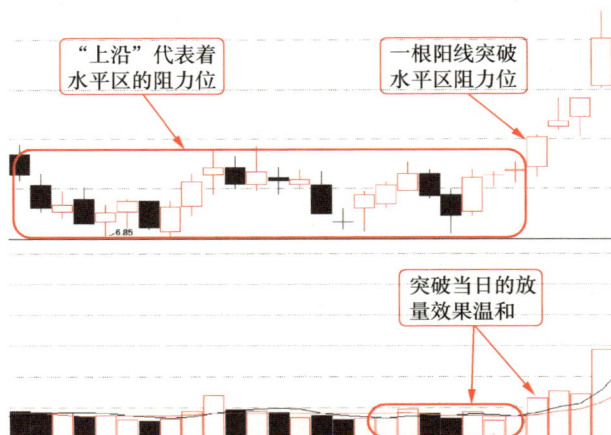

图6-14　水平区阻力点温和突破形态特征图

水平振荡走势是多空双方力量趋于均衡的标志，但随着振荡的持续，总有一方的力量会得到增强，水平振荡之后是突破向上还是破位向下，既与"当前位置"有关，也与"选择方向"有关。

对于"当前位置"来说，当水平区处于中短期低点时，振荡后突破向上的概率较大；反之，水平区处于中短期高点时，振荡后向下破位的概率较大。

对于"选择方向"来说，阳线向上突破水平区阻力位的形态，是多方力量明显增强的标志，此时，若量能放大效果温和，则表明突破时的阻力较小，突破后的行情上升空间较大；而阴线破位向下跌破支撑线，则是空方力量明显增强的标志，预示破位下跌走势或将展开。

在把握形态时，可以关注三点：

一是水平区的阻力位是否被有效突破了。只有阳线当日的收盘价创出了近期新高，才标志着水平区阻力位被有效突破。

二是阳线突破当日的放量效果应较为温和。放量幅度一般不超过水平区均量水平的 2 倍。

三是水平区是短期振荡形成的，时间轴不宜过长，只要能画出一个水平方向的"箱体"区域即可。

6.7.2 实盘案例分析

图 6-15 是鲁抗医药 2024 年 2 月至 5 月走势图。在股价低位区出现了长时间的水平窄幅波动，这形成了一个水平箱体区，如图中标注，随着一根温和放量的中阳线出现，价格走势形成了向上突破之势，预示着一波上攻行情将展开。操作上，当温和放量的中阳线出现时，由于短线上涨刚刚开始，累计涨幅较小，宜在第一时间把握买入时机。

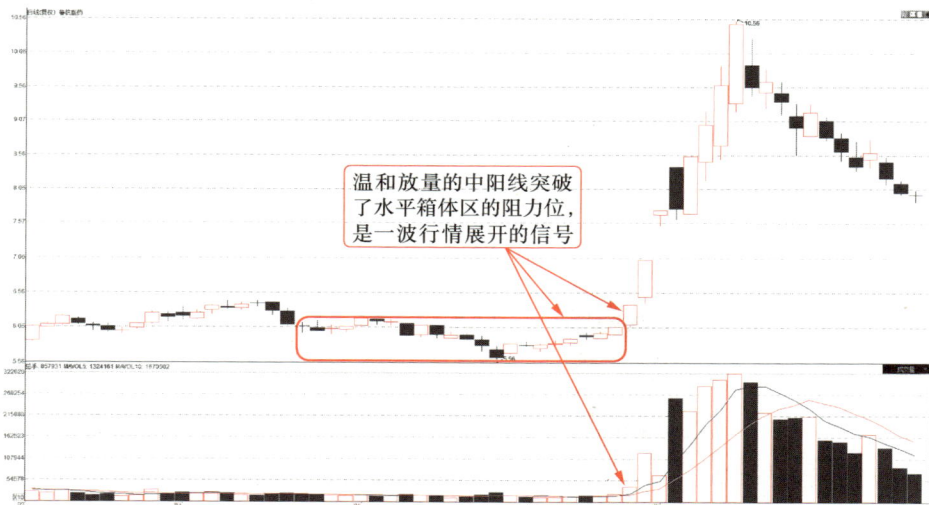

温和放量的中阳线突破了水平箱体区的阻力位，是一波行情展开的信号

图6-15 鲁抗医药2024年2月至5月走势图

6.8 头肩底右肩缩量整理

6.8.1 形态与市场含义

头肩底右肩缩量整理形态是将头肩底形态与右肩处缩量整理相结合的一种量价形态，可以有效地帮助我们把握新一轮上升行情启动时的买点。

头肩底右肩缩量整理的形态特征见图6-16。头肩底右肩缩量整理形态，是指个股在中长期低位区构筑出了头肩底反转形态，并在右肩整理过程中出现了相对缩量，即右肩处的成交量小于头部至右肩的上涨波段，呈现相对缩量状态。在实际走势中，头肩底的左肩与右肩一般并不等高，只要左肩与右肩在形态上有"整理或 V 形"的构筑特征即可。市场含义上，右肩处的相对缩量效果越明显，表明市场逢高抛压越轻，对于未来的上升行情展开越有利。

图6-16　头肩底右肩缩量整理或V形特征图

在把握形态时，可以关注两点：

一是右肩处的缩量方式。右肩处可以是明显的缩量，即成交量明显小于底部反弹向上时的量能；也可以是小幅度缩量，即仅仅是略微小于底部反弹向上时的量能。一般来说，底部反弹向上时的放量幅度越大，则右肩处的缩量效果越明显；如果底部反弹向上时没有出现放量，则右肩处只要保持这种量能状态即可。

二是突破右肩时的量能。右肩处虽然是缩量状态，但价格走势在向上突破右肩时，一般会出现放量，放量的幅度宜保持在右肩处量能均值的 3 倍以内。突破时的量能放大幅度过小，则无法体现多方的攻击力；若幅度过大，则说明逢高卖压较重。这两种情况都不利于行情的后续展开。

6.8.2 实盘案例分析

图 6-17 是新亚电子 2023 年 12 月至 2024 年 4 月走势图。该个股在中长期的低位区构筑了头肩底形态，如图中标注，在右肩位置的整理走势中，可以看到成交量明显缩小，这是市场抛压轻的标志；随着一根放量阳线突破缩量整理区的出现，预示一波上攻行情的展开。

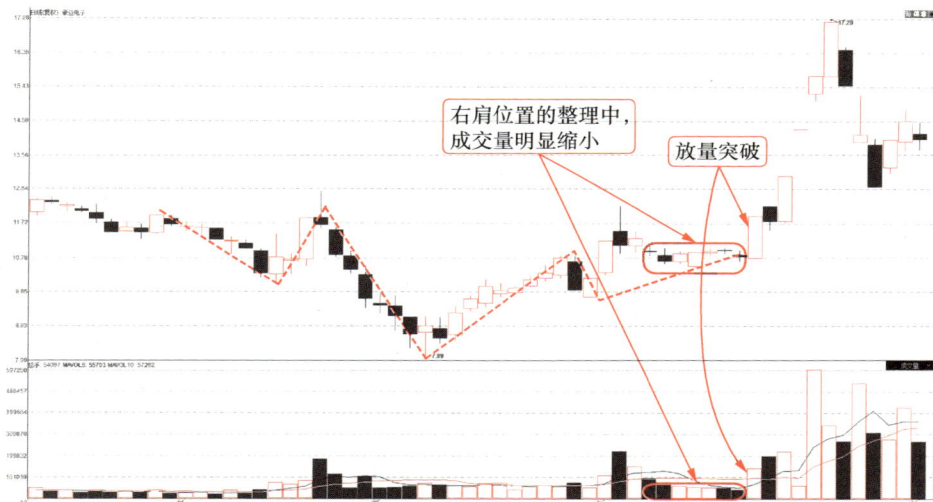

图6-17 新亚电子2023年12月至2024年4月走势图

6.9 旗形整理的放缩量组合

6.9.1 形态与市场含义

旗形整理的放缩量组合的形态特征见图 6-18。这种组合形态由左侧的放量长阳线与随后回落中的多根缩量小 K 线组合而成，左侧的长阳线如同一根"旗杆"，右侧的多根小 K 线如同"旗帜"，故称为旗形整理。市场含义上，左侧的长阳线出现放量，代表着多方的上攻意愿较强，但当日放大的量能预示着短线高点存在一定压力；随后回落走势中，成交量不断缩减，呈现出明显

153

的缩量状态，这说明市场的真实抛压较轻，短期的回落走势也能够进一步洗掉不稳定的市场浮筹，有利于后期上升行情的展开。

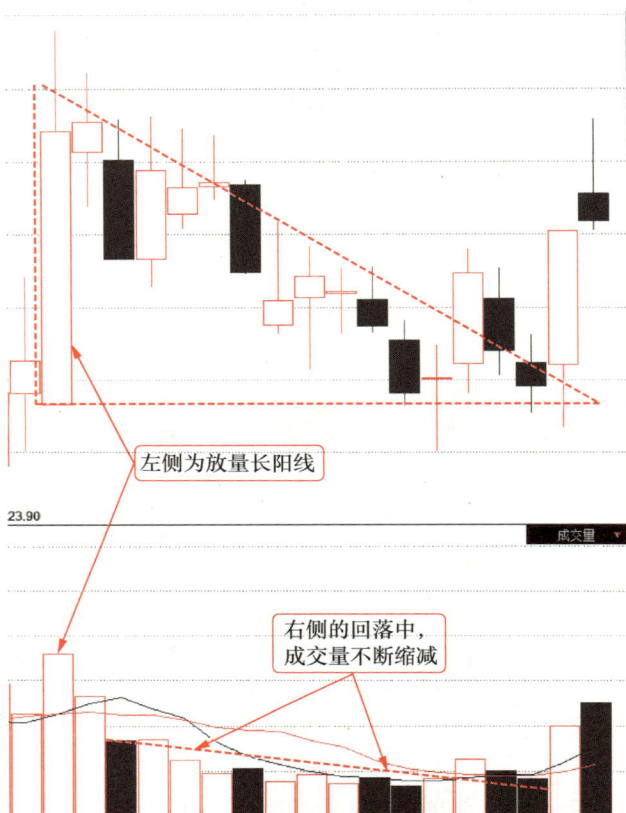

图6-18　旗形整理的放缩量组合形态特征图

在把握形态时，可以关注两点：

一是左侧的应为实体较长的大阳线。一般来说，当日的涨幅不宜低于5%，因为过低的涨幅无法体现出多方的上攻意愿。

二是在右侧的回落走势中，股价可以接近或略低于左侧长阳线的收盘价，这与大盘波动有关，但在回落过程中，不能出现明显的弱势特征，即个股的 K 线走势明显弱于同期大盘。

6.9.2 实盘案例分析

图 6-19 是引力传媒 2024 年 7 月至 10 月走势图。在低位区出现了旗形整理的放缩量组合形态，左侧的放量长阳线是一个涨停板，彰显了多方较强的上攻意愿；随后的回落走势中，成交量不断缩减，呈现出明显的缩量状态，虽然回落后的低点跌破了长阳线当日的开盘价，但这与大盘波动有关，并非个股弱势所致。

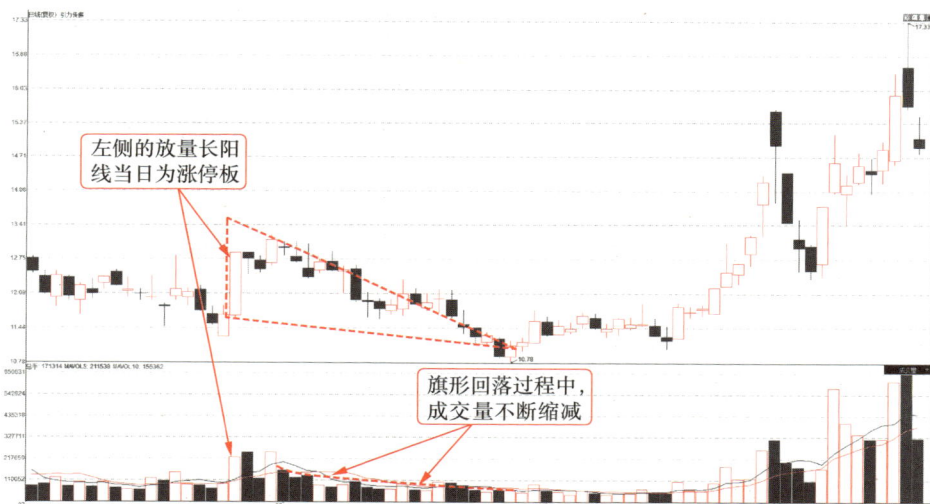

图6-19 引力传媒2024年7月至10月走势图

综合来看，这个旗形整理的放缩量组合形态是行情转向的提示信号，操作上，可以在回落后的低点买入布局。

6.10 振荡区多点支撑型量能

6.10.1 形态与市场含义

振荡区多点支撑型量能的形态特征见图 6-20。形态特征上，价格走势呈横向振荡，在振荡过程中，多次出现单日（或双日、三日）的放量阳线（称为柱形成交量），随后，量能恢复如初。成交量柱形图上的这些放量点，如同一根根"柱子"一样，"支撑着"价格上扬。

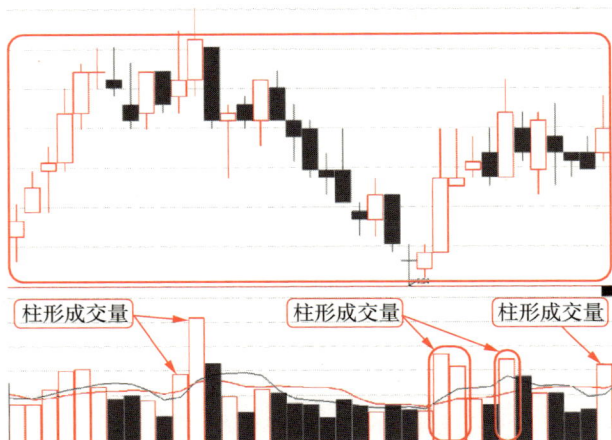

图6-20　振荡区多点支撑型量能形态特征图

振荡区多点支撑型量能形态是多方有意上攻的信号。每出现一次支撑型的放量阳线，都代表着一次多方的试探性上攻，只是由于同期的大盘振荡或空方抛压仍旧较强，多方才暂缓上攻，但随着一次次支撑型放量阳线的出现，多方力量在进一步积蓄，后期的价格走向上突破的概率也越来越大，操作上，可以逢振荡回落把握入场时机。

在把握形态时，可以关注两点：

一是柱形成交量当日的K线形态。在柱形成交量出现当日，个股应收于阳线，这是多方力量占优的标志，这才能预示后期的突破上攻行情。

二是柱形成交量的出现次数。支撑型量能的支撑效果取决于柱形成交量出现的次数，一般来说，至少应出现三次间隔性的柱形成交量（间隔数日或间隔几周）。因为只有在多点支撑下，价格走势突破向上的成功率才能更高。

6.10.2　实盘案例分析

图6-21是大连电瓷2024年3月至10月走势图。在低位区的横向振荡走

势中，出现三次明显的支撑型量能，这是振荡后将要向上突破的信号，实盘中，在识别出这种形态后，可以逢振荡回落之机买股布局。

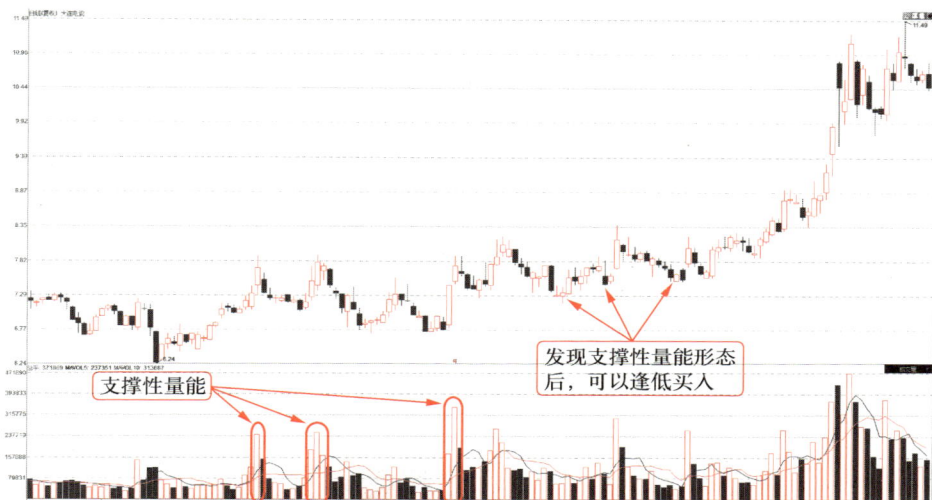

图6-21 大连电瓷2024年3月至10月走势图

6.11 放量回落强势整理

6.11.1 形态与市场含义

放量回落强势整理的形态特征见图 6-22。放量回落强势整理形态出现在盘整区的突破走势中，个股以一根长阳线或几根小阳线向上突破了短期整理区，但刚刚突破成功（股价创出阶段新高后），就开始向下回落且量能呈放大状态；短期回落后，价格走势开始强势整理（或向上收复失地，或止跌企稳），如果对比同期大盘走势，一般来说，此时呈现出相对强势的整理格局。

从市场含义上来看，向上突破整理区域代表着多方力量占优且有较强的上攻意愿，但由于短线获利抛压较重或是大盘振荡影响，突破行情没有延续下去，价格走势出现回落，回落时的放量既是短期内的卖压依旧较强的表现，也是短期卖压快速释放的标志；随后的强势整理表明经短期回落之后，仍是多方占据优势。综合来看，价格走势有望在强势整理后再度向上突破，是入场信号。

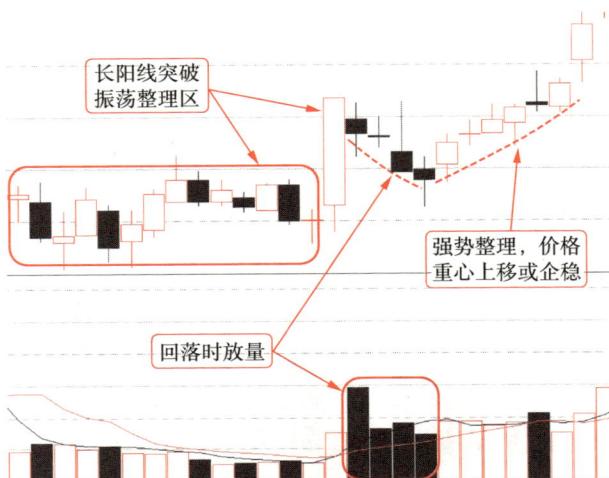

图6-22 放量回落强势整理形态特征图

在把握形态时，可以关注两点：

一是回落走势是否出现在突破刚刚展开时。只有出现在突破行情刚刚展开时，即短线涨幅不大的情况下，回落中的放量才能看作一次短暂的洗盘过程，有利于快速洗盘不稳定的获利浮筹。

二是突破走势是否出现在中长期的低位区。因为在高位突破中出现的放量回落代表着市场卖压突然增大，往往是多空力量对比格局转变的信号，这时即使出现了放量回落强势整理形态，也不是买入信号。

6.11.2 实盘案例分析

图6-23是冀凯股份2024年6月至10月走势图。股价以涨停阳线的方式向上突破了横向振荡时构筑的一个整理区域，但涨停次日即开始短线下跌，连续两日的放量阴线使得短期内的市场卖压大幅释放，这有利于后期价格走势的上升。操作上，在短线回落后的强势整理中，投资者可以逢盘中振荡回

落买股入场。

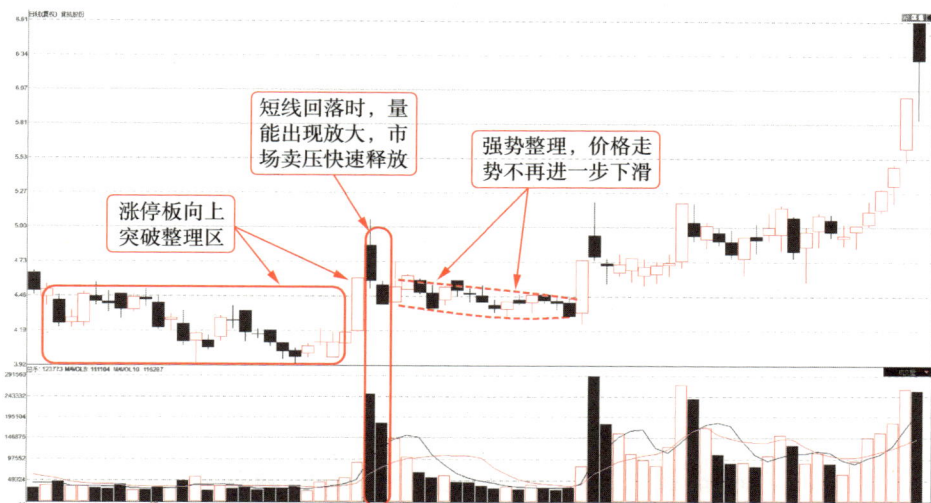

图6-23　冀凯股份2024年6月至10月走势图

6.12　回踩阻力位缩量整理

6.12.1　形态与市场含义

回踩阻力位缩量整理的形态特征见图 6-24。在这种量价形态中，先是股价向上突破了横向振荡区的阻力位，在经历或长或短一段时间的攀升后，价格走势再度调头向下，当跌至阻力位附近时，出现数日缩量窄幅整理。市场含义上，突破阻力位代表着多方的进攻，但由于此位置点的解套盘、短线获利盘较多，价格走势往往有再度回探的倾向。回踩阻力位缩量整理形态的出现，可以视作卖压减轻的信号，预示新一轮上攻行情有望展开，是入场信号。

在把握形态时，可以关注两点：

一是上涨时的放量与回踩时的缩量对比。只有回踩阻力位时的量能明显小于之前上涨波段的量能，即两者形成鲜明的放量与缩量对比效果，这种缩量回踩才能体现出市场抛压的明显减轻，也才有利于新一轮上攻走势的展开。

图6-24　回踩阻力位缩量整理形态特征图

二是回踩低点的整理时间。一般来说，个股会在回落后的低点整理数日，整理时间长短既与主力行为有关，也与同期大盘走势有关。在大盘走势相对稳健且整体向上的情况下，回踩后低点的整理时间一般较短，往往只有3～5个交易日，投资者应及时把握入场时机；在大盘走势相对弱势、走势下滑的情况下，回踩后低点的整理时间一般较长，投资者宜结合大盘振荡把握入场时机。

6.12.2　实盘案例分析

图6-25是茶花股份2024年5月至9月走势图。如图中标注，该个股在上涨途中构筑了一个短期的横向振荡平台，并以放量的方式向上突破这个振荡区的阻力位，随后几个交易日，盘中回探原阻力位是突破行情刚展开时出现的买入时机；随后，经短期攀升后再度回踩阻力位时，此时出现的数日缩量整理也是买入时机。

实盘中，买入时机可能只出现一次，也可能反复出现，我们应结合大盘走势、个股运行特征来把握，避免错失逢低入场时机。

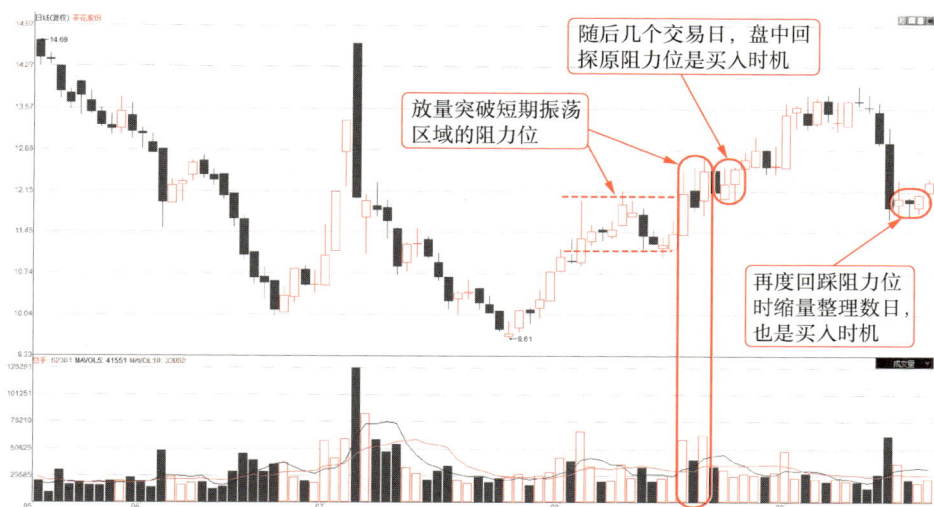

随后几个交易日，盘中回探原阻力位是买入时机

放量突破短期振荡区域的阻力位

再度回踩阻力位时缩量整理数日，也是买入时机

图6-25　茶花股份2024年5月至9月走势图

6.13 "仙人指路"放量线

6.13.1 形态与市场含义

　　"仙人指路"放量线形态特征见图 6-26。"仙人指路"是带有上影线的单根阳线形态，上影线较长、阳实体较短、下影线较短或没有下影线，即上影阳线形态。当其出现在整理之后的突破点或止跌回升行情的上涨初期，是上升行情展开的信号。此时的上影线从形态特征上来看，如同在指示着行情的发展方向，故称为"仙人指路"。

　　上影阳线的出现是多方力量于盘中发起攻击的信号。上影线的表明市场上有一定的获利抛压阻挡，但当日收于阳线，最终结果仍是多方胜利，这表明多方力量依旧占据优势。放量型的上影阳线，一般来说，只要当日不是出现巨量（成交量是此前均量的 3 倍以上），就表明市场抛压尚在多方承接能力之内，只要局部价格形态优异（低位整理区的突破点或超跌行情的反弹启动初期），上涨行情延续下去的概率是极大的。操作上，当日收盘或是次日盘中振荡回落，一般来说是较好的入场时机。

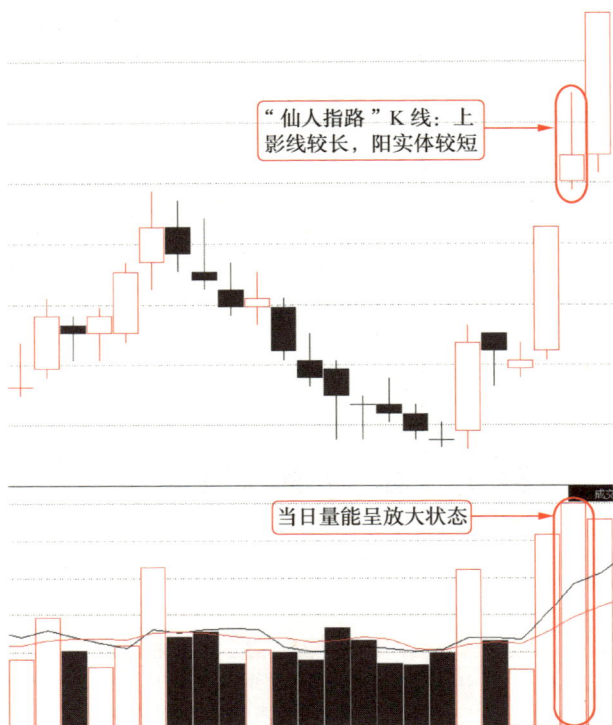

"仙人指路" K线：上影线较长，阳实体较短

当日量能呈放大状态

图6-26 "仙人指路"放量线形态特征图

在把握形态时，可以关注两点：

一是上影阳线所在的位置点。在把握形态时，应重点关注上影阳线出现前的整体走势特征。上影阳线是一种极为常见的单根K线形态，只有当其出现在低位整理区的突破位置点或深幅下跌后的反弹位置点时，才是相对可靠的上升行情出现的信号。如果上影阳线出现在中短期的高点位（如宽幅振荡区的箱体上沿位置点或短期大涨后的高点），即使当日有温和放量特征，也不宜将其看作上涨走势将延续的信号。

二是当日振幅。上影线的出现必然使得当日的盘中振幅较大，这能够体现出多方的盘中上攻行为。但是，过大的振幅也同时代表着此位置点的逢高抛压较重，不利于短线上涨。一般来说，当日的振幅不宜超过5%，即使K线整体走势优异，且当前处于低位区，当日的振幅也不宜超过8%。

6.13.2　实盘案例分析

图 6-27 是博通集成 2024 年 7 月至 10 月走势图。从整体走势来看，股价处于中长期的低位区域。一根放量长阳线的出现使得价格走势止跌回升，但反弹行情没有持续发展，随后几日的价格走势呈横向整理状态，此时在整理走势中出现了放量型"仙人指路"线，这代表着多方有较强的上攻意愿，也预示了行情的发展方向。

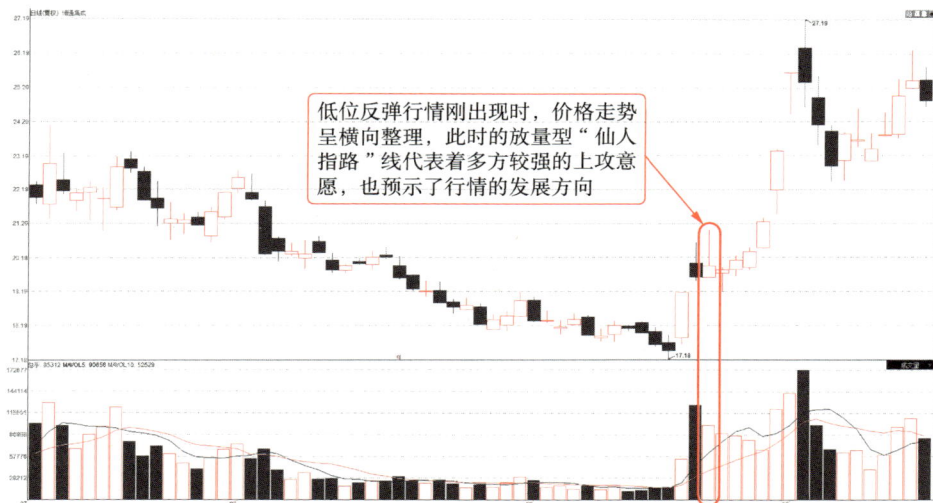

低位反弹行情刚出现时，价格走势呈横向整理，此时的放量型"仙人指路"线代表着多方较强的上攻意愿，也预示了行情的发展方向

图6-27　博通集成2024年7月至10月走势图

6.14　"红三兵"放量上涨

6.14.1　形态与市场含义

"红三兵"放量上涨的形态特征见图 6-28。"红三兵"放量上涨形态由连续三根中小阳线组合而成，且这三个交易日的成交量呈温和放大状态。这种形态较为常见，在结合局部走势的情况下，往往是上升行情开始的信号。当其出现在短期下跌后的低点时，"红三兵"放量上涨既是价格走势止跌回升的信号，也是买盘入场力度不断增强的标志；当其出现在横向整理后的突破位

置点时，是多方力量开始上动上攻且占据优势的标志。

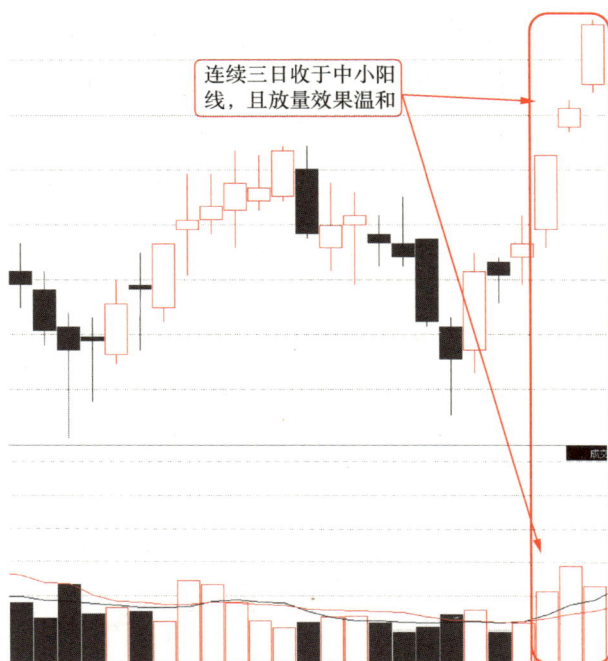

连续三日收于中小阳线，且放量效果温和

图6-28 "红三兵"放量上涨形态特征图

在把握形态时，可以关注两点：

一是"红三兵"由连续的三根中小阳线组成，且每一根阳线的上涨幅度不宜过小或过大。过小（涨幅在 2% 以下）无法体现多方的上攻意愿；过大（涨幅大于 5%）则使得短期涨幅较大，追涨风险加剧。

二是这三日的量能放大效果宜呈现为温和状态。温和式放量体现了多方力量正徐徐释放，上升动力不会突然减弱。而过大的放量效果既是短期抛压较重的信号，也极大地消耗多方力量，随后的价格走势出现深幅回落（甚至是反转）的概率较大。

6.14.2 实盘案例分析

图 6-29 是启明星辰 2024 年 6 月至 10 月走势图。股价在低位区构筑了一个横向整理区，如图中标注，连续三日的小阳线使得价格走势突破整理区，

且量能温和放大，这就是"红三兵"放量上涨，预示突破上攻行情或将展开。由于此时的短线涨幅不大，操作上，可以第一时间买股入场。

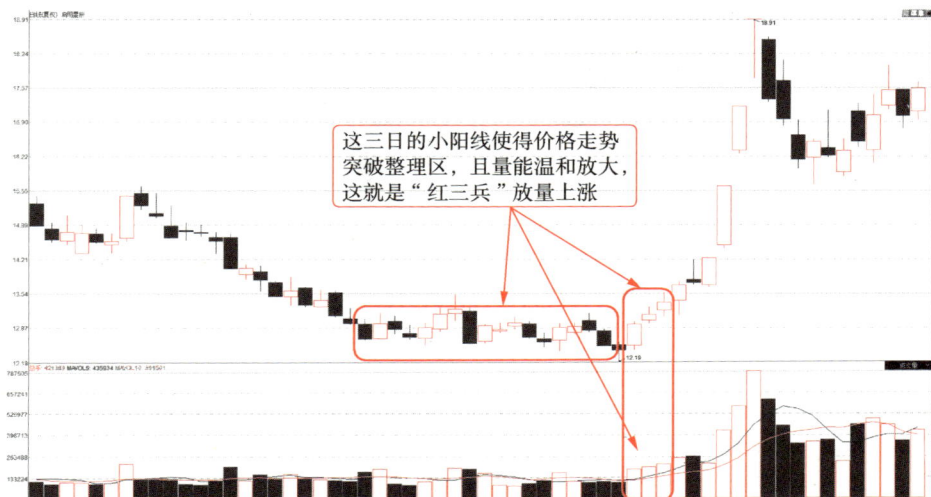

图6-29　启明星辰2024年6月至10月走势图

6.15 "出水芙蓉"放量穿越线

6.15.1 形态与市场含义

"出水芙蓉"放量穿越线形态特征见图 6-30。它将量价形态与均线形态相结合。在这种组合形态中，个股的局部走势呈横向振荡，MA5、MA10、MA20 三根均线距离较近，此时，一根放量长阳线由下至上同时穿越了这三根均线，使得价格走势呈现突破整理区的势头。

MA5、MA10 是短期均线，代表着市场短期平均持仓成本；MA20 是中期均线，代表着市场中期平均持仓成本。三根均线呈靠拢状态，是多空力量趋于平衡、方向待选择的信号。此时出现一根放量长阳线且由下向上穿越了三根均线，这可以看作多方力量占据优势且展开上攻的信号，多预示突破行情将展开。

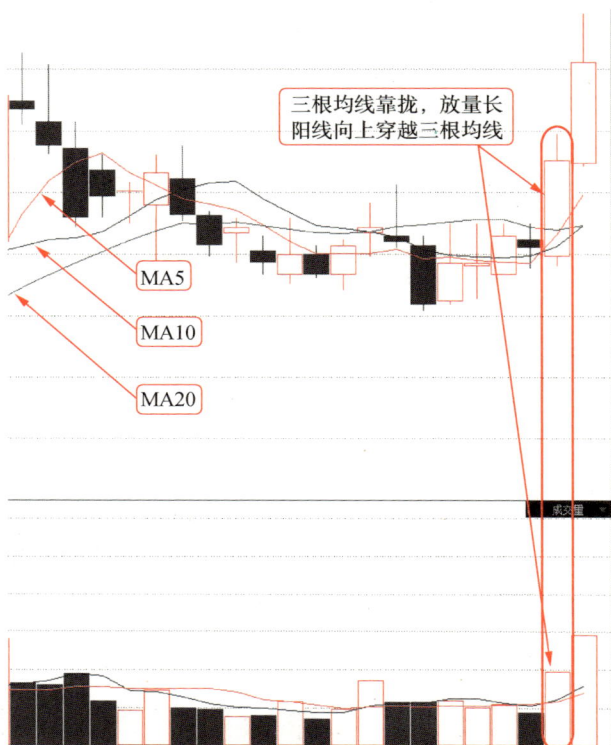

图6-30 "出水芙蓉"放量穿越线形态特征图

在把握形态时，可以关注两点：

一是长阳线与均线的位置关系。长阳线的开盘价虽然在 MA20 下方，但应与 MA20 较近，而收盘价则向上远离 MA20，这是多方力量占据明显优势的信号。

二是三根均线应呈现出靠拢状态（或距离较近）。当 MA5 在 MA20 下方且与 MA20 距离较远时，多空力量对比尚未达到均衡状态，多方力量也未得到进一步积蓄，即使出现长阳线向上穿越三根均线的情形，也很有可能是短促的反弹行情，若此前的价格走势未现短期超跌，则突破上升空间较小，追涨风险较大。

6.15.2 实盘案例分析

图 6-31 是长江传媒 2024 年 3 月至 6 月走势图，在图中，我们标示了三

根均线：MA5、MA10、MA20。如图所示，此股在低位区的振荡整理走势中出现一根放量的长阳线，且这根放量长阳线同时向上穿越了MA5、MA10、MA20。这就是"出水芙蓉"放量穿越线形态，它是多方开始进攻的信号，预示一波上涨走势即将展开，此时，宜进行短线买股操作。

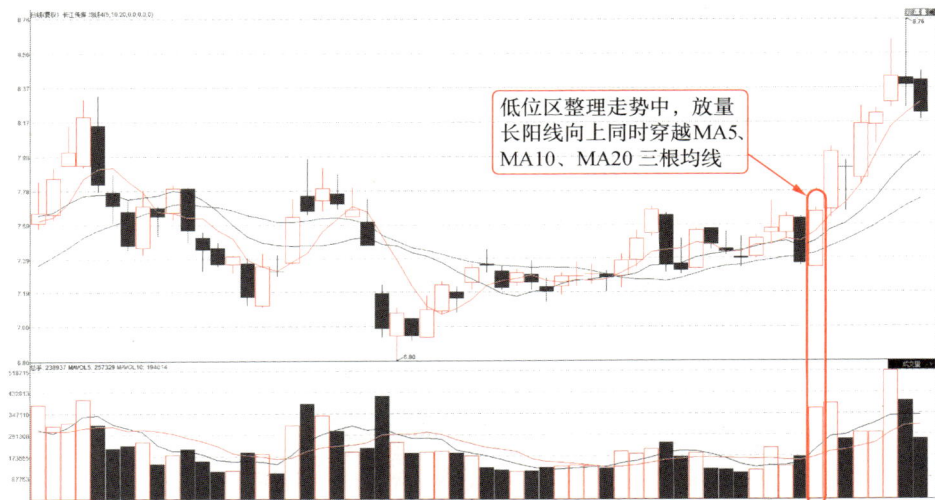

低位区整理走势中，放量长阳线向上同时穿越MA5、MA10、MA20 三根均线

图6-31　长江传媒2024年3月至6月走势图

6.16　递增式放量加速下跌

6.16.1　形态与市场含义

递增式放量加速下跌的形态特征见图 6-32。在一波深幅下跌的后半段，随着连续阴线的出现，跌幅不断扩大、下跌速度也在加快，此时的成交量不断放大，呈现出跌幅越深、量能越大的特征，直至收出阳线，短线企稳。这种量价形态常见于弱市环境中，是空方力量加速释放的标志，但由于中短期内的跌幅过大、跌速过快，也易引发强势反弹或反转行情。

在把握形态时，可以关注三点：

一是递增式的放量下跌只有出现在一波下跌过程的后半段，才易引发反弹或反转行情。在一波跌幅的前半段，价格走势呈下跌状态，但成交量相对平稳，这是空方力量开始释放的标志，在此情形下，只有量能形态再进一步演变为递增式放量下跌，才能够更充分地释放空方力量。

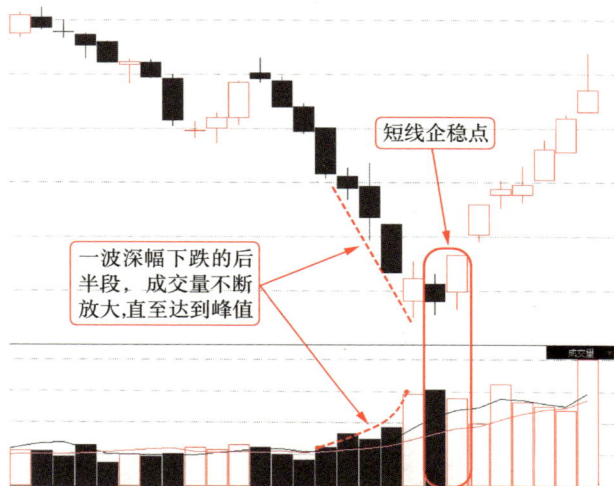

图6-32　递增式放量加速下跌形态特征图

二是只有这种量价形态出现在大盘下跌的弱市环境中，才能参与超跌反弹行情。若个股独立下跌，多是源于重大利空消息，下跌空间难以预测，这类利空股是不宜参与的。

三是抄底时机往往极为短暂，应注意把握。急速下跌往往也伴随着急速反转，行情的转向往往是在一两个交易日完成的，应结合分时图、大盘走势、量能变化，第一时间把握买入时机。一般来说，当中短期跌幅极深且递增式放量达到峰值并收于日K线阳线形态时，出现反转的概率较大。

6.16.2　实盘案例分析

图6-33是凤形股份2023年12月至2024年3月走势图。股价自高位区开始破位下行，连续出现两波深幅下跌，如图中标注，在第二波下跌过程的后半段，出现了递增式放量加速下跌形态，这是空方力量已得到充分释放的信号，此时，应密切留意个股的盘中走势，关注多空力量的快速转换。

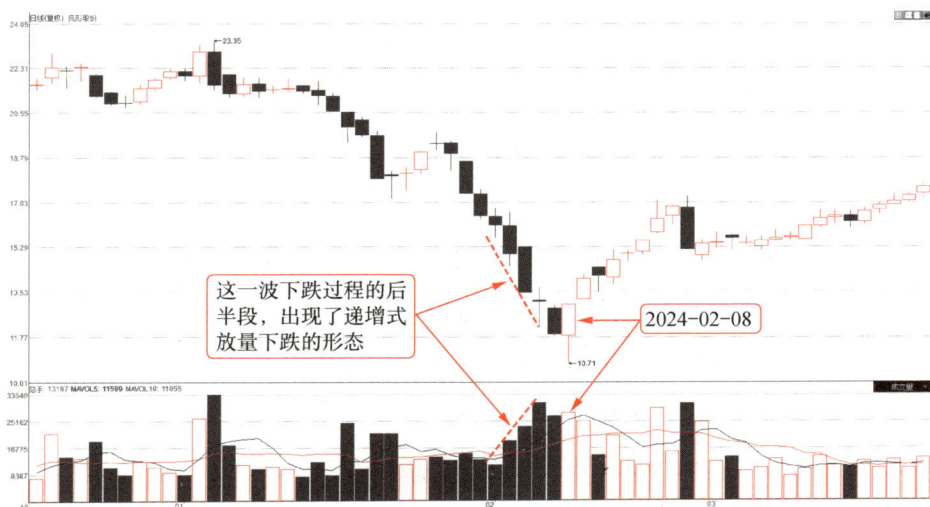

图6-33 凤形股份2023年12月至2024年3月走势图

图 6-34 标示了此股 2024 年 2 月 8 日分时图。从日 K 线图来看，上一交易日的成交量也不再进一步放大，递增式放量达到了峰值状态，当日早盘再度惯性下跌，盘中跌幅一度超过 9%，但随即出现了强势逆转，如图 6-34 标注，这就是多空力量强弱快速转换的信号，当股价再度回落至均价线附近时，就是较好的短线买入时机。

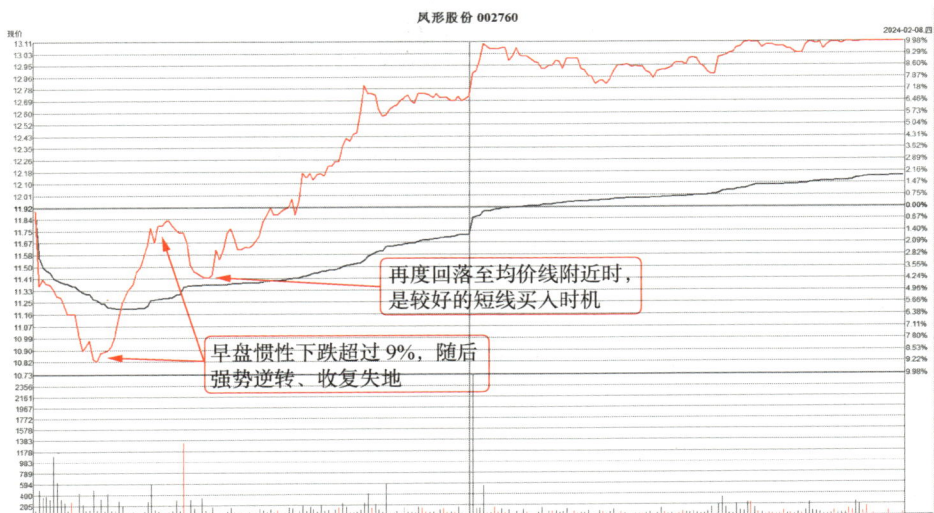

图6-34 凤形股份2024年2月8日分时图

6.17　堆量中跌回启动点

6.17.1　形态与市场含义

　　堆量中跌回启动点的形态特征见图6-35。在盘整走势过程中，出现了股价向上突破，短期大幅上涨，随后深幅回落的运行过程，在突破行情刚刚展开时即出现大幅度放量，且这种放量效果伴随着整个"突破—回落"的运行过程，即在堆量状态下突破上攻，又在堆量状态下跌回到启动点。当股价跌至启动点附近时，止跌企稳且量能大幅缩减。

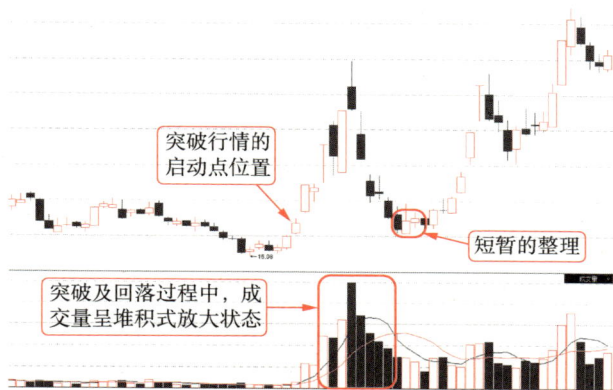

图6-35　堆量中跌回启动点形态特征图

　　市场含义上，堆量状态下的突破必然伴随着买盘的大力度入场，且买盘入场连续性强，这体现了多方力量强烈的上攻意图；但在突破后的短期高点，或因主力实力不强，无力承接获利抛压、解套抛压，或因大盘突然下跌带动，股价再度跌回至启动点。在整个"突破—回落"过程中，市场筹码经历了快速换手，这有利于行情的后期发展。

　　在把握形态时，可以关注三点：

　　一是突破点所在的位置区。堆量上涨，可以是买盘大力入场的信号，也可以是主力出货时的一种操盘手法，因而，区分堆量的性质至关重要。一般来说，我们需结合基本面与技术面来分析。基本面上，个股不能有重大利空消息；技术面上，突破点应位于中长期的相对低位。只有满足了这两个要求，"堆量中跌回启动点"形态才能视为上涨信号。

二是堆量的表现方式。堆量并不是指每个交易日的量能大小一致，而是指这段时间内每个交易日的成交量都远高于之前平稳走势中的均量水平。在堆量形态中，价格的峰值点也往往是量能的峰值点。

三是回落时的量能特征。在跌回至启动点的这个下跌波段，成交量一般会随着价格的回落而不断缩小，但每个交易日的成交量仍要远高于之前平稳走势中的均量水平，因而，这是一种相对缩量，但整体放量的形态。

6.17.2 实盘案例分析

图 6-36 是《正虹科技 2024 年 6 月至 10 月走势图》。股价在经历了低位区的横向振荡后，出现了一轮"突破—回落"的过山车走势，在整个价格运行过程中，可以看到成交量呈堆积式放大状态，这是市场筹码在低位区加速换手的标志，多与主力资金的积极买入行为相关，预示此股后期上涨潜力较大。当股价跌回至启动点附近，出现数日企稳时，是较好的中短线买股入场时机。

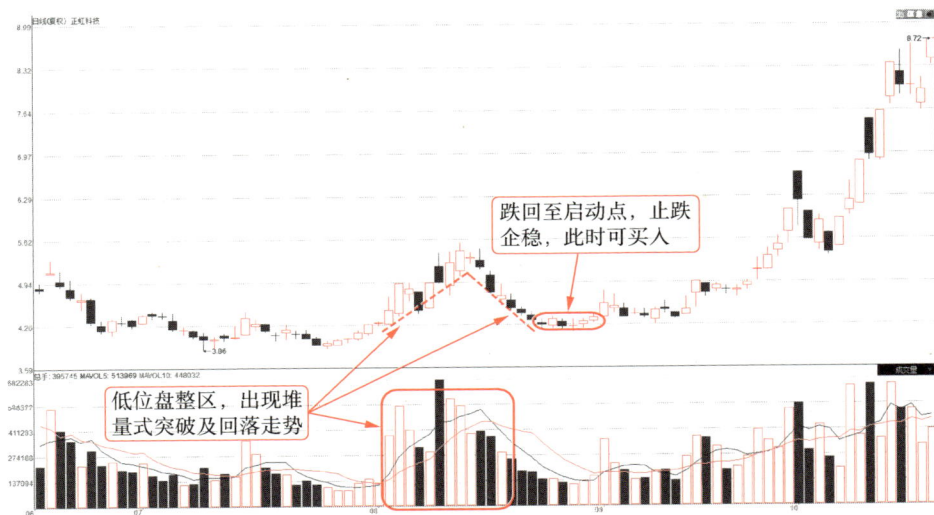

图6-36 正虹科技2024年6月至10月走势图

6.18 · 放量突破筹码单峰区

6.18.1 形态与市场含义

放量突破筹码单峰区的形态特征见图 6-37。这是一种将量价形态与筹码分布形态相结合的分析方法。先是长期盘整的走势形成了筹码单峰密集形态（绝大多数流通筹码都聚集在单一狭小的价格区间内，形成一个独立的密集峰形态），随后，个股以放量的方式向上突破了单峰密集区。

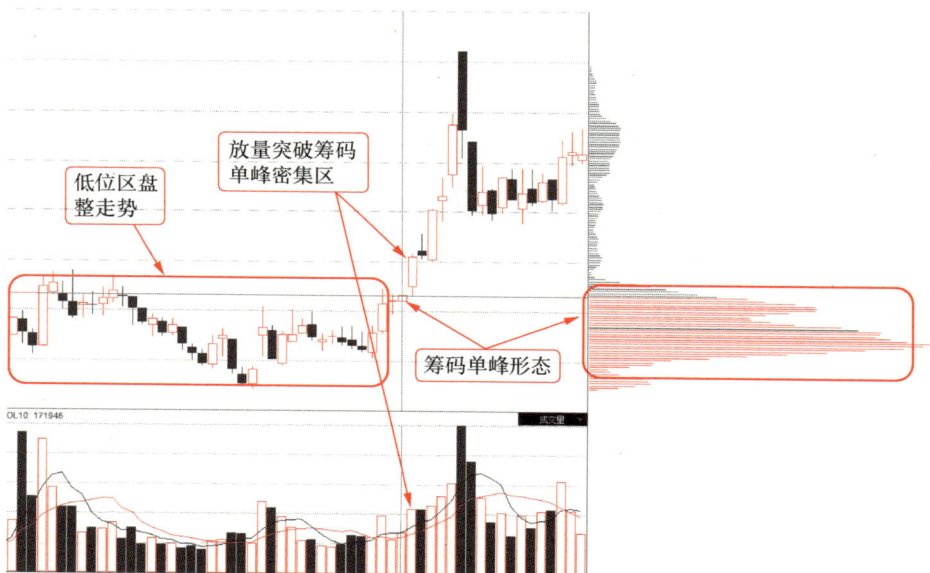

图6-37 放量突破筹码单峰区形态特征图

单峰密集形态是市场流通筹码在这一价位附近充分换手的标志，也说明市场中绝大多数投资者的持仓成本都位于这一价位附近。根据单峰密集区出现时股价的不同，我们可以把单峰密集形态分为低位单峰密集和高位单峰密集。

在本节中讲解的放量突破筹码单峰区形态，主要是指相对低位区的单峰密集区，在低位区，只有经过筹码充分换手，主力才能完成建仓，筹码也才能更多地落入坚定看多、做多投资者的手中。此时，价格走势一旦出现放量突破形态，往往预示一轮上升行情的展开。

在把握形态时，可以关注两点：

一是单峰密集区的位置。单峰密集区并不是特指底部区。在股价上升途中累计涨幅较小的位置点，可以看作中长期的相对低位区，此时若出现筹码单峰密集形态且伴随放量突破走势，则仍可视为一轮上升行情展开的信号。

二是突破时的量能放大幅度。一般来说，温和式的放量突破是主力控盘能力更强的信号，股价的短期突破走势也往往更为凌厉；而幅度过大的放量则说明市场浮筹依旧较多，虽然行情仍旧看涨，但突破上涨速度将受到影响，特别是突破行情刚展开时即遇到大盘回落，股价也往往会受带动出现短线调整，此时是更好的中短线入场时机。

6.18.2 实盘案例分析

图 6-38 是巨轮智能 2024 年 9 月 12 日筹码分布图，图中左侧为该个股 2024 年 5 月至 11 月走势图，经历了长期、深幅下跌后，该个股于低位区开始横向振荡，持续时间较长、筹码换手充分，形成了筹码单峰密集形态。

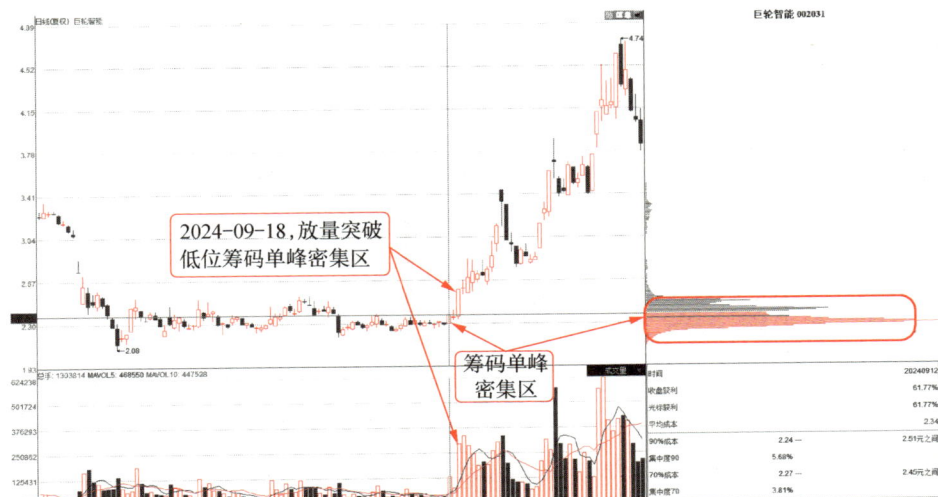

图6-38 巨轮智能2024年9月12日筹码分布图

随后，股价于 2024 年 9 月 18 日以放量长阳线的方式向上突破了这个单峰筹码密集区。这表明该个股筹码在低位区充分换手之后，多方力量占据了主动且开始发起攻势，预示一轮上涨行情或将展开。由于此时的突破行情刚刚展开，后续的上升空间依旧较大，投资者可以第一时间买股入场。

6.19 缩量回踩筹码密集区

6.19.1 形态与市场含义

缩量回踩筹码密集区的形态特征见图6-39。从运行过程来看，该个股在盘整走势后形成了筹码单峰密集形态，随后放量突破这个筹码密集区，但因卖盘涌出而出现回落，股价回落至单峰区附近时，在价格回落及随后的低点整理过程中，成交量明显缩小。

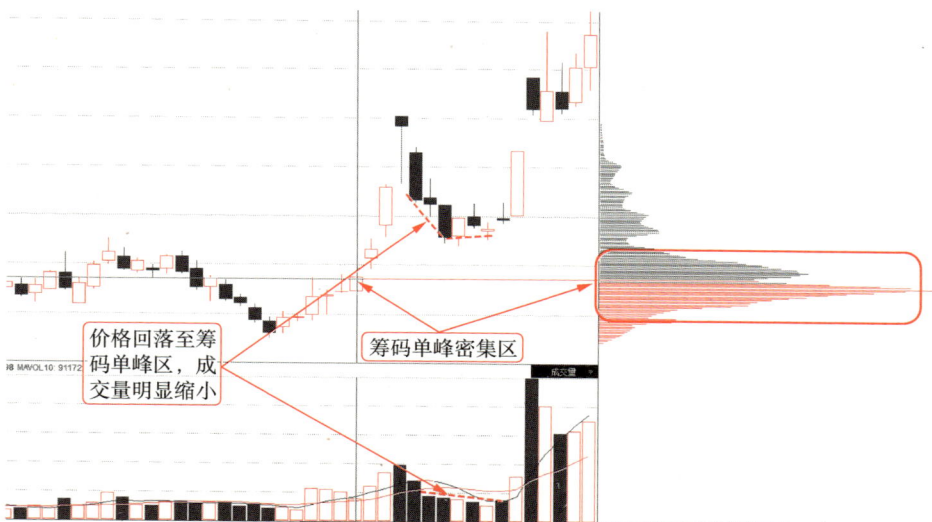

价格回落至筹码单峰区，成交量明显缩小

筹码单峰密集区

图6-39 缩量回踩筹码密集区形态特征图

这种量价形态与上一节讲到的放量突破筹码单峰区有相似之处，只是多了一个回落整理的过程。从市场含义来看，回踩筹码单峰区时出现缩量表明市场抛压大幅减轻、价格走势遇到支撑，这是新一轮上攻走势展开的信号。

在把握形态时，可以关注两点：

一是单峰区的位置。低位单峰区突破后的缩量回踩是更为可靠的上涨信号。

二是缩量整理的时间。一般来说，在回踩后的低点，整理时间较短，操作上，宜及时把握好入场时机。

6.19.2 实盘案例分析

图 6-40 是红宝丽 2024 年 9 月 26 日筹码分布图，图中左侧为该个股2024 年 6 月至 11 月走势图。如图中标注，在中长期低位区出现了筹码单峰密集形态，先是强势突破，随后深幅回落，回落过程中可以看到成交量呈明显的缩量状态，这就是缩量回踩筹码单峰区。

在回落后的低点，该个股出现缩量横向整理走势，这个持续时间一般较短，是新一轮上攻行情展开前的休整阶段，也是投资者中短线买入的最好时机。

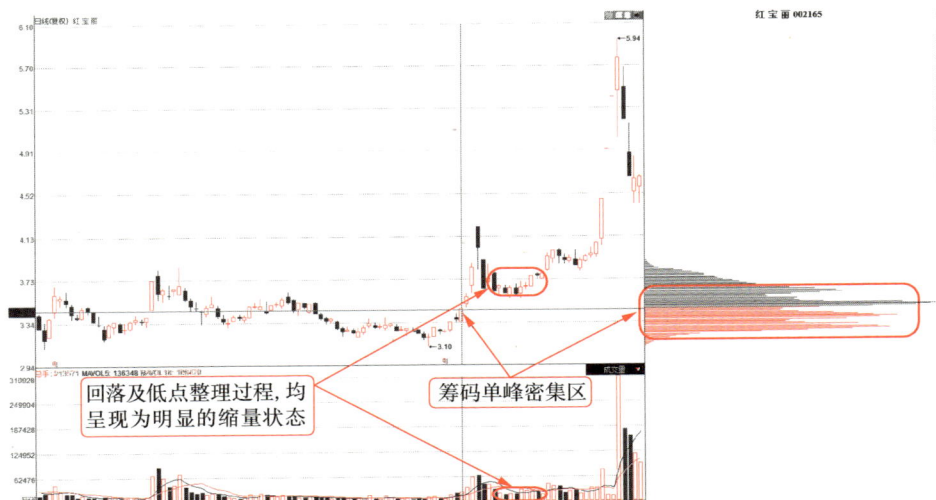

图6-40　红宝丽2024年9月26日筹码分布图

6.20　缩量振荡筹码快移动

6.20.1 形态与市场含义

缩量振荡筹码快移动的形态特征见图 6-41、图 6-42。图 6-41 为第 A 日的筹码分布图，在第 A 日之前，股价处于下跌走势中，筹码几乎都分布在第 A 日的收盘价（a 元）上方；随后，价格走势开始横向振荡，振荡持续数周，这期间的成交量呈相对缩量状态（或是与前期下跌过程中的量能大小相近），当运行至第 B 日时，如图 6-42 所示（第 B 日筹码分布图），大部分筹码已移动至 a 元与 b 元（第 B 日收盘价）之间，这就是缩量振荡走势中的筹码快速移动形态。

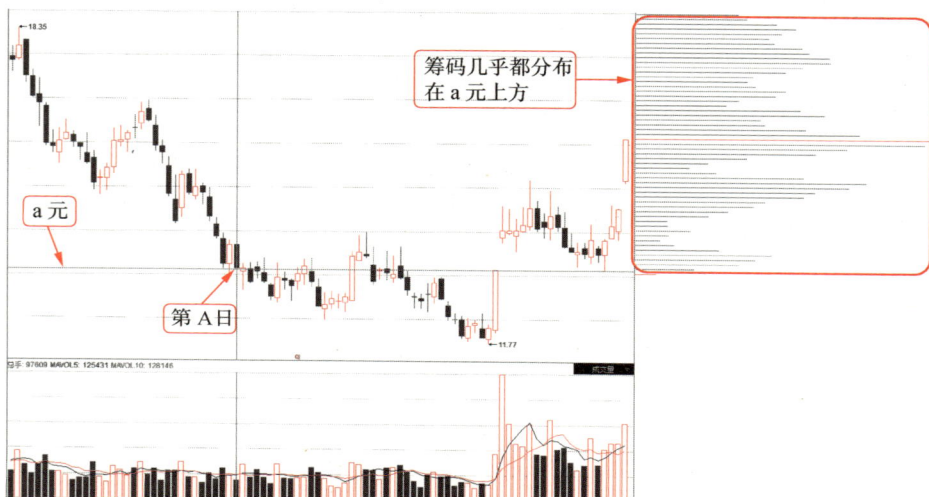

图6-41　缩量振荡筹码快移动形态特征图1

图6-42　缩量振荡筹码快移动形态特征图2

横向振荡是多空力量趋于平衡的信号，缩量则是多空交锋力度缓和的信号，在这种情形下，筹码如果实现快速移动，往往是市场浮筹快速减少的信号。

因为筹码分布的计算方法并不是完全依赖于成交量，它能够在很大程度上体现出那些"活跃筹码"的变化情况，这些"活跃的筹码"就是我们常说的"浮筹"。个股能够在缩量振荡的状态下出现筹码快速移动，说明个股的市场浮筹本来就相对较少，且这些浮筹在这个振荡区实现了快速换手，如果此时的股价较低，可以预计，主力有可能加入买方阵营，趋势由跌转升的概率大幅提升。

在把握形态时，可以关注三点：

一是缩量振荡的表现方式。缩量，是指这段时间的成交量在个股的历史运行中处于较低水平；振荡，可以是价格重心不下移的水平振荡，也可以是价格重心略有上移（或下移）的振荡上扬（或振荡下降）。

二是筹码快速移动的表现方式。筹码的快速移动主要是通过"最大密集峰"形态体现的，即这个最大密集峰区域所汇聚的筹码数量明显多于上方的任何区域，一般来说，这个最大密集峰区至少要汇聚全部筹码的50%。

三是缩量振荡区所在位置。缩量振荡区应出现在中长期的相对低点，如果此前股价的累计涨幅较大，从历史走势来看，这个缩量振荡区仍处于中长期的相对高点，则此时即使出现了缩量振荡筹码快速移动形态，也不宜视为看涨信号。

6.20.2 实盘案例分析

图6-43是顶点软件2024年8月21日筹码分布图，左侧K线区域为该个股2024年6月至10月走势，如图标中注，当日收盘价27.29元，几乎全部筹码均位于27.29元上方。

随后，该个股股价在27.29元下方横向振荡，这期间量能水平较低，当运行至2024年9月23日，如图6-44所示，仅仅一个月的时间，几乎一半的筹码移动到了27.29元下方。

图6-43　顶点软件2024年8月21日筹码分布图

图6-44　顶点软件2024年9月23日筹码分布图

　　对比这两张图的筹码分布形态，结合该个股在2024年8月21日至2024年9月23日期间的缩量振荡走势来看，该个股呈现出缩量振荡筹码快速移动形态，这是多空力量强弱转换的信号，也预示了随后的突破上攻行情。

第 7 章

预跌型量价形态
实盘分析

上一章中我们讲解了预涨型量价形态，它们提示买入时机，与之正好相反的是预跌型量价形态。

预跌型，是指那些预示价格走势将要下跌的量价形态，这种类型的量价形态蕴含着空方力量开始转强、占据优势或占据主导地位的市场含义。一般来说，它们常见于短线上涨后的高点、盘整后的向下破位点，或是横向盘整走势中，是中短线卖股离场的提示性信号。本章中，笔者结合实盘经验，总结了 20 种能够提示价格走势将要下跌的量价形态，并结合"形态特征、市场含义、实盘案例"三个方面详细讲解每一种量价形态的运用方法。

7.1 递增式放量上涨

7.1.1 形态与市场含义

递增式放量上涨形态特征见图 7-1。这种量价形态常见于一波快速上涨中，价格走势呈现为连续阳线、不断创出阶段新高的特征，成交量则呈现出"后一交易日高于前一交易日"的逐级递增式放大特征，这种递增效果至少保持 4 个交易日，且 5 日均量线呈快速上扬状态。

递增式放量上涨是买盘入场力度不断加大的标志，但也说明市场的逢高抛压越来越重，随着短期涨幅的加大，一旦买盘入场力度减弱，则股价短期内的凌厉上升势头也将终止，取而代之的将是深幅调整。一般来说，在个股出现递增式放量上涨形态之后，若量能无法维持递增放大的特征或是单日 K 线出现了高开低走，往往是短期多空力量对比快速转变的信号，宜短线卖股离场。

在把握形态时，可以关注两点：

一是递增式放量的表现形式。在实际运用中，不必刻意追求"后一交易日高于前一交易日成交量"这个特征。在上涨过程中，只要 5 日均量线保持上扬形态就可以认为这是一种递增式放量上涨形态。

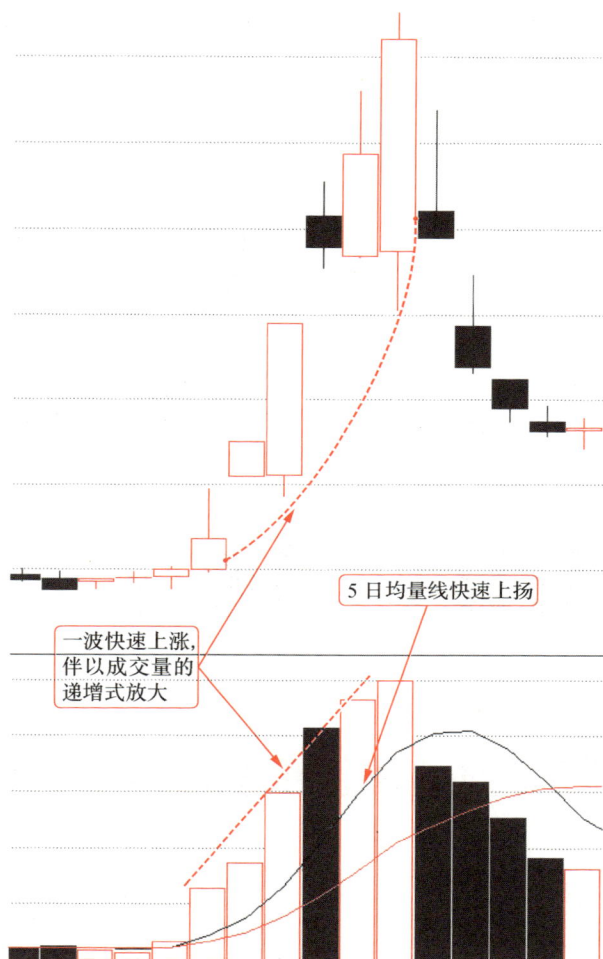

图7-1　递增式放量上涨形态特征图

二是递增式放量的持续时间。在把握卖点时，判断量能的峰值点是关键。一般来说，成交量的递增效果至少要保持 4 个交易日且短线涨幅较大，才是短线卖出时机。

7.1.2　实盘案例分析

图 7-2 是精测电子 2024 年 10 月至 12 月走势图。该个股在一波加速上涨走势中就出现了这种量能逐级放大的递增式变化。这一波上涨由六个交易日的中小阳线构成，成交量不断放大，第 7 个交易日，该个股高开低走，收于

阴线，且当日的成交量小于上一日，这表明递增式放量已达峰值，短线行情
或将见顶，宜卖股离场。

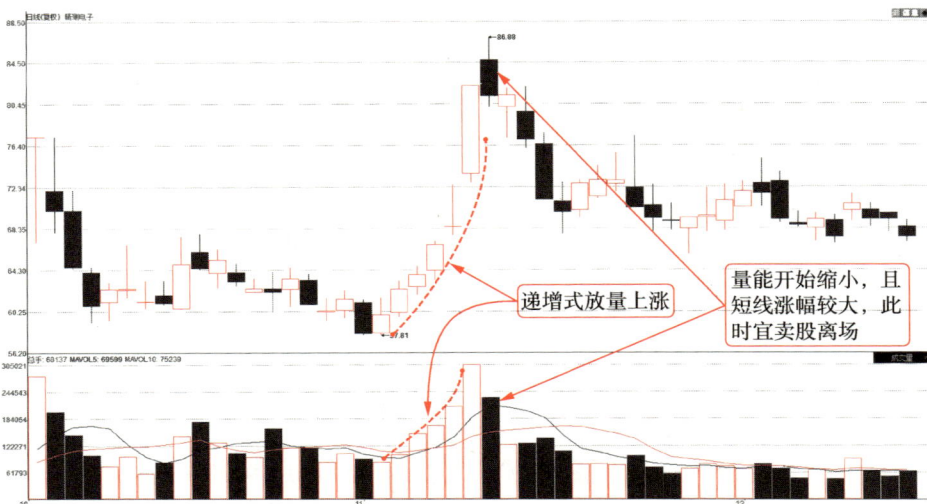

图7-2　精测电子2024年10月至12月走势图

7.2　递减式放量回调

7.2.1　形态与市场含义

递减式放量回调的形态特征见图 7-3。在累计涨幅较大的高点，个股出现一波回调，虽然量能不断递减，但仍明显高于前期均量水平。这种回调时量能不断缩减，却高于前期均量水平的形态为递减式放量。

递减式放量表明此位置点的市场卖压较重，若股价处于长期的低点，这种递减式放量可以看作空方力量快速释放的标志，并不预示短期下跌走势；但是，如果股价此前的累计涨幅较大，当前处于高点，则短短数日的递减式放量并不有效释放卖盘压力，而是传达了卖压明显增强的信号，预示价格走势仍将进一步下行，操作上，不宜逢回调买入。

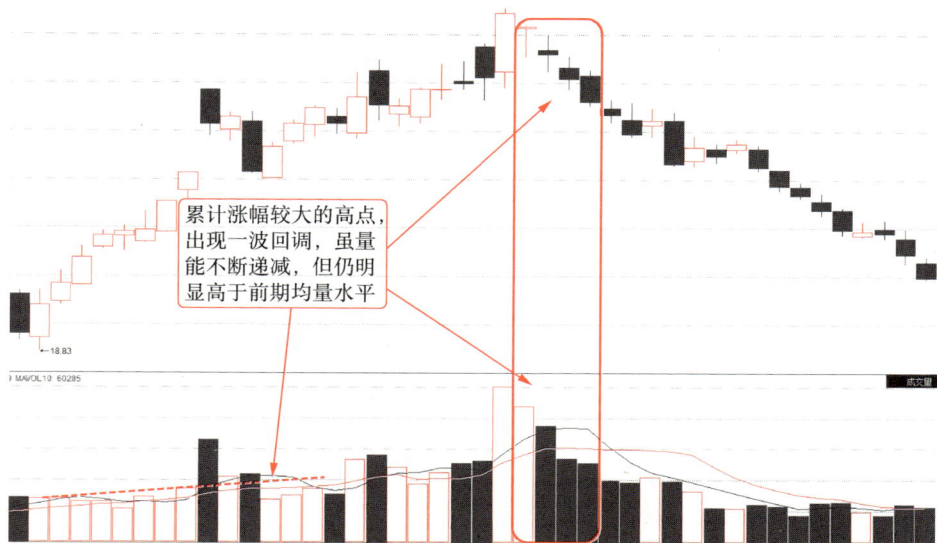

累计涨幅较大的高点，出现一波回调，虽量能不断递减，但仍明显高于前期均量水平

图7-3 递减式放量回调形态特征图

在把握形态时，可以关注两点：

一是递减式放量所处位置点。只有股价前期的累计涨幅较大，或是短期上涨幅度大，递减式放量回调形态才是价格走势将进一步下跌的信号。

二是递减式放量的表现形式。成交量的缩小有一个"递减"过程且至少持续 3 日，即当日略小于上一日，而不是突然大幅度减小，因为这个递减过程体现了卖压的持续性，所以能预示下跌行情的持续。

7.2.2 实盘案例分析

图 7-4 是日发精机 2024 年 10 月至 2025 年 1 月走势图。股价经历了连续涨停板的短线飙升走势，短期涨幅接近翻倍，随后价格开始回落，如图中标注，在连续 4 日回落的过程中，量能不断递减，但即使到了第 4 个交易日，当日的成交量也远高于前期盘整走势的均量水平，这是典型的递减式放量形态。由于股价的短期涨幅过大，递减式放量形态的出现说明此时的市场卖压依旧较重，价格走势或将进一步下跌，不宜抄底入场。

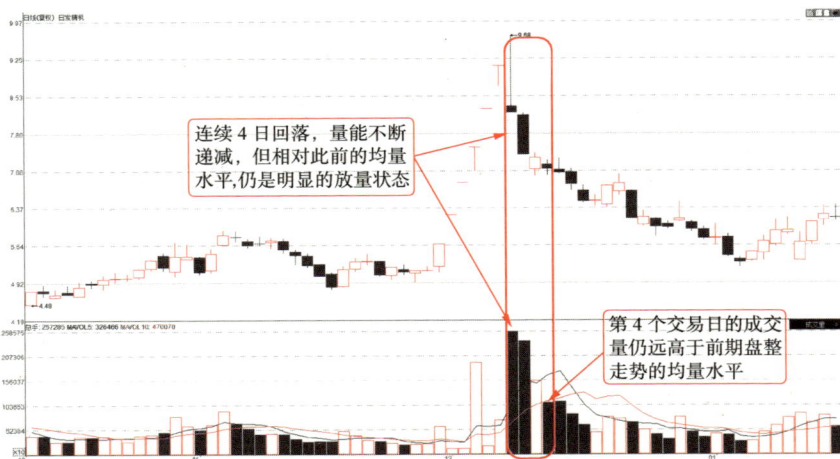

连续4日回落，量能不断递减，但相对此前的均量水平,仍是明显的放量状态

第4个交易日的成交量仍远高于前期盘整走势的均量水平

图7-4　日发精机2024年10月至2025年1月走势图

7.3　长影线巨量宽振

7.3.1　形态与市场含义

长影线巨量宽振的形态特征见图7-5。这是一种单日量价形态，长影线是指单根K线有着较长的影线，可以是长上影线，可以是长下影线，也可以是上下影线均较长，当日收于阳线或阴线且成交量为近期峰值并远高于平缓走势中的均量水平。

在长影线巨量宽振形态中，长影线的出现说明当日盘中振幅较大，多空分歧严重，而巨量的出现则是多空双方交锋激烈的标志。一般来说，这种形态常见于短期高点，无论当日是上影线还是下影线，收于阳线还是阴线，都是多方力量已过度消耗的标志，也是短线见顶的信号之一。

在把握形态时，可以关注两点：

一是盘中波动幅度。当日的振幅至少要达到5%，才能称为宽振，且振幅越大表明多空分歧越明显，短期回落幅度也往往越大。

二是巨量的形态特征。巨量是指当日的成交量远高于此前平稳走势中的均量水平且达到或接近最近几日的量能峰值水平。因为只有巨量才能代表多空双方的交锋力度，体现出市场卖压的沉重，如果仅是小幅放量，不能将其视为短线下跌信号。

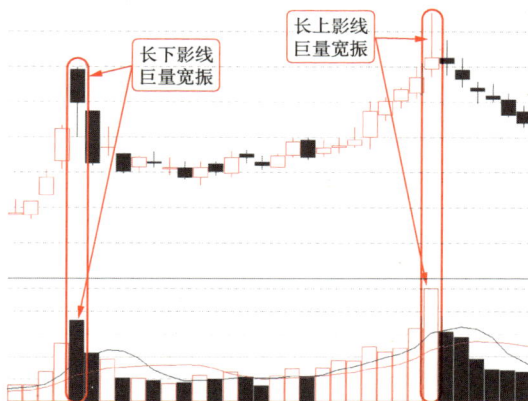

图7-5 长影线巨量宽振形态特征图

7.3.2 实盘案例分析

图 7-6 是澳洋健康 2024 年 3 月至 6 月走势图。股价经横盘整理后，以向上跳空的方式突破了整理区，但当日收出了长上影线巨量形态，这表明此位置点多空分歧大，多方上攻遇阻，是突破行情难以展开、价格走势反转向下的信号，不宜追涨入场。

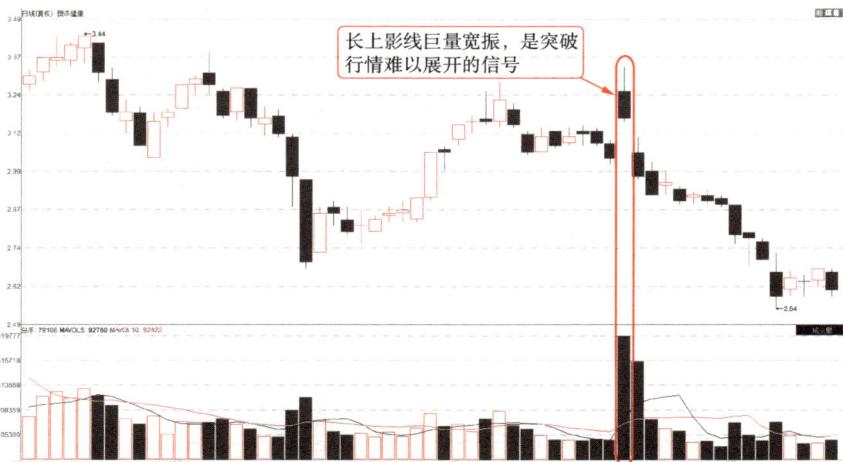

图7-6 澳洋健康2024年3月至6月走势图

图 7-7 是融捷股份 2024 年 8 月至 10 月走势图。在一波上涨后的高点出现了长下影线巨量形态，长长的下影线以及当日的巨幅放量，表明此位置点的卖压极强，短线上攻行情或将见顶，宜逢高卖出。

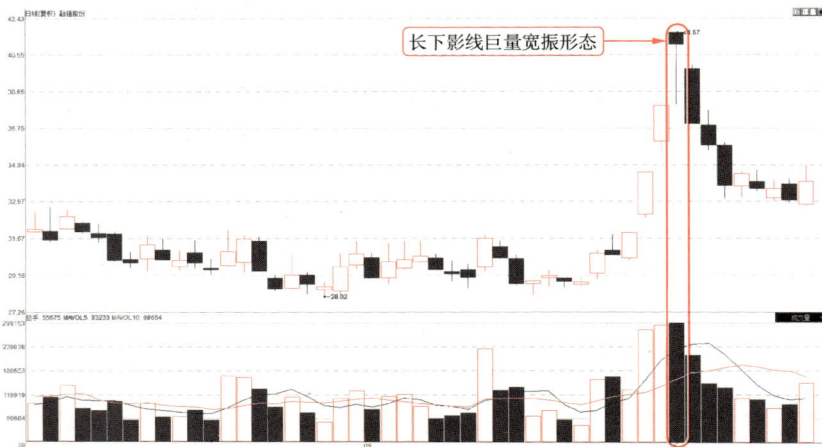

图7-7　融捷股份2024年8月至10月走势图

图 7-8 是利民股份 2024 年 10 月至 12 月走势图。在一波上涨走势中出现一根上下影线均较长的单根 K 线，且当日放出巨量，虽然此时的上升行情刚刚展开，但这种长上下影线巨量宽振形态是多方力量过度消耗的标志，预示着上升行情或将反转，宜卖出观望。

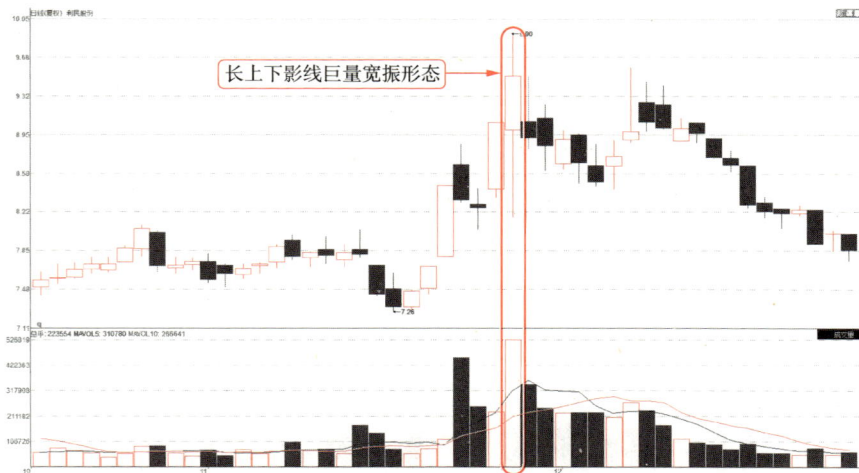

图7-8　利民股份2024年10月至12月走势图

7.4 阻力位脉冲式放量突破

7.4.1 形态与市场含义

阻力位脉冲式放量突破的形态特征见图7-9。横向振荡区的上沿位置是振荡区阻力位，在这个位置出现了一个向上突破的长阳线（或是高开低走的阴线），使得价格走势欲向上突破阻力位，但成交量呈现脉冲式放大状态。

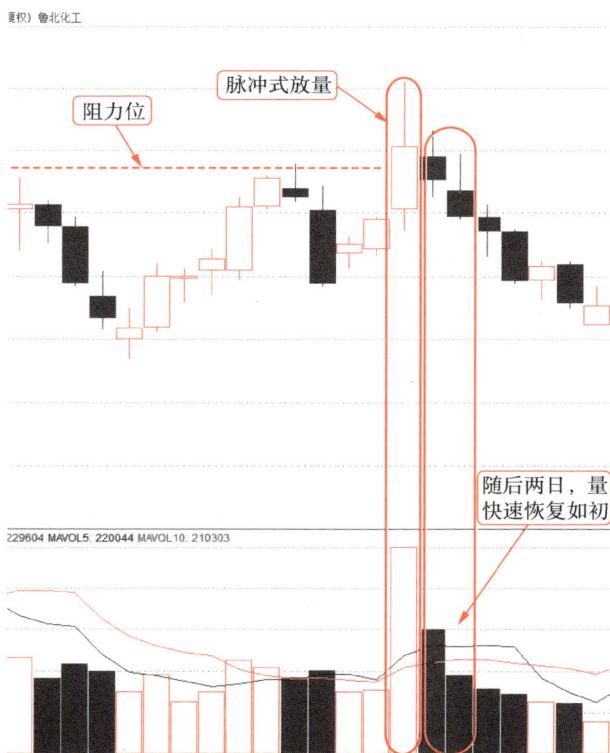

图7-9 阻力位脉冲式放量突破形态特征图

我们在前面的第 4.4 节讲过脉冲式放量的形态特征，这是一种单（双）日的量能异动形态，也称为突兀式放量，其放量效果可达之前平稳走势时均量的 3 倍。无论当日是收于阳线还是阴线，都是市场卖压突然增强的信号，且脉冲式放量幅度越大、形态越鲜明，则卖压越强。

脉冲式放量的成因或与消息面因素有关，或与主力的市场行为有关，但由于这种幅度极大的放量方式仅能维持一两个交易日，随后量能再度恢复如初，当其出现在上涨波段时，表明多方的推升行为持续性差。因而，振荡区阻力位出现的脉冲式放量上涨，也多预示着突破行情很难展开，操作上，不宜追涨入场。特别是振荡区处于中长期的高位时，这种脉冲式的放量突破往往是行情见顶、趋势转向的信号，应注意规避风险。

在把握形态时，可以关注两点：

一是脉冲式放量的形态特征。单（双）日的放量形态并非都是脉冲式放量，我们在定义脉冲式放量时，一般指放量幅度能够达到之前平稳走势时均量水平 3 倍以上，而在 3 倍以内的（特别是 2 倍左右的），一般不能称为脉冲式放量。3 倍以上的单（双）日放量形态，在成交量柱形图上有着鲜明的异动视觉效果，其所预示的下跌信号往往更为准确。

二是阻力位所在的位置。脉冲式放量只是预测短期波动方向的信号，就中长期而言，还应关注阻力位是出现在中长期的低点还是高点，这对于行情的后期发展有着重要指示作用。阻力位在中长期低点时，阻力位附近的脉冲式放量上涨，往往是短线回落而中长期向上的信号；阻力位在中长期高点时，脉冲式放量既是短线回落信号，也往往是趋势转向下行的信号。

7.4.2　实盘案例分析

图 7-10 是贵州三力 2024 年 1 月至 4 月走势图。如图中标注，该个股以放量长阳线突破了盘整区阻力位，当日的放量幅度是之前均量的 4 倍左右，这是脉冲式放量，预示突破行情或将折返。在经历了几日的横向整理后，连续

收出三根小阴线，表明空方力量此时开始占据主动，操作上，应及时卖出。

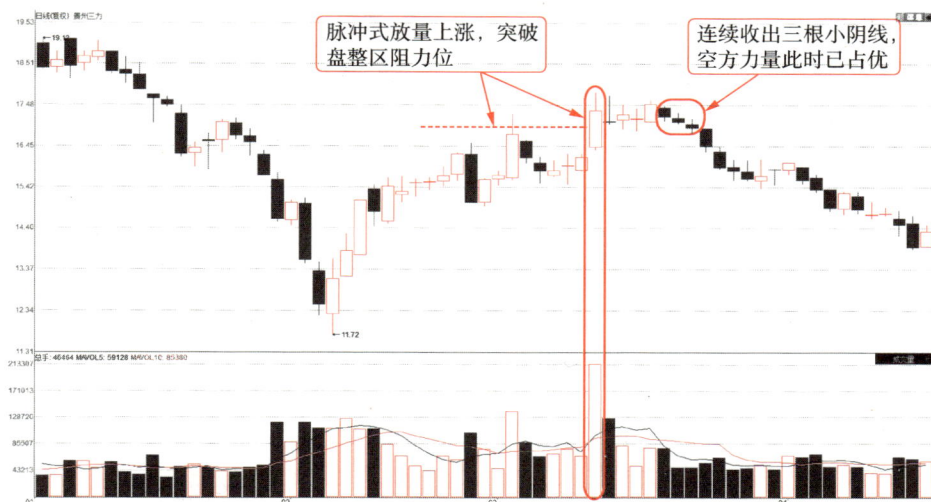

图7-10　贵州三力2024年1月至4月走势图

7.5　加速上涨的脉冲式放量

7.5.1　形态与市场含义

加速上涨的脉冲式放量的形态特征见图 7-11。在一波快速上涨走势中，个股于大涨后的高点出现脉冲式放量，且当日多收于阳线。这时的脉冲式放量既是多方力量过度释放的标志，也是市场卖压陡然剧增的信号，往往预示了短线行情的见顶及深幅回落，短线操作上，宜卖股离场。

在把握形态时，可以关注两点：

一是脉冲放量当日的 K 线形态。一般来说，若当日收于阳线且上下影线较短，则表明多方力量依旧占据主动，在累计涨幅较小的情况下，可以观察一两日再决定是否卖出，如果随后一两日能够保持强势上涨态势、创出新高，则持股待涨；如果随后一两日低开低走、呈现弱势，则宜卖股离场；若当日收于阳线但上下影线较长，则是多方上攻遇阻的信号，宜于当日盘中寻找卖出时机。

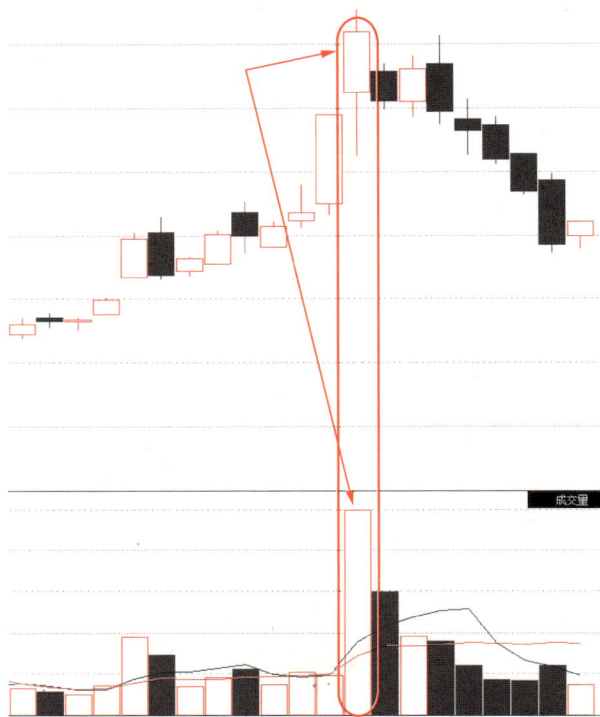

图7-11　加速上涨的脉冲式放量形态特征图

二是关注脉冲式放量前几日的量能情况。若前几日有较为鲜明的放量上涨形态，这是买盘持续入场的标志，则当日的脉冲式放量多预示短线回调，不宜视为趋势转向的信号。

7.5.2　实盘案例分析

图7-12是中国国贸2023年12月至2024年4月走势图。如图中标注，在一波快速上涨后的高点，该个股当日的量能不仅明显高于前几日，更是达到了此前平稳走势中5倍左右，这属于脉冲式放量，预示短线快速上涨遇到了明显阻力，将出现回落。但由于前几日出现了鲜明的放量上涨形态，此时的脉冲式放量更宜视为短线回落信号，对于个股的中长期方向，还需结合其他因素综合分析。

当日的量能不仅明显高于前
几日的量能大小，更是达到
了此前平稳走势中5倍左右

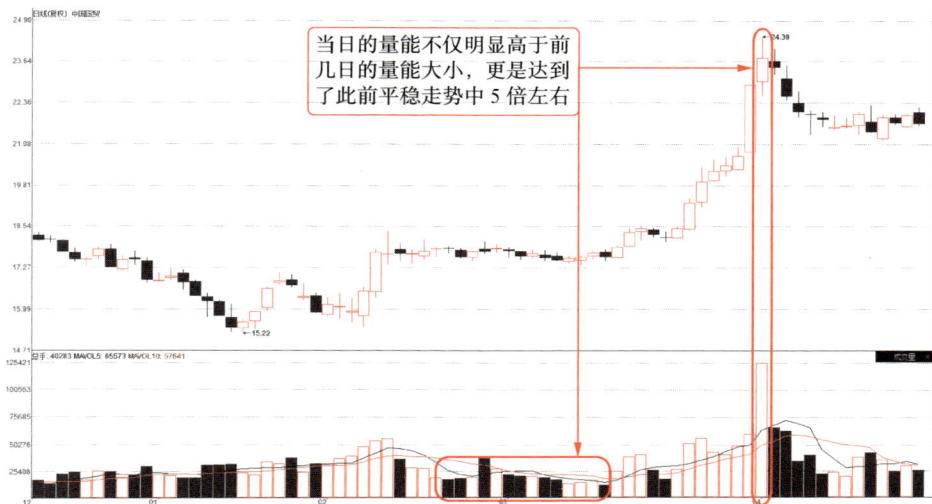

图7-12 中国国贸2023年12月至2024年4月走势图

7.6 上涨中的双阳放量

7.6.1 形态与市场含义

上涨中的双阳放量的形态特征见图7-13。在一波上涨走势中，连续两日收于放量阳线，这两日的放量幅度可以接近，也可以一大一小，这两日的量能均明显高于之前之后的均量水平。双阳放量是一种量能异动形态，多代表买盘的跟进力度不足，市场卖压较重，而且，这种形态往往与主力的出货行为有关，是价格走势或将回落的信号。

在把握形态时，可以关注两点：

一是双阳放量的幅度。双阳放量的幅度越大（若放量幅度达到平稳走势中的4倍以上，则可视为脉冲式放量），随后回落的幅度也往往越大，特别是中短期涨幅较大时。

二是双阳放量的方式。放量方式可以是第1日大于第2日，也可以是第1日小于第2日，只要这两日的量能均明显高于之前之后的均量水平，就属于双阳放量形态，并预示短期回落。

191

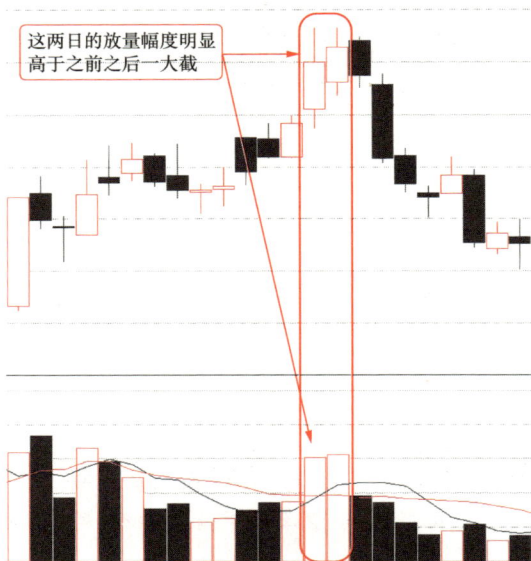

图7-13　上涨中的双阳放量形态特征图

7.6.2　实盘案例分析

图 7-14 是甬金股份 2024 年 5 月至 8 月走势图。在一波上涨走势中，该个股出现了形态鲜明的双阳放量，虽然反转突破行情刚刚展开，但双阳放量形态的出现，预示着突破行情难以持续，操作上，宜减仓或清仓离场，不可追高买入。

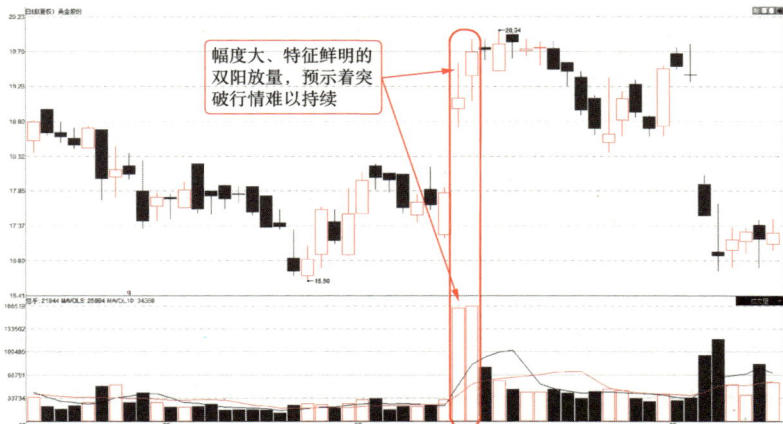

图7-14　甬金股份2024年5月至8月走势图

7.7 振荡中的凹式量能

7.7.1 形态与市场含义

振荡中的凹式量能的形态特征见图 7-15。凹式量能的特征是，左、右两侧明显放量，中间数日断层式缩量，其整体形态如同"凹"字形，因而将其称为凹式量能。一般来说，凹式量能常出现在累计涨幅较大的高位区；是市场卖压沉重、多方力量减弱的标志，而且往往与主力逢高出货行为有关。

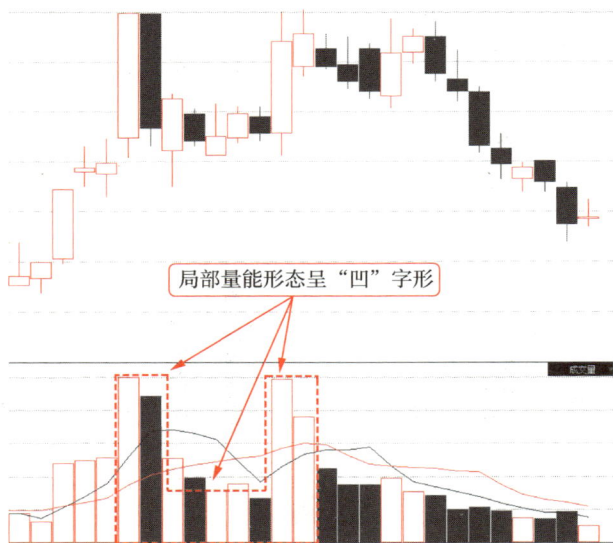

图7-15　振荡中的凹式量能形态特征图

在把握形态时，可以关注两点：

一是价格走势特征。凹式量能可以出现在横向振荡区（价格走势未突破向上），也可以出现在振荡上升中（价格走势已突破向上），但其所预示的下跌信号是相同的。

二是凹式量能中的缩量形成。中间数日的缩量呈现"断层式"缩小，而不是递减式缩小。这种缩量方式体现了量能变化的不连续性，多与主力的"假推升、真出货"行为相关，这也是凹式量能之所以能够预示下跌的关键。

7.7.2 实盘案例分析

图 7-16 是中信国安 2024 年 7 月至 11 月走势图。如图中标注所示，该个股在盘整及突破过程中，出现了凹式量能形态，虽然突破势头强劲，价格形态优异，但此时已处于累计涨幅较大的高位区，且凹式量能常与主力的出货行为相关，操作上，不宜追涨，而应注意规避趋势反转的风险。

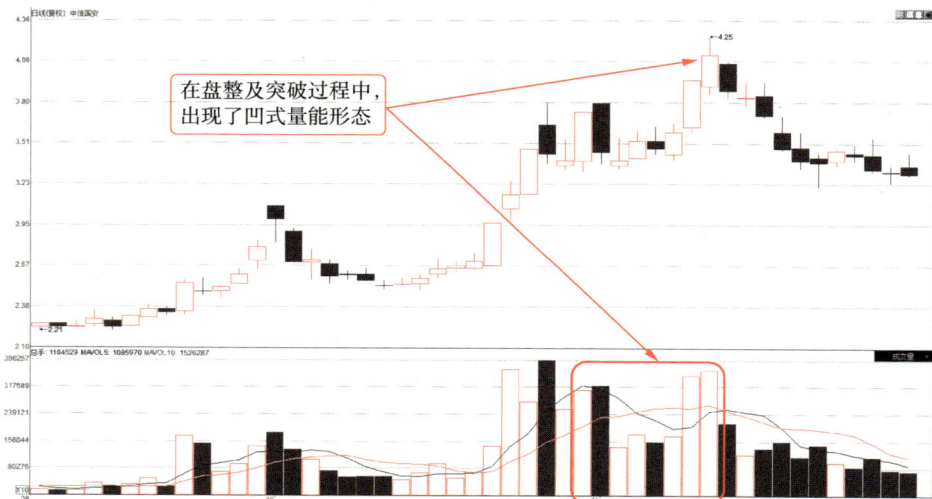

图7-16　中信国安2024年7月至11月走势图

7.8　连续巨量式整理缓升

7.8.1 形态与市场含义

连续巨量式整理缓升的形态特征见图 7-17。这种形态是指个股在缓缓攀升（或横向整理）的过程中，成交量连续放出巨量，即量能远高于之前平稳走势。

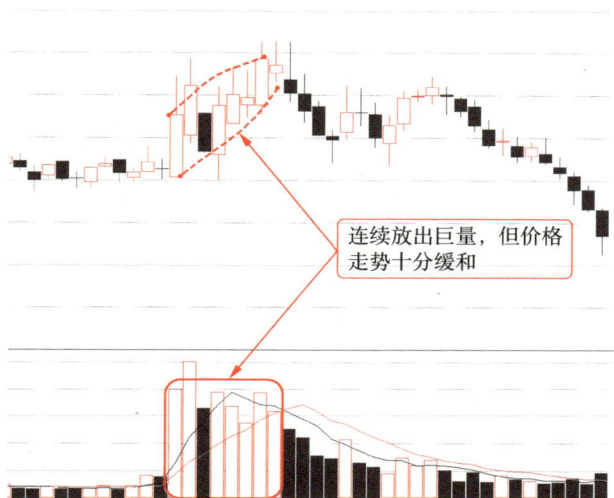

图7-17 连续巨量式整理缓升形态特征图

　　从量价配合关系来看，小幅度的放量对应于价格小幅波动，巨幅放量则对应于急速涨跌行情。但在连续巨量式整理缓升形态中，放量方式与价格走势严重脱节，虽然放出了连续巨量，但价格走势却并未出现快速上涨或下跌，一般来说，这种情况常与主力的市场行为有关，连续性的巨量放出是吸引短线盘入场的一种方式，而主力的真实意图往往是出货，因而这是一个下跌信号。

　　在把握形态时，可以关注三点：

　　一是巨量的表现形式。一般是连续多个交易日大幅度放量，平均成交量远高于平缓走势中的量能。

　　二是价格走势特征。虽然每个交易日的盘中波动幅度可能较大，但价格重心移动速度较慢，局部走势上，可以是横向整理、缓慢攀升，也可以是缓慢下跌。

　　三是把握好卖出时机。连续性的巨量形态不可能一直持续，当量能出现缩减势头时，往往就是急速下跌展开之时，应注意把握好短线卖出时机。

7.8.2　实盘案例分析

图 7-18 是超声电子 2024 年 10 月至 2025 年 1 月走势图。股价经一波短线上涨，突破了横向振荡区间，随后出现横向整理，如图中标注，短短数日的横向整理过程中，价格重心未发生变化，成交量却呈现出连续性的巨量形态，这预示着突破遇阻，行情或将反转下行，宜卖股离场。

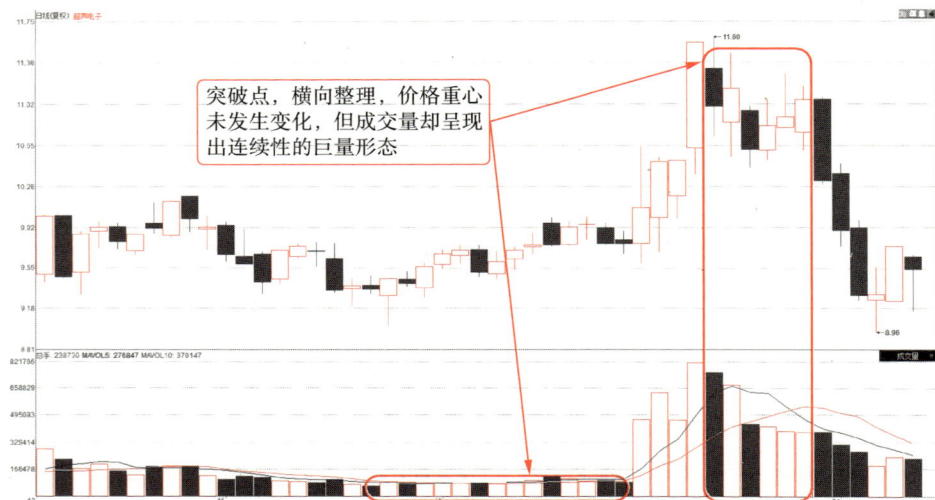

图7-18　超声电子2024年10月至2025年1月走势图

7.9　头肩顶右肩缩量整理

7.9.1　形态与市场含义

头肩顶右肩缩量整理的形态特征见图 7-19。在实际的走势中，头肩顶的左肩与右肩一般并不等高，只要左肩与右肩在形态上有"整理或倒 V 形"的构筑特征即可。头肩顶右肩缩量整理形态是指右肩处的成交量呈现出相对缩量状态。

在头肩顶形态构筑过程中，从左肩回落后的低点到头部的这一波上涨，是多方力量最后一次集中释放，这一波上涨的量能往往呈现出两种截然不同的特征。一种是大幅度放量。这是多方力量集中、过度释放的信号，极大地消耗了多方力量。另一种是相对缩量。这是上升趋势动力减弱的信号，在中长期的高位区，预示着趋势或将见顶。在整个头肩顶形态中，左肩回落低点与头部回落低点的连接线是价格支撑线——颈线。右肩处的缩量代表买盘入场力度弱、反弹无力，是空方力量已占据主导地位的标志，当价格走势向下跌破颈线时，预示一轮下跌行情的正式展开。

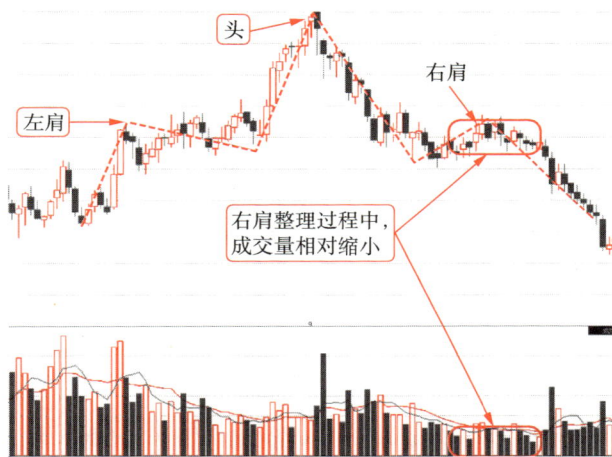

图7-19　头肩顶右肩缩量整理形态特征图

在把握形态时，可以关注两点：

一是形成头部的一波上涨中的量能形态。头部出现在中长期的高位区，形成头部的一波上涨中，可能出现典型的量价形态。如量价背离（参见第4.2节"量价背离，有价无市"），量价井喷（参见第4.5节"量价井喷，价市同步"），此时，不必等到顶部完全构筑成型，可以提前逢高卖出，把握离场第一时机。

二是右肩处的反弹幅度。右肩处不一定出现明显的反弹走势，这取决于个股与大盘，一般来说，只要在右肩处出现了缩量整理且在反弹时无力推升，往往就是顶部区将破位下行的信号，持股者应把握好卖出时机，规避破位下行风险。

7.9.2 实盘案例分析

图 7-20 是日照港 2024 年 9 月至 2025 年 1 月走势图。股价在中长期的高位区构筑了头肩顶形态，如图中标注，在右肩位置的整理走势中，可以看到成交量明显缩小，这是买盘入场意愿低、上涨无力的标志，也是空方力量占据优势的信号，投资者应注意规避行情反转下行的风险。

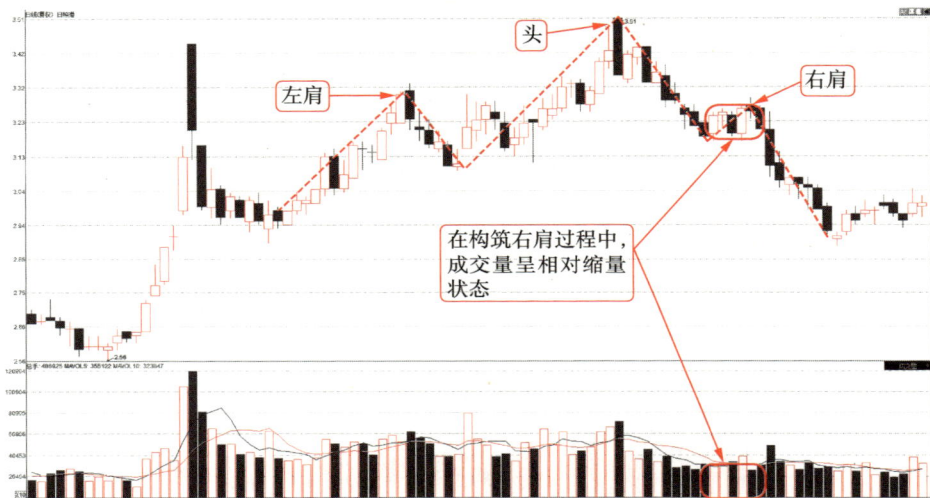

图7-20　日照港2024年9月至2025年1月走势图

7.10　放量长阴跌回启动点

7.10.1　形态与市场含义

放量长阴跌回启动点形态特征见图 7-21。这种量价形态由左侧一根具有突破性质的长阳线、右侧一根放量长阴线跌回至启动点附近以及中间数根相对缩量的小 K 线组合而成。左侧的长阳线带有突破性质，使得短期方向开始向上，当日的开盘价可以看作这一波行情的"启动点"；但在突破后的高点遇到阻力，价格走势开始回落；并以一根放量长阴线抱头接近（或跌破）启动点。

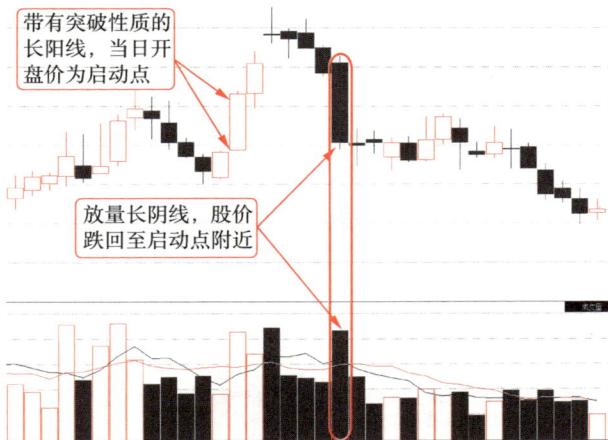

图7-21　放量长阴跌回启动点形态特征图

这种量价形态体现了多空力量对比在短期内出现快速转变，由左侧长阳线突破时的多方力量占优，迅速转变为空方力量占优（放量长阴线跌回启动点时）。操作上，投资者也应跟随市场，及时调整交易方向，规避空方力量转强后进一步下跌的风险。

在把握形态时，可以关注两点：

一是这种组合形态出现的位置区。当其出现在中长期低位振荡区时，下跌空间一般较小，可在止跌企稳后择机抄底买入；当其出现在上升途中，或是累计涨幅较大的高位振荡区时，往往是趋势转向下行的信号，不宜过早抄底入场。

二是放量阴线的次日走势情况。如果次日仍收于小阴线，则表明市场卖压依旧较重，下跌空间较大，不宜过早抄底入场；如果次日能够探底回升，收出阳线形态，则预示短期走势出现止跌企稳或反弹回升概率较大。

7.10.2　实盘案例分析

图 7-22 是瑞尔特 2024 年 2 月至 6 月走势图。如图中标注，一根长阳线向

上突破了振荡攀升走势中的横向整理区，当日的开盘价可以认为是新一波上涨行情的启动点。但随后的价格走势却转向下跌，并以一根放量长阴线跌破了左侧长阳线当日的开盘价——启动点，这预示着空方力量突然开始转强，原有振荡上升趋势或将转向，宜卖股离场。

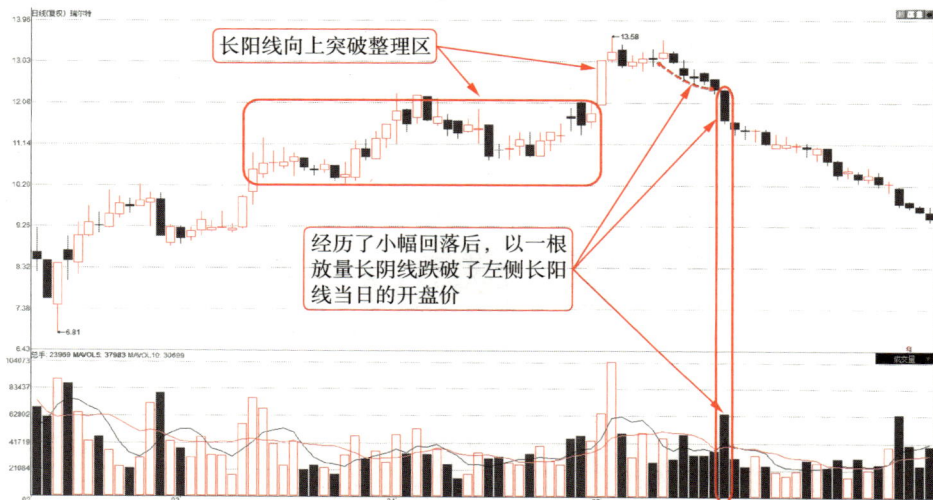

图7-22　瑞尔特2024年2月至6月走势图

7.11　"高台跳水"放量破位线

7.11.1　形态与市场含义

　　"高台跳水"放量破位线形态特征见图 7-23。它将量价形态与均线形态相结合。在这种组合形态中，个股的局部走势呈横向振荡，MA5、MA10、MA20 三根均线距离较近，此时，一根放量长阴线由上至下同时穿越了这三根均线，从而使得价格走势呈现跌破整理区的势头。MA5、MA10 是短期均线，MA20 是中期均线，三根均线呈靠拢状态，就是多空力量趋于平衡、方向待选择的信号。此时出现一根放量长阴线且由上向下穿越了三根均线，这可以看作空方力量占据明显优势，破位下跌行情将展开的信号。

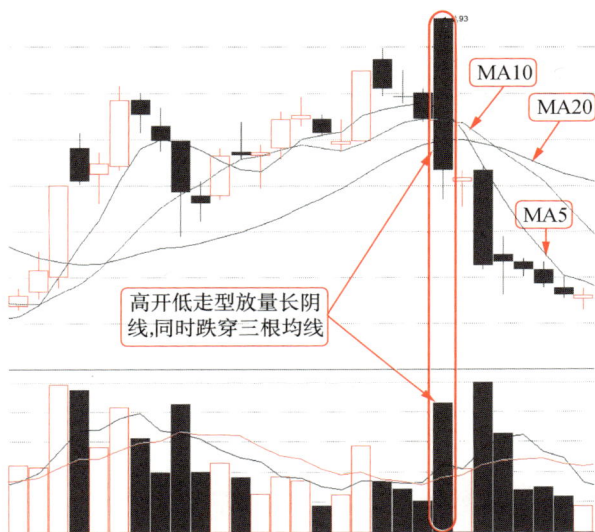

图7-23 "高台跳水"放量破位线形态特征图

在把握形态时，可以关注三点：

一是长阴线的实体长度。相对于振荡整理区的 K 线，如果当日的长阴线实体更长，则表明空方力量更强，破位行情出现的概率更大。

二是长阴线当日的放量情况。放量幅度越大，则表明市场卖压越强，随后下跌幅度往往越大。

三是三根均线应呈现出靠拢状态（或距离较近）。当 MA5 在 MA20 上方且呈上扬状态时，多方力量占据优势，即使出现长阴线向下跌穿三根均线的情形，也往往是短促的回落下探，不具有持续性，这种情形常见于一波升势刚刚展开即遇到抛压，从而导致短期回调。

7.11.2 实盘案例分析

图 7-24 是浦东金桥 2024 年 3 月至 6 月走势图。在 K 线走势图中，我们标示了三根均线：MA5、MA10、MA20。如图所示，此股在横向振荡整理

走势中出现一根放量的长阴线，且这根放量长阴线同时向下跌穿了 MA5、MA10、MA20。这就是"高台跳水"放量破位线形态，它是空方开始进攻的信号，预示着一波破位下跌行情即将展开，此时，宜卖股离场以规避风险。

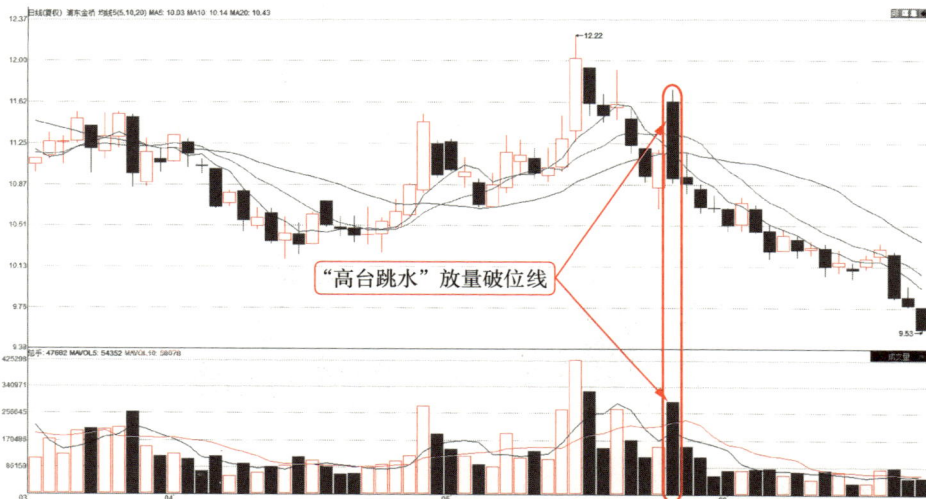

图7-24　浦东金桥2024年3月至6月走势图

7.12　巨量推升中的低开小K线

7.12.1　形态与市场含义

巨量推升中的低开小 K 线的形态特征见图 7-25。在这种形态中，先是股价快速上涨且不断创出新高，股价快速上涨中连续数日放出巨量，但随后的某个交易日出现了一个低开、实体较短的单根 K 线，当日的成交量也相对缩小状态（明显小于上一交易日的巨量）。市场含义上，快速上涨时的连续巨量是多方力量短期内的快速释放的标志，此时若出现低开、缩量、无法创出新高的小 K 线，则表明多方力量开始减弱，在这种急速发展的行情中，多空力量的强弱转换往往是迅即完成的，预示短期深幅回落或将出现。

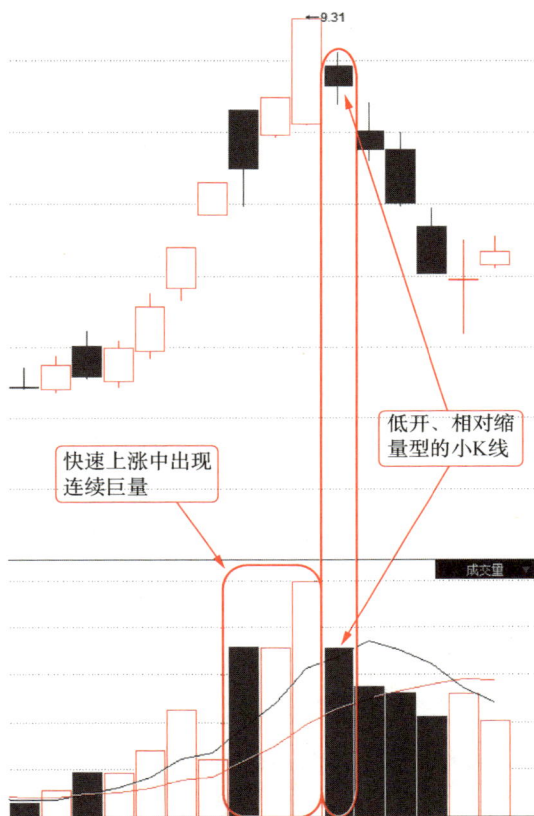

图7-25　巨量推升中的低开小K线形态特征图

在把握形态时，可以关注两点：

一是股价快速推升过程中的巨量表现形式。巨量是连续性出现的，大小可以接近，也可以是后量大于前量。

二是低开型小K线的缩量表现形式。缩量是相对于上一交易日的量能而言，只要小K线当日的量能明显小于上一交易日即可。

7.12.2　实盘案例分析

图 7-26 是鲁北化工 2024 年 3 月至 6 月走势图。如图中标注所示，该个

203

股在五个交易日的快速推升过程中，连续放出巨量，且后三个交易日的量能大于前两个交易日。不断放大的量能代表着多方力量的加速释放。

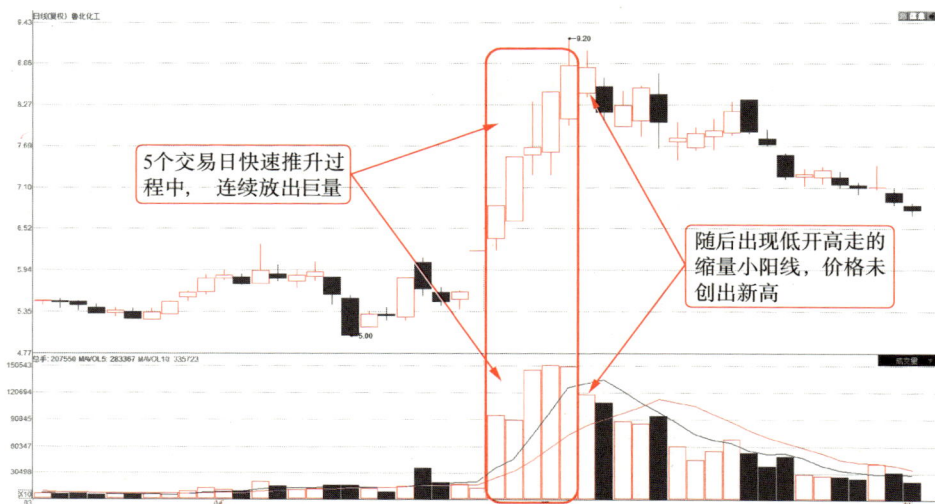

图7-26　鲁北化工2024年3月至6月走势图

随后，出现了一根低开高走的小阳线，虽然当日的成交量仍旧呈现为巨量形态，但明显小于上一交易日，可以称为"相对缩量"，代表着多方上攻力量减弱，由于短期涨幅过大、涨势过急，这种相对缩量的小 K 线多预示将有深幅回落，操作上，宜减仓或卖出，以规避风险。

7.13　放量振荡中的缩量回升

7.13.1　形态与市场含义

放量振荡中的缩量回升的形态特征见图 7-27。这是一种高位区横向振荡中的量价形态，股价前期累计涨幅较大，在一波放量上涨后，价格走势转为横向振荡，在起初的振荡过程中，成交量仍保持着之前上涨时的放量状态，但随着振荡走势的持续，量能明显缩减，且在一波向上接近振荡区高点的回升走势中也保持着这种量能较低的状态。

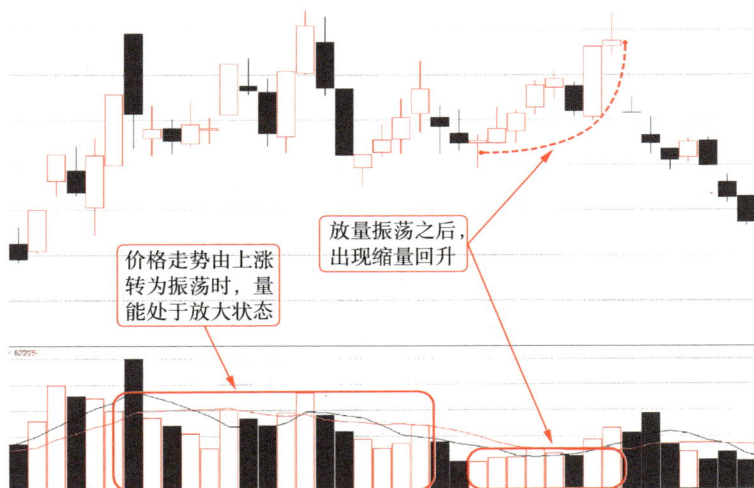

价格走势由上涨转为振荡时，量能处于放大状态

放量振荡之后，出现缩量回升

图7-27　放量振荡中的缩量回升形态特征图

在高点位，价格走势由"放量上涨"转变为"放量振荡"，价格重心不再上移，但成交量未见明显缩小，这说明振荡时的多空交锋较为激烈，市场筹码换手较快，在这个位置区，主力往往会加入卖方阵营，但个股因之前的良好上涨态势汇聚了市场人气，投资者参与热情较高。随着振荡的持续，一波回升走势中却呈现缩量状态，这表明市场的参与热情已大大下降，个股突破上行的动力明显减弱，振荡区入场的持股者卖出意愿会进一步增强，股价随后破位下行的概率增加，当前区域或将成为顶部区。

在把握形态时，可以关注两点：

一是振荡区所处位置。只有振荡区处于中长期高点时，这种放量振荡中的缩量回升才能视为筑顶信号。

二是振荡区的波动幅度。上下波动幅度超过20%的宽幅振荡形态体现了多空交锋的激烈程度，随着振荡的持续，支撑位（振荡区下沿位置）与阻力位（振荡区上沿位置）会不断强化，因而，即使这个振荡区不是位于中长期高点，操作上，也宜在阻力位减仓或清仓。

7.13.2 实盘案例分析

图 7-28 是宁波富邦 2024 年 8 月至 2025 年 1 月走势图。股价经历了长期上涨后，于高位区开始横向振荡，起初的振荡呈放量状态，在随后的回升走势中，量能明显缩小，这是高位区的放量振荡中的缩量回升形态，预示中长期顶部或将出现，宜逢高卖出。

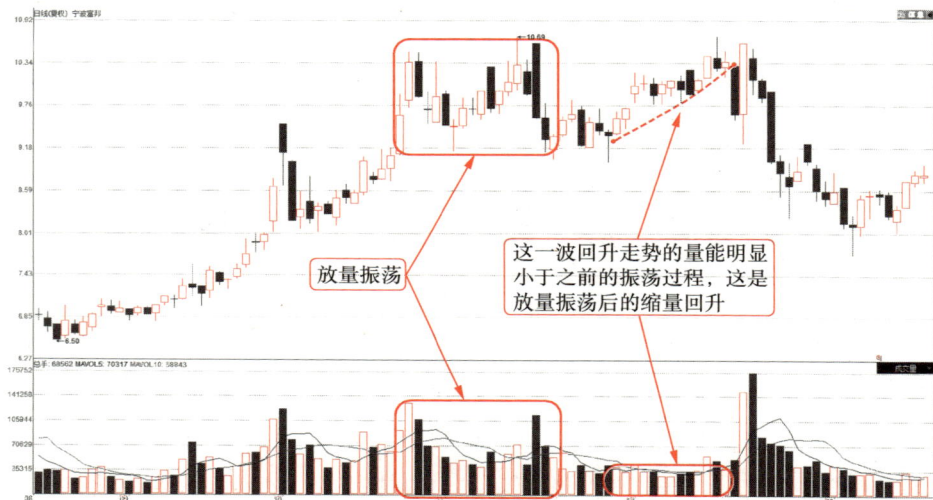

图7-28　宁波富邦2024年8月至2025年1月走势图

7.14　水平区支撑位平量破位

7.14.1　形态与市场含义

水平区支撑位平量破位的形态特征见图 7-29。在这种量价形态中，价格走势呈横向窄幅波动状，并构筑了一个水平振荡区；随后，一根实体相对较长的阴线向下跌破了水平区的支撑位，即水平区下沿位置，且当日的成交量未见明显放大，或仅仅是温和放大，即放量幅度不超过水平振荡区均量的2倍。

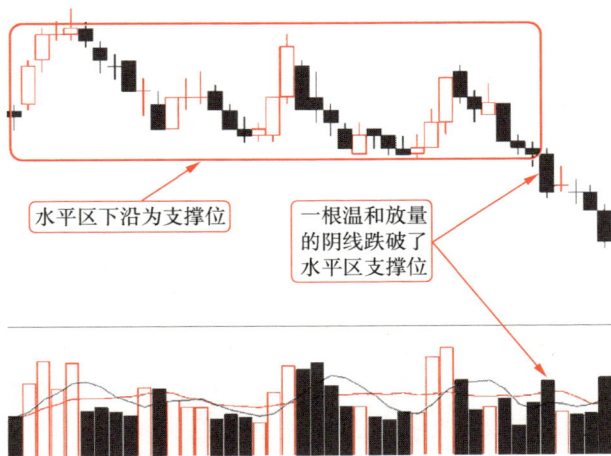

图7-29 水平区支撑位平量破位形态特征图

水平振荡走势是多空双方力量趋于均衡的标志，随着一根未明显放量阴线的出现，并向下跌破支撑位，表明买盘入场力度弱，空方已占据明显优势，预示破位下跌行情或将展开。这种量价形态常见于中短期高位，是行情转向下行的信号。

在把握形态时，可以关注三点：

一是水平区的支撑位是否被有效跌破了。只有阴线当日的收盘价创出了近期新低，才标志着水平区支撑位的失效。

二是跌破支撑位时的放量情况。没有出现明显放量，则预示市场卖压释放不充分，未来仍有很多潜在的卖盘，是行情下行空间较大的标志。

三是结合整体走势来分析价格走向。是一轮下跌行情展开，还是股价偶然波动？低位区出现了这种量价形态，若个股无明显利空消息，则多与市场波动有关，个股向下空间也较小；反之，高位区出现了这种量价形态，往往是一轮大幅下跌行情开始的信号，下跌的速度与力度往往较大，持股者宜尽早卖出，规避套牢风险。

7.14.2 实盘案例分析

图 7-30 是玲珑轮胎 2024 年 3 月至 6 月走势图。股价在一波突破上行后

出现了回落，在短线回落后开始横向振荡，构筑了一个水平箱体区，这是价格走向不明朗的标志。但随着一根温和放量的中阴线向下跌破水平区支撑位的出现，价格走向开始明朗，这标志着在短暂的水平振荡之后，空方力量得到了明显增强，是价格走势或将进一步破位下行的信号，操作上，应注意规避行情向下的风险。

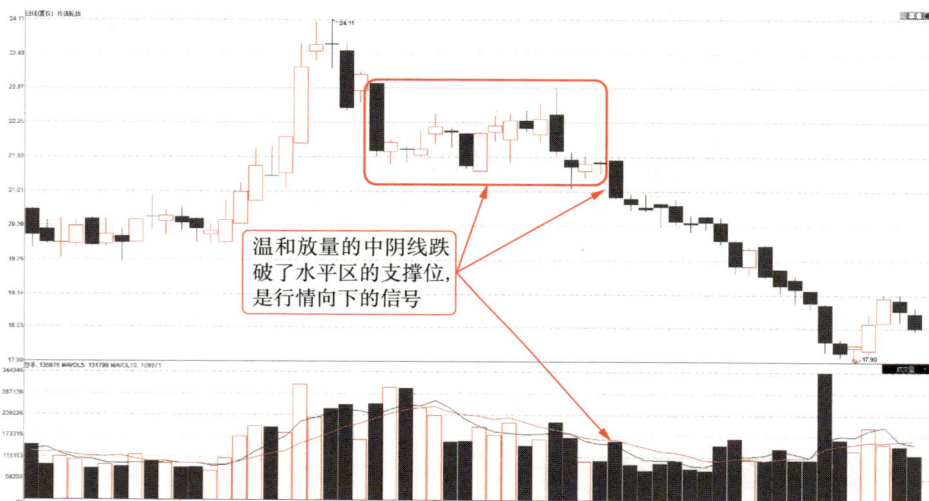

温和放量的中阴线跌破了水平区的支撑位，是行情向下的信号

图7-30　玲珑轮胎2024年3月至6月走势图

7.15　缩量下滑的圆弧形

7.15.1　形态与市场含义

缩量下滑的圆弧形的形态特征见图 7-31。股价在运行中出现了先是缓慢上涨、随后缓慢回落的走势特征，缓慢上涨时的小阳线居多、小阴线较少，缓慢回落时的小阴线居多、小阳线较长，这种运动方式其运行轨迹类似于"圆弧形"。圆弧形左半段的上涨多呈放量状态，右半段回落则出现了明显的相对缩量，这就是缩量下滑的圆弧形。

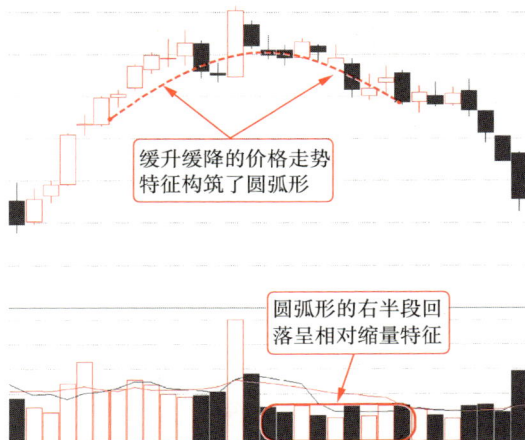

缓升缓降的价格走势
特征构筑了圆弧形

圆弧形的右半段回
落呈相对缩量特征

图7-31 缩量下滑的圆弧形形态特征图

这种量价形态常见于振荡区高点或中长期的高位区，是多方力量上攻意愿不强而空方力量逐步增强的标志，圆弧形右半段的回落波段出现相对缩量既是滞涨的表现，也是买方入场意愿差的信号。因而，这种缩量下滑的圆弧形预示多空力量对比格局开始转变，是中短期下跌信号之一。

在把握形态时，可以关注两点：

一是圆弧形的运行轨迹特征。圆弧形的运行轨迹是价格走势"缓升与缓降"的表现，由于价格波动幅度较小，持股者往往会忽视这种转向形态。

二是圆弧形下跌时的速度变化。圆弧的缓跌节奏不会一直持续，起初的缓跌阶段是空方量积蓄能量的过程，一旦空方力量开始转强，下跌节奏就会加快，常常会出现长阴线向下跌破圆弧形区域的状况。

7.15.2 实盘案例分析

图 7-32 所示是纳尔股份 2024 年 2 月至 7 月走势图。该个股在振荡区高点构筑了圆弧形态，右半段呈明显缩量特征，这是一轮下跌走势将展开的信号，随后，一根长阴线向下跌破圆弧形区域，这就是跌势加速的信号。

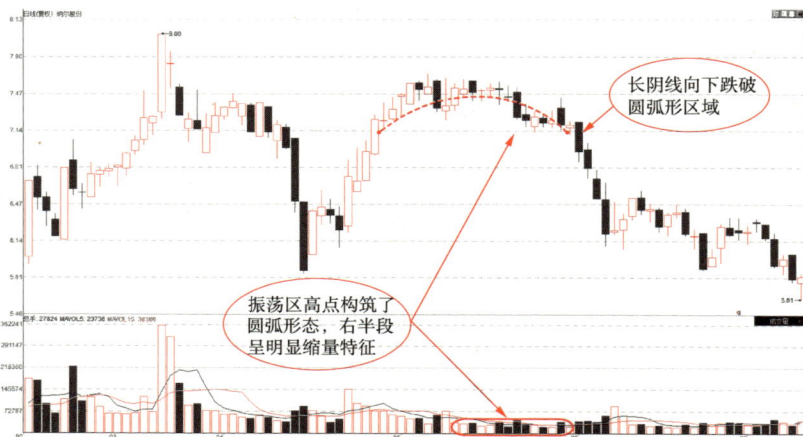

图7-32　纳尔股份2024年2月至7月走势图

7.16　缩量中的影线区

7.16.1　形态与市场含义

　　缩量中的影线区的形态特征见图7-33。在横向振荡（或整理）过程中，频繁出现影线形态（上影线、下影线或是上下影线），这称为影线区，且影线区的成交量随着振荡（或整理）的持续而不断缩小。

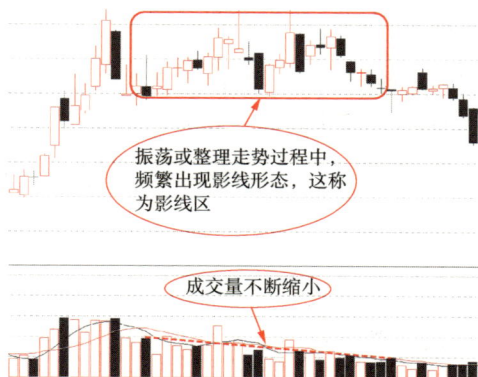

图7-33　缩量中的影线区形态特征图

　　放量状态下的影线是多空双锋激烈的标志，如果放量上影线出现在高点，多是价格走势转向下行的信号；如果放量下影线出现在低点，则多是价格走势转向上行的信号。一般来说，在缩量状态下，偶尔出现的带有明显影线的 K 线，多空含义并不明确；但是，如果在振荡（或整理）走势中，频繁出现影线形态，即使当前处于缩量状态，也体现了活跃的市场交投状态，是市场筹码不稳定的标志。若这个影线区出现在中短期上涨之后，则是多空力量强弱转换的信号，易引发下跌行情。

在把握形态时，可以关注两点：

一是影线区的 K 线特点。因为影线区是多空双方交锋活跃的区域，因而，除了上影线、下影线，往往还会有长阳线、长阴线交替出现，这些形态都是多空力量正发生转换的信号。

二是破位向下的时间点。影线区的成交量会随着振荡（或整理）而逐步减小，这个缩减过程也是空方力量不断增强的过程，当量能缩小到一定程度后就不会再进一步缩减，此时空方力量明显增强，破位下行的概率较大。

7.16.2 实盘案例分析

图 7-34 所示是阿科力 2024 年 9 月至 2025 年 1 月走势图。如图中标注，股价在上升途中出现了横向整理走势，虽然整理区的上下波动幅度不大，但频繁出现带有明显上影线或下影线的 K 线，整理期间成交量不断缩减，这是"缩量中的影线区"形态，预示着上涨行情或将反转向下，宜卖出离场。

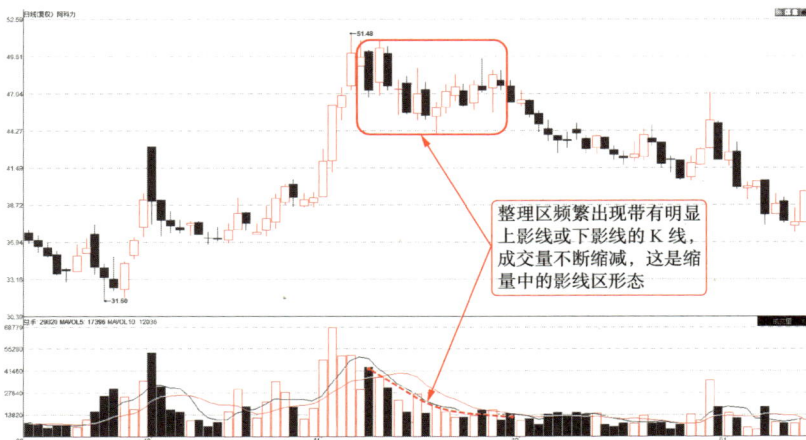

图7-34　阿科力2024年9月至2025年1月走势图

7.17 相对弱势的缩量运行

7.17.1 形态与市场含义

相对弱势的缩量运行的形态特征见图7-35。这是一种叠加大盘指数走势，建立在相对弱势基础上的量价形态。相对弱势是指个股的价格走势弱于同期大盘指数，表现方式为：大盘横向整理，而个股股价下滑；或是大盘攀升，而个股股价横向整理。在叠加大盘指数的K线图上，可以看到两者之间的强弱关系。

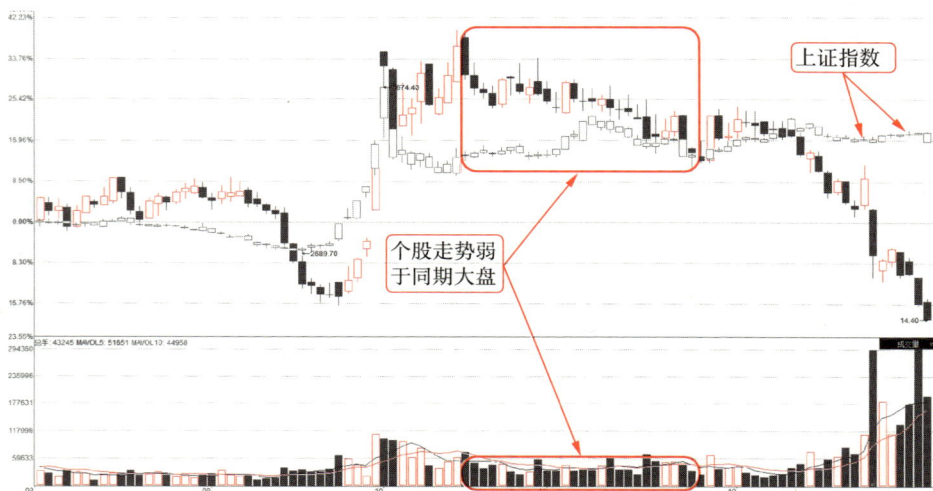

图7-35　相对弱势的缩量运行形态特征图

相对弱势的缩量运行形态是指，在个股价格走势弱于同期大盘指数的情况下，个股的成交量呈缩量状态。缩量，一般出现在回落波段或者是窄幅整理过程中，在弱于大盘的情况下，个股的这种缩量特征并不是蓄势待发的标志，而是多方力量无意推升，买盘入场意愿差的信号，这种量价形态常见于相对高位区的振荡整理中，一般来说，中短期走势易跌难涨，应卖股离场。

7.17.2　实盘案例分析

图 7-36 所示的是博晖创新 2024 年 10 月至 2025 年 1 月走势图。如图中标注区域所示，在大盘指数横向整理时，该个股股价却在振荡向下，这是典型的相对弱势形态，这期间该个股的成交量不断缩小，表明买盘入场意愿极低，结合当前个股股价正处于相对高位区的振荡区间来看，这种相对弱势的缩量运行形态预示着中短期走势仍将向下，宜卖出以规避风险。

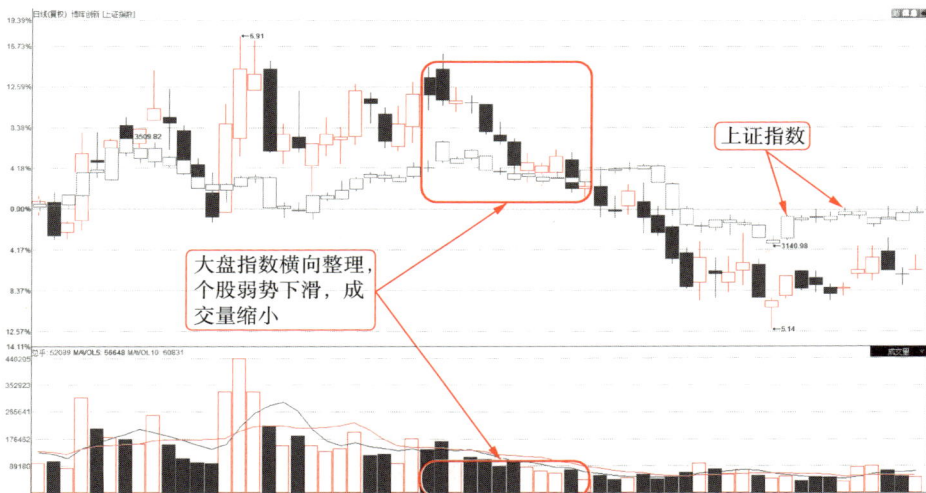

图7-36　博晖创新2024年10月至2025年1月走势图

7.18　高点放量筹码单峰

7.18.1　形态与市场含义

高点放量筹码单峰的形态特征见图 7-37、图 7-38，其中图 7-37 中的右侧为第 A 日的筹码分布图，图 7-38 中的右侧为第 B 日的筹码分布图。在这个量价形态中，首先是个股股价持续上涨至中短期的高点（图 7-37 中设为 a 价位），此时（图 7-37 中的第 A 日）的市场筹码大部分位于 a 点下方，随后，价格走势在高点横向振荡整理，量能呈放大状态，经过一段时间的振荡整理

（图 7-38 中的第 B 日），a 点下方的筹码绝大部分已移动到这个高位振荡整理区（a 点上方、b 点下方，见图 7-38 所示）。

图7-37　高点放量筹码单峰形态特征图1

图7-38　高点放量筹码单峰形态特征图2

筹码单峰形态表明个股的全体流通筹码都集中在一个相对狭小的价格区间内，市场上的多数投资者持仓成本较为接近。一般来说，单峰密集形态的出现表明单峰区域内市场筹码换手十分充分，低位区的单峰密集是套牢盘减少、买盘积极入场的标志，往往是趋势止跌转升的信号；高位区的单峰密集则是获利盘离场、卖盘涌出的标志，往往是趋势见顶的信号。

高点放量形成的筹码单峰形态，体现了低点筹码快速移动到高点这样一个过程，是大量持股者在这个高位区进行卖出操作的信号，而且，快速形态的单峰密集区往往与主力的出货行为相关，多预示中短期走势见顶。

在把握形态时，可以关注两点：

一是筹码单峰的构筑时间。筹码单峰的形成时间可长可短，一般来说，在凌厉的上涨走势中，一旦短线滞涨，会造成筹码快速换手，单峰区形成时间较短；而对于相对稳健的攀升走势（如45°角攀升），往往需要长时间的横向振荡整理才能形成筹码单峰区。

二是单峰区所处位置点。只有在短期涨幅或累计涨幅较大的情况下，形成的筹码单峰区才是顶部出现的信号；如果上升行情刚刚启动，此时形成的筹码单峰区往往与主力建仓行为相关，常常作为入场信号之一。

7.18.2　实盘案例分析

图7-39所示的是坚朗五金2024年10月9日筹码分布图。图中左侧为2024年8月至2025年1月的K线走势，如图所示，在经一轮快速、大幅上涨后，从当日的筹码分布图可以看到，绝大部分筹码位于10月9日的收盘价29.98元下方。

图7-39　坚朗五金2024年10月9日筹码分布图

随后，股价在 30 元附近开始横向振荡，这期间成交量呈放大状态，如图 7-40 所示，当价格走势运行至 11 月 14 日时，绝大部分筹码已移动至当日（11 月 14 日）的收盘价（29.78 元）上方，且呈现为单峰密集形态。

图7-40　坚朗五金2024年11月14日筹码分布图

这就是个股在高位区因放量振荡而快速形成的筹码单峰形态，既是获利盘快速离场的信号，也可以看作主力出货的信号，应注意规避高位筑顶风险，卖股离场。

若短期价格走势若凌厉，一旦在上涨过程中出现剧烈波动，往往会引发多空双方的强烈分歧，绝大多数筹码可能在几个交易日快速换手，从而形成单峰密集区。

图 7-41 所示的是科森科技 2024 年 3 月 27 日筹码分布图，图中左侧为此股 2024 年 1 月至 4 月的 K 线走势。当日收盘价 8.25 元，从右侧的筹码分布可以看到，几乎所有的筹码均位于 8.25 元下方，随后经历 4 个交易日的宽幅振荡，至 2024 年 4 月 2 日，如图中标注，当日以一个强势涨停板形态出现，股价接近新高，走势上呈突破向上的状态。那么，这个涨停板是否是新一轮上攻行情展开的信号呢？

我们可结合筹码分布形态来分析，如果这几个交易日的宽幅振荡并没有造成筹码大量换手，那说明市场浮筹相对较少，主力仍在其中，新一轮上攻行情有望展开；反之，则应规避风险。

图7-41　科森科技2024年3月27日筹码分布图

　　图 7-42 所示的是科森科技 2024 年 4 月 2 日筹码分布图。如图中标注，仅仅 4 个交易日（3 月 27 至 4 月 2 日），绝大多数筹码已快速移动到了这 4 日构筑的一个短期振荡区间内，形成了单峰密集区。这表明市场成本基本位于这个振荡区间内，如果继续向上突破，则获利抛压极重，一般来说，若个股没有重大利好消息支撑或是题材热度不够，是很难再度展开新一轮上攻走势的，操作上，短线追涨风险极大，持股者应获利减仓或清仓。图 7-43 标示了此股 2024 年 4 月 2 日之后的走势。

图7-42　科森科技2024年4月2日筹码分布图

图7-43　科森科技2024年1月至4月走势图

7.19　盘整密集峰快速上移

7.19.1　形成与市场含义

　　盘整密集峰快速上移的形态特征见图 7-44、图 7-45。先是股价在累计涨幅不大的位置横向振荡整理（称为第 1 振荡区），形成一个筹码密集区（图 7-44 标示了第 1 振荡区结束时第 A 日的筹码分布形态）；随后，股价继续上涨，在一个更高的价位区出现振荡整理（称为第 2 振荡区），第 2 振荡区的量能呈大幅放量状态，量能均值显著高于第 1 振荡区，使得第 1 振荡区的绝大多数筹码快速移动到第 2 振荡区（图 7-45 标示了第 2 振荡区结束时第 B 日的筹码分布形态）。

　　在这种量价形态中，第 1 振荡区的放量效果往往较为温和，这是多方力量积蓄的表现；而第 2 个振荡区的量能则处于较高水平，这是市场筹码在高位区加速换手的信号。当第 1 振荡区的筹码快速移动到第 2 振荡区时，表明前期坚决做多的买方已快速离场，是上升行情或将见顶的信号。

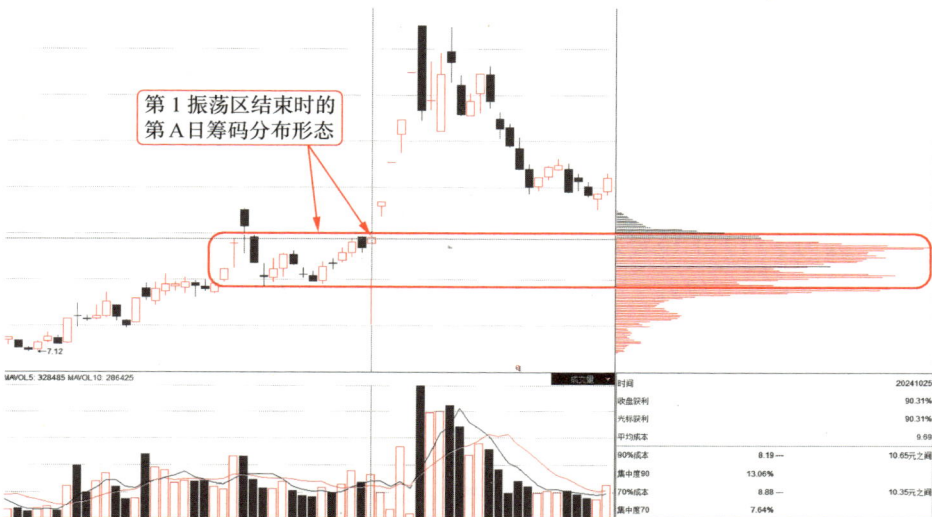

第1振荡区结束时的
第A日筹码分布形态

图7-44　盘整密集峰的快速上移形态特征图1

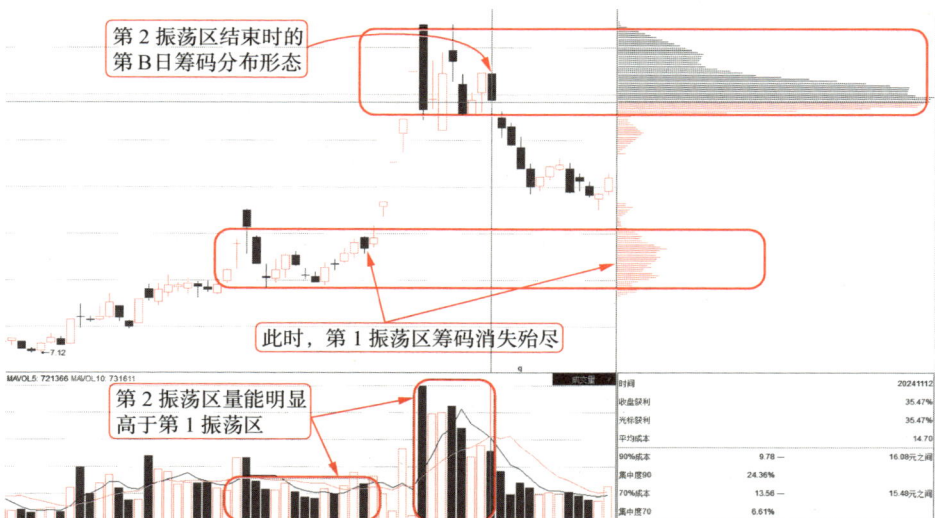

第2振荡区结束时的
第B日筹码分布形态

此时，第1振荡区筹码消失殆尽

第2振荡区量能明显
高于第1振荡区

图7-45　盘整密集峰的快速上移形态特征图2

在把握形态时，可以关注两点：

一是第1振荡区的位置。第1振荡区可以是中长期的底部区，也可以是上升途中的振荡整理区，只要这个振荡整理区汇聚了 50% 以上的筹码，并形成了筹码密集峰形态即可。

　　二是第 2 振荡区的位置。第 2 振荡区的位置是分析的关键。第 2 振荡区位于累计涨幅较大的高位区且有量能大幅度放出这两个特征，二者缺一不可。例如：在升势刚刚启动并突破底部区时，价格走势往往呈横向振荡状态，并且底部区形成的密集峰移动至这个横向振荡区，但这个振荡区并不是第 2 振荡区，因为它所处的位置点较低，且振荡时的成交量也往往呈现为温和放大状态，而不是第 2 振荡区的典型量能特征——大幅度放量。

7.19.2　实盘案例分析

　　图 7-46 所示的是曲江文艺 2023 年 4 月 7 日筹码分布图。该个股在股价上升行情刚起步时出现了横向整理走势，并构筑了一个筹码密集峰，这是多方力量增强的一个环节，这个振荡区可以称为第 1 振荡区。

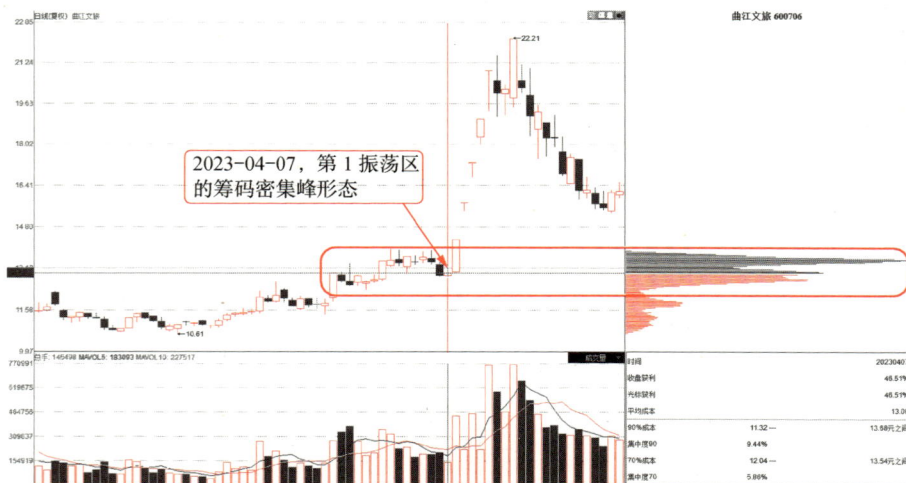

图7-46　曲江文艺2023年4月7日筹码分布图

　　随后，股价快速上涨，短期涨幅极大，高位区出现了短期振荡，如图 7-47 所示，仅仅 5 个交易日，第 1 振荡区的绝大部分筹码就移动到此位置区，这是第 2 振荡区。

　　综合来看，此股在一轮大涨行情中出现了盘整密集峰快速上移的形态，预示着这一轮上涨行情或已见顶，操作上，宜及时卖出，规避行情快速转向的风险。

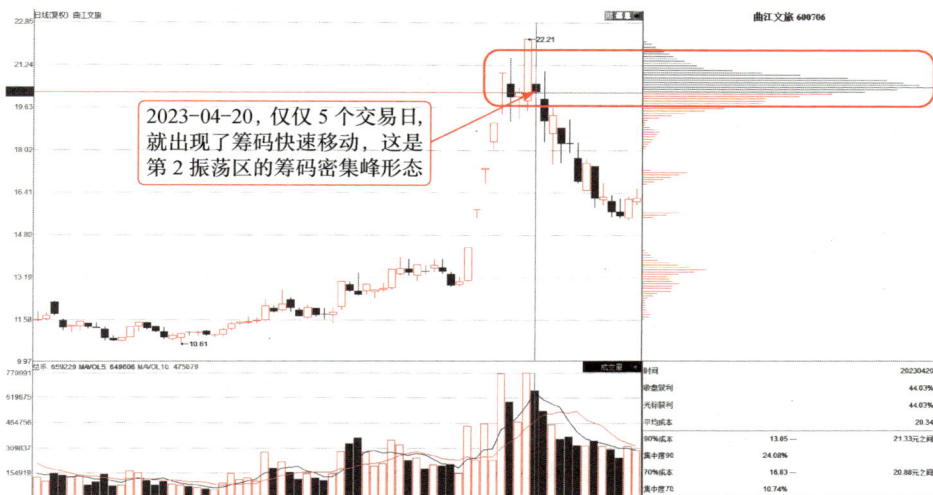

图7-47　曲江文艺2023年4月20日筹码分布图

7.20　回探筹码峰缩量滞涨

7.20.1　形态与市场含义

回探筹码峰缩量滞涨的形态特见图 7-48。个股在相对高位区的横向振荡整理过程中形成了筹码密集峰形态（图 7-48 中标示了短期振荡后的第 A 日筹码分布形态），绝大多数筹码位于这个振荡区间内（图 7-48 中第 A 日的收盘价 a 元附近），股价先跌至筹码峰的下方，随后再度回升至筹码峰区域（这是回探筹码峰走势），在这个回升波段中，成交量明显缩小下跌且上涨节奏缓慢。

在回探筹码峰的过程中，股价上涨缓慢，这说明多方力量不足，而此时又面临着沉重的解套抛压，缓慢的上涨节奏势必会增强持股者的卖出意愿，价格走势易出现转折向下，应注意高位风险。

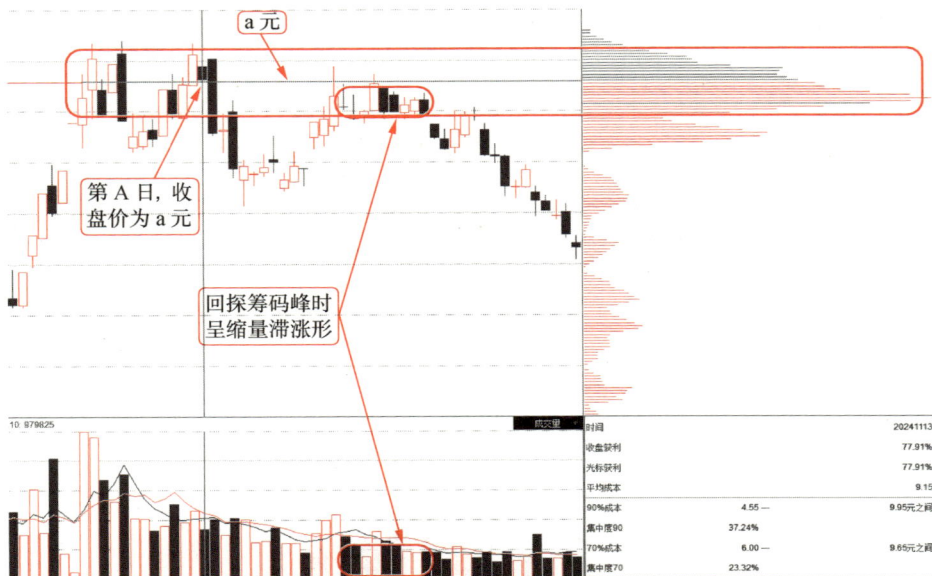

图7-48　回探筹码峰缩量滞涨形态特征图

在把握形态时，可以关注两点：

一是缩量的形态特征。缩量，是指回探波段中的成交量较之前的振荡过程相对缩小，这是上涨动力不足的标志。

二是滞涨走势的价格形态特征。滞涨一般有两种表现形式，一是多个交易日横向窄幅整理，无法向上突破；二是上涨节奏十分缓慢，弱于同期大盘指数（或是完全受大盘带动的被动型上涨）。

7.20.2　实盘案例分析

图 7-49 所示的是诚邦股份 2024 年 11 月 15 日筹码分布图。该个股在高位区因横向振荡走势形成了筹码密集峰形态，从走势图可见，在 11 月 15 日之后，股价跌破了这个密集峰区域，但跌幅较浅，随后回升上涨，这个回升波段的成交量明显缩小，且这一波上涨完全是受大盘带动，无任何强势特征，这属于回探筹码密集峰缩量滞涨形态，是上涨动力减弱、中期见顶的信号，操作上，宜逢高卖出。

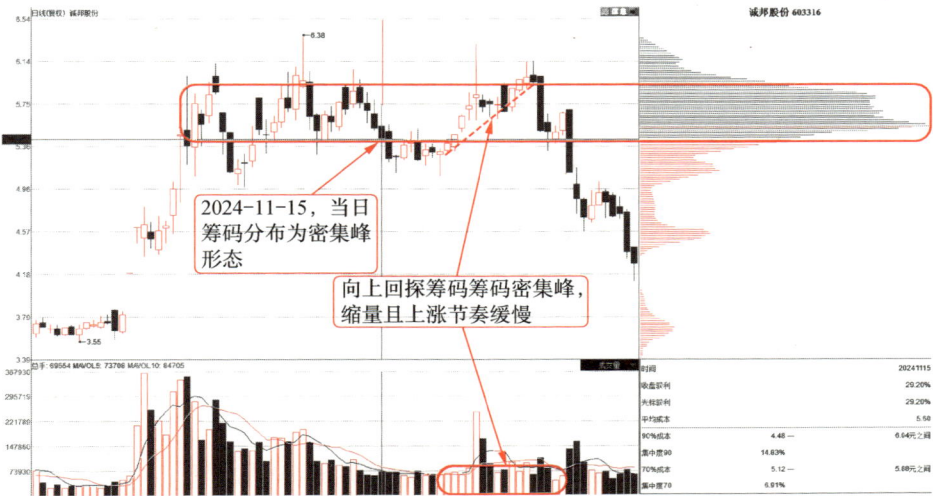

图7-49　诚邦股份2024年11月15日筹码分布图

第8章

黑马股量价形态
实盘分析

黑马股，是指那些上涨潜力十分突出的个股。这些个股的股价从低位区启动，往往会出现惊人的上涨幅度，是股市财富效应最有力的表达方式。发掘黑马股的方法有很多种，如消息题材面、基本面变化、技术形态等。对于普通的投资散户来说，市场上的消息题材过多、很难辨识优劣。

上市公司的基本面变化往往无规律可循，最好的方法就是解读市场行为。因为先知先觉的主力资金往往会提前布局黑马股，或是强力参与黑马股。主力的入场势必打破原有的多空平衡状态，并在盘面上留下线索。在所有的线索中，成交量与价格走势是最重要的线索，一些特征鲜明的量价形态体现了主力的动向，也是我们捕获黑马股的重要手段。本章中，笔者结合实盘分析，总结了 10 种能够给我们提示黑马股信号的量价形态。

8.1　振荡区间的放量收窄

8.1.1　形态与市场含义

振荡区间的放量收窄的形态特征见图 8-1。在中长期的低位区，由于多空分歧加剧、指数波动影响，个股股价往往出现上下幅度较大的振荡走势，这是市场筹码分散的标志。但是，若随着振荡的持续，出现了振荡区间收窄且量能放大的走势特征，这往往是主力介入的信号。主力加入买方打破了原有的多空对比格局，走势特征会由宽幅振荡转变为相对强势的运动——股价重心上移、振荡幅度收窄，这期间的放量是多空交易活跃、多方承接力度强的标志。

在振荡区间的放量收窄形态中，收窄区的位置是关键。一般来说，在大盘走势平稳的情况下，收窄区位于原宽幅振荡区的偏上位置（或者是宽幅振荡区的上方），因为只有在这个位置，解套盘、短线获利盘的卖出意愿才会较强，主力也才能够顺利完成建仓，多空双方的活跃交易使得这个收窄区呈现出放量状态。

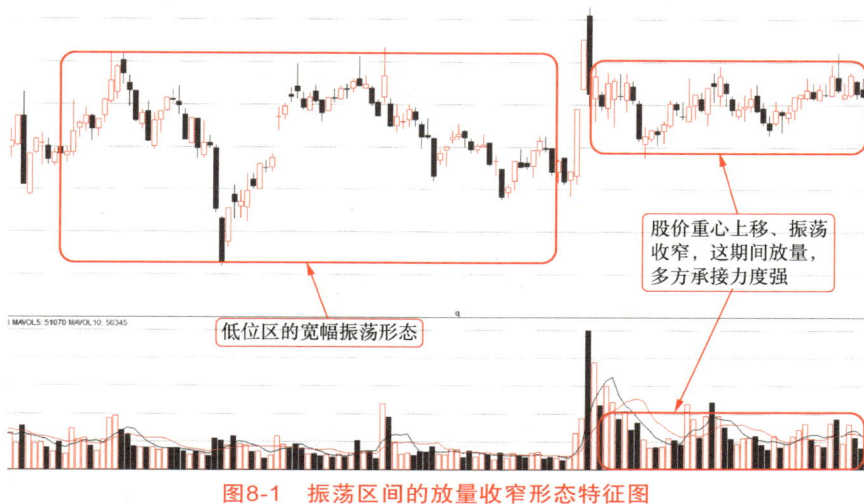

图8-1 振荡区间的放量收窄形态特征图

股价重心上移、振荡收窄，这期间放量，多方承接力度强

低位区的宽幅振荡形态

8.1.2 实盘案例分析

图 8-2 所示的是若羽臣 2024 年 1 月至 2025 年 1 月走势图。如图所示，先是股价在中长期的低位区构筑了一个上下波动幅度较大的振荡区间，这是一个宽幅振荡区；随后，振荡区间收窄，这期间量能呈明显放大状态，这是主力资金正积极买入的信号，预示此股的中长期上涨潜力较大。操作上，在收窄区的上下波动过程中，投资者宜逢短线回调买股布局，耐心持有。

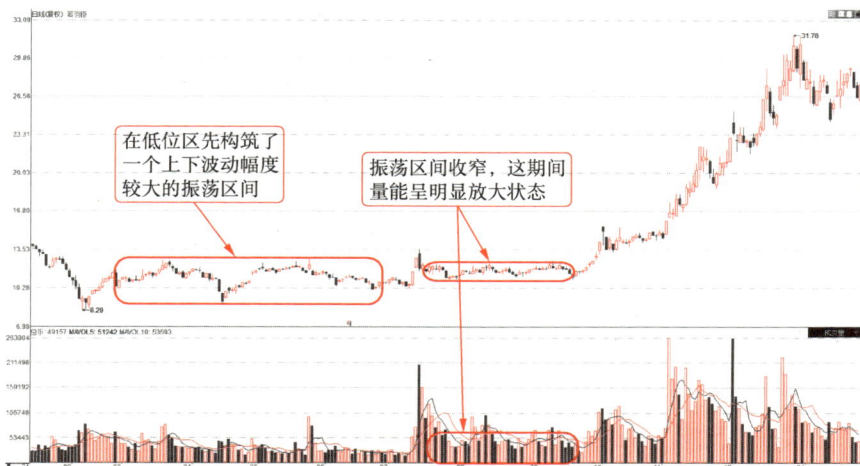

在低位区先构筑了一个上下波动幅度较大的振荡区间

振荡区间收窄，这期间量能呈明显放大状态

图8-2 若羽臣2024年1月至2025年1月走势图

8.2　堆积式突破低位缩量区

8.2.1　形态与市场含义

堆积式突破低位缩量区的形态特征见图 8-3。股价在中长期低位区出现了长时间的缩量整理，随后以连续大幅度放量的方式向上突破了这个缩量整理区，短期涨幅较大（一般为 30% ～ 50%），在突破上涨及高点振荡的过程中，成交量始终保持着大幅放量的效果，即堆量式上涨及振荡，量能只是在振荡之后的短期回落走势中才明显缩减，但也远高于突破前的缩量整理区。

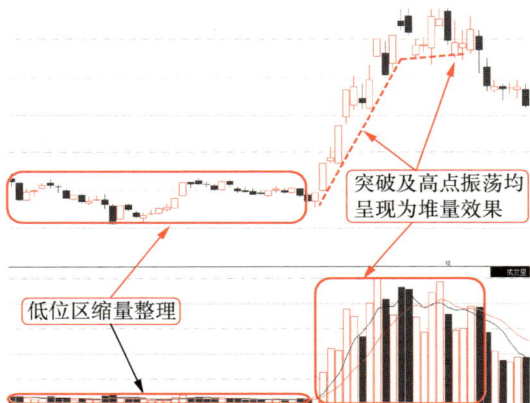

图8-3　堆积式突破低位缩量区形态特征图

在这种量价形态中，由于低位整理过程中始终呈明显的缩量状态，主力是无法完成建仓的；而堆量式上涨及振荡既是市场筹码加速换手的标志，也体现了买盘的大力入场，由于股价刚刚脱离中长期低位区，即使短线涨幅较大，从中长期的角度来看，这个涨幅也许只是行情刚刚起步，因而，主力是极有可能加入买方，进而完成快速建仓。一般来说，出现这种形态的个股若有较好的题材面支撑，基本面也相对优异，其中长线上涨潜力极大。

在堆积式突破低位缩量区形态中，把握好买入时机是关键。如果在短线大涨后的高点买入，则属于追涨。在个股快速上涨并伴随着筹码加速换手的过程中，势必也有大量的短线获利盘待售，出现振荡回落的概率较大，高点追涨的方法易导致短期浮亏较大，交易上将十分被动。而等到股价回落后再逢低买入，则是一个较好的方法，此时既能看清这一轮涨跌过程的量能变化特征，也能在一个获得支撑的回落低点购入，从而降低持仓成本。一般来说，缩量回落至这一波涨幅的 1/2 位置时，有望遇到强支撑，此时是更好的买入时机。

8.2.2 实盘案例分析

图 8-4 所示的是上海贝岭 2024 年 1 月至 12 月走势图。股价在低位区长期横向整理，这期间量能处于极低状态，多空交易清淡；随后，出现了堆量式的上涨及振荡走势，这提示我们或有主力资金在快速推升个股股价的过程中进行建仓操作。从大涨后的高点回落至这一波涨幅的 1/2 位置时，量能已大幅缩小，是短期卖压明显减轻的信号，价格走势有望遇到强支撑，此时也是较好的买股布局时机。

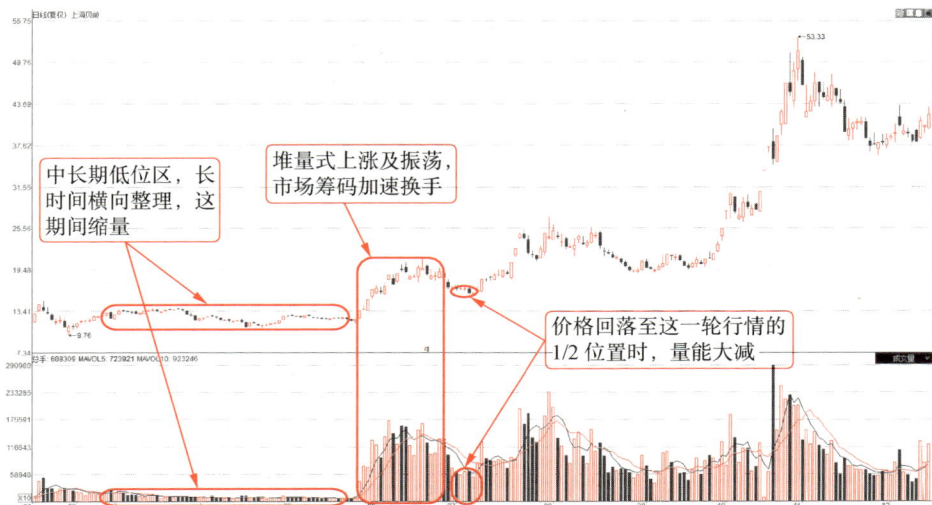

图8-4 上海贝岭2024年1月至12月走势图

8.3 快涨快跌的量能断层

8.3.1 形态与市场含义

快涨快跌的量能断层的形态特征见图8-5。个股股价在突破中长期低位区的一波涨跌走势中，呈现出快速上涨、快速回落的特征，且在上涨时量能大幅度放出，回落的首个交易日即出现量能大幅缩小的形态，量能由大至小的变化具有突然性，这属于断层式的缩量。

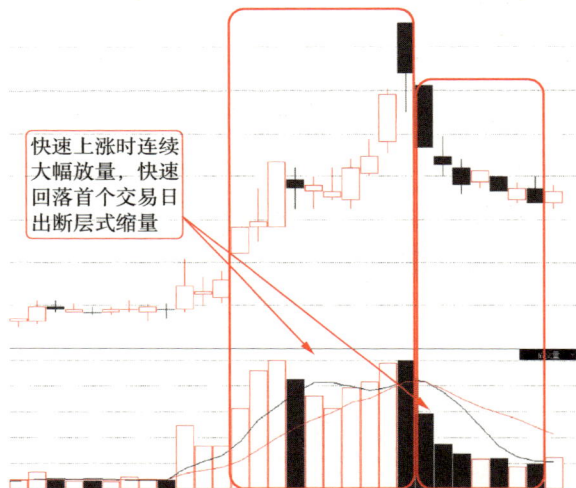

图8-5　快涨快跌的量能断层形态特征图

快速上涨且大幅放量，这是多方大力买入的信号；随后出现的快速回落与获利盘离场、解套盘抛售等市场行为有关。值得注意的是，在快速回落过程中，特别是快速回落的首个交易日，成交量就出现了大幅度缩小（相对于上涨时的均量水平），这说明市场筹码的锁定度极好，也提示我们，在之前的放量上涨过程中，主力资金或加入了买方阵营。因而，个股的中长线上涨潜力值得关注。

在快涨快跌的量能断层形态中，断层式量能的特征是关键。断层式量能形态体现在价格一旦开始回落，回落的首个交易日就出现明显的相对缩量，即明显低于上一个交易日的量能水平。断层式量能的出现，说明在股价回落的首个交易日，大量的筹码就被很好地锁定了，这是主力入场的提示信号之一。

8.3.2 实盘案例分析

图8-6所示的是云内动力2024年7月至12月走势图。股价长期在低位徘徊，量能整体呈缩量状态，多空交易不活跃，买盘入场意愿差；随后，出现了快涨快跌的量能断层形态，可以看到，上涨波段的放量与回落波段的缩量，对比效果十分鲜明，且回落的首个交易日即出现量能断层式缩减，这是主力入场的提示信号。操作中，当个股经短线回落，量能不再进一步缩减且价格走势局部企稳时，就是较好的买入时机。

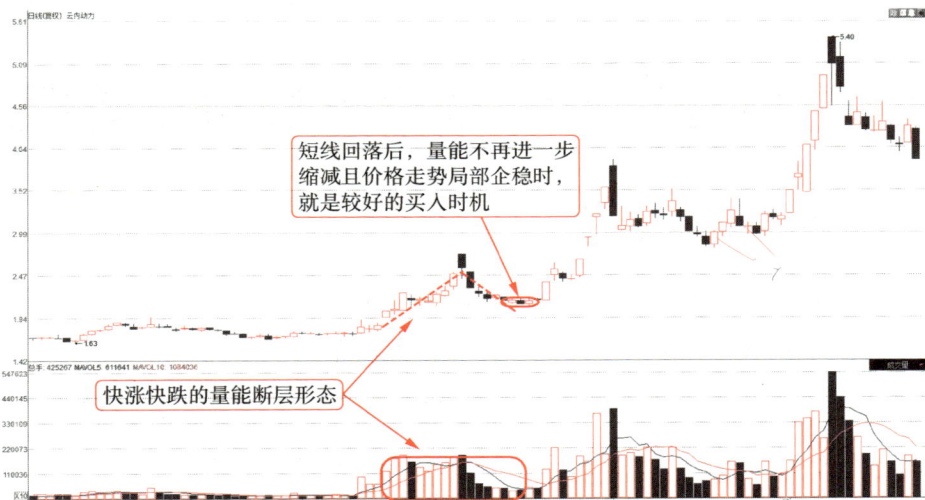

图8-6　云内动力2024年7月至12月走势图

快涨快跌的量能断层形态有着十分鲜明的视觉效果，它的出现大多提示了买入机会，特别是在低位区突破行情刚刚启动时。下面我们再结合一个案例来看看这种量价形态是如何预示黑马股出现的。

图8-7所示的是光明地产2024年7月至12月走势图。可以看到，在股价突破低位区时，该个股就出现了这种快涨快跌的量能断层形态，在快速回落后的低点企稳走势中，成交量大幅缩减，这也是布局个股的买入时机。

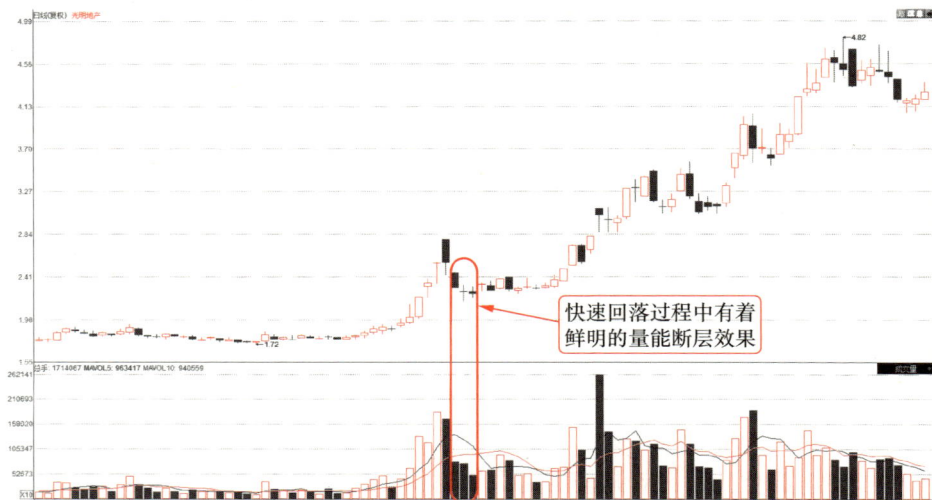

快速回落过程中有着鲜明的量能断层效果

图8-7 光明地产2024年7月至12月走势图

8.4 等高点后量小前量

8.4.1 形态与市场含义

等高点后量小前量的形态特征见图8-8。个股股价第1次突破低位区，但短期涨幅不大，这形成了一个高点，当日收于阳线，称为"第1次突破中的高点"；随后，股价回落并再次进入低位区内缩量整理，当再次涨至第1次突破中的高点位置时，当日的成交量明显小于第1次。这就是等高点的后量小前量形态。

在等高点，市场的获利抛压、解套抛压应该大致相近，但前后两次涨至这一位置时，虽然K线均收于阳线，但成交量却明显不同，第2次明显小于第1次。这种形态说明第2次突破时面临的阻力明显下降，是市场筹码锁定度快速提高的信号。如果当前的位置区于中长期的低位区，则预示着个股的后期上涨潜力极大。

在等高点后量小前量形态中，前后两次的突破位置点是关键。第1次突破行情的涨幅不能太大，一般来说，宜保持在30%以内，如果涨幅过大，则势必影响未来的上涨空间，且第2次突破时的短线获利抛压也会较重。

图8-8 等高点后量小前量形态特征图

8.4.2 实盘案例分析

图 8-9 所示的是东方智造 2024 年 6 月至 12 月走势图。如图中标注，股价在低位区出现了两次突破上涨，在第 2 次上涨至第 1 次形成的高点位置时，成交量明显更小，这说明经过两次突破之间的横向整理，市场筹码的锁定度进一步提高了，这是主力控盘能力增强的信号。由于第 2 次突破时短期涨幅较小，投资者宜第一时间把握买入时机。

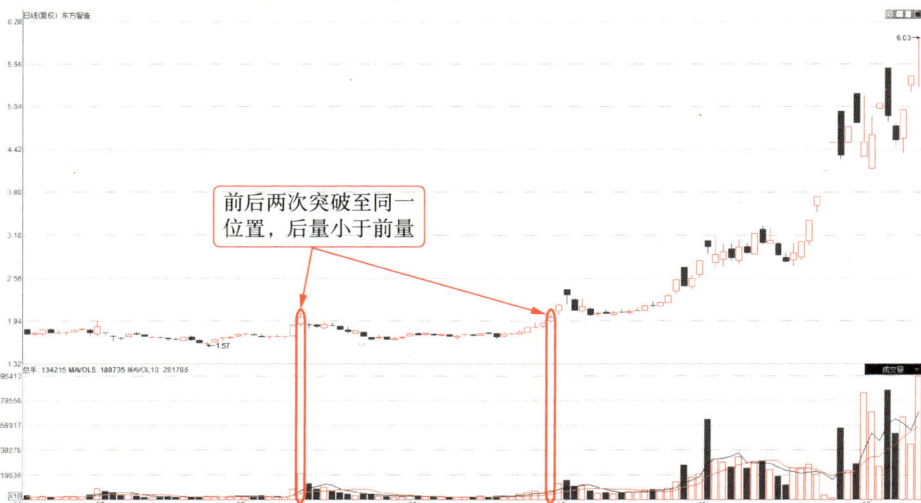

图8-9 东方智造2024年6月至12月走势图

8.5 强于大市的缩量整理

8.5.1 形态与市场含义

强于大市的缩量整理的形态特征见图 8-10。在上证指数弱势下行的背景下，个股股价呈现出强于大市运行的横向整理走势，这期间的成交量处于较低状态。

在指数下滑背景下，个股缩量整理，强于大市

量能处于较低状态

图8-10 强于大市的缩量整理形态特征图

对于绝大多数个股来说，其价格走势都受到大盘带动，可能在三五个交易日内，个股的价格走势有一定独立性，但若将时间尺度拉长至一个月以上，股价的重心移动方向与大市是一致的。如果个股走势的价格能在较长一段时间内，强于大市，特别是在低位区，这是个股上涨潜力较大的标志。

在强于大市的缩量整理形态中，整理区所处的位置是关键。高位区也有可能出现强于大市的缩量整理，但这时的由于主力获利丰厚，随着大盘指数的下行，主力随时有可能出货，因而，这时买入的风险较大；反之，在低位区，由于这个价位区是建仓成本区，当前的价格甚至低于主力持仓成本，对于散户来说，此时买入的风险较低。

8.5.2 实盘案例分析

图 8-11 所示的是英力特 2024 年 5 月至 11 月走势图。如图中标注，在上证指数节节下行的背景下，个股股价强势整理不下行，这期间成交量较低，股价位于中长期的低点，这属于强于大市缩量整理形态，是个股后期上涨潜力较大的信号，操作中，可以在这个低位整理区进行积极买入操作。

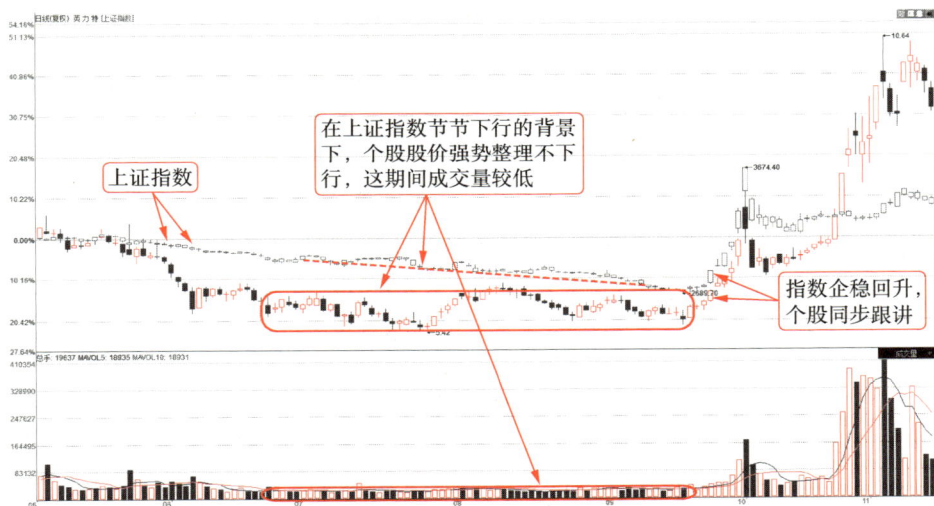

图8-11 英力特2024年5月至11月走势图

8.6 逆市温和放量上涨

8.6.1 形态与市场含义

逆市温和放量上涨的形态特征见图 8-12。在上证指数弱势下跌的背景下，个股股价出现了一波明显上涨走势（这称为逆市上涨），这期间量能温和放大。

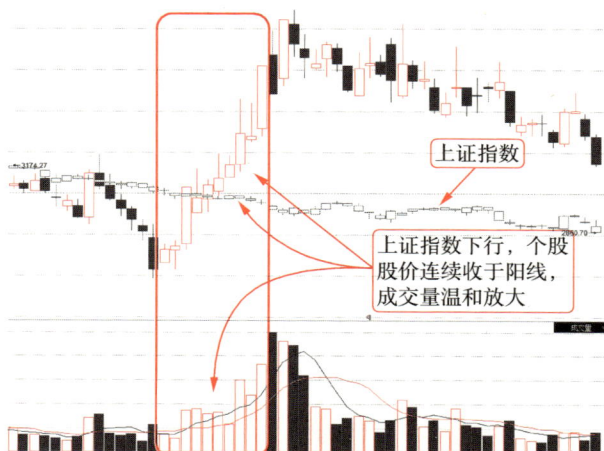

图8-12　逆市温和放量上涨形态特征图

在相对低位区间内，温和式的放量上涨大多代表着买盘积极入场，如果在这种温和式放量上涨的持续过程中，恰逢同期大盘走势弱势下行，则这种逆市上涨更值得关注。因为这种上涨多与主力的市场行为相关，或是主力在积极建仓，或是主力已有较强的控盘能力并积极维护股价，无论是哪种情况，只要个股的基本面没有问题，且价格处于中长期的低位振荡区，则随后的上涨潜力较大，操作上，可以寻找布局时机。

在逆市温和放量上涨形态中，入场时机的把握是关键。因为逆市上涨势必引发明显的多空分歧，获利浮筹有较强的卖出意愿，即使主力控盘能力较强，个股股价一般也会在完成这一波逆市上涨后出现回调，一般来说，当股价回落至这一波涨幅的1/2位置附近时，会遇到较强支撑，此时是较好的入场时机。

除此之外，逆市上涨波段所处的位置也要关注。只有逆市上涨波段位于中长期的相对低位时，才是机会的象征。如果个股的前期累计涨幅较大，在逆市上涨之后，往往会引发极为强烈的补跌走势（在大盘指数企稳时，个股股价却弱势下跌）。可以说，高位区的逆市上涨往往预示着风险，而非机会。

8.6.2　实盘案例分析

图8-13所示的是中岩大地2024年3月至12月走势图。该个股在中长期低位区，出现一波温和放量的突破上涨，在这一波上涨过程中，大盘走势在弱势

下行，这是逆市温和放量上涨形态，是主力积极运作个股的信号。随后，当股价回落至这一波涨幅的 1/2 位置时，成交量明显缩小，此时是较好的买入时机。

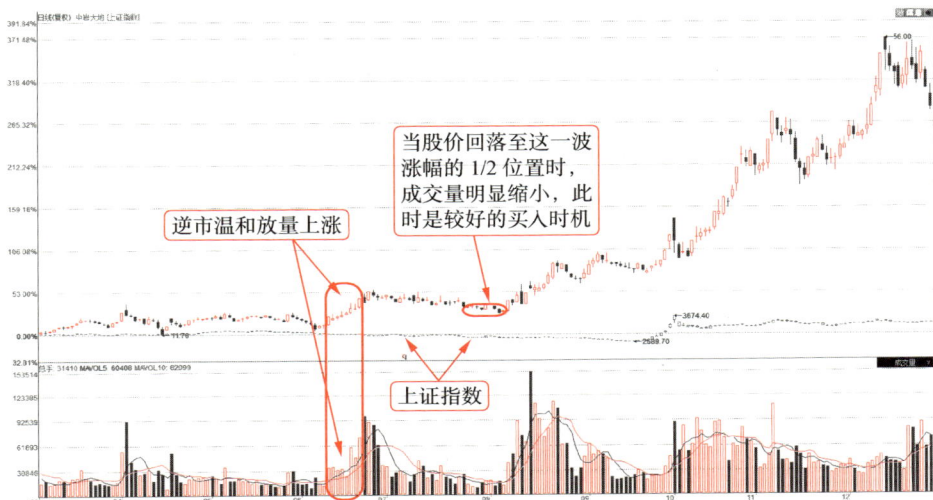

图8-13 中岩大地2024年3月至12月走势图

8.7 箱体上沿的大幅缩量

8.7.1 形态与市场含义

箱体上沿的大幅缩量的形态特征见图 8-14。股价在低位区出现了量能放大的宽幅振荡走势，并构筑了一个箱体区间；随后，股价回升至箱体区上沿位置附近，并开始窄幅整理，整理时的成交量远小于前期宽幅振荡时。这称为箱体上沿的大幅缩量。

宽幅振荡箱体区上沿位置，既面临短线获利抛压，也面临前期解套盘抛压，是一个压力沉重的位置，但个股能够在股价回升至箱体上沿时，出现强势的缩量整理形态，这说明市场筹码的锁定度大大增强了，也是主力控盘能力较强的信号之一。若这个震荡区处于中长期的低位区，则后期的上涨潜力极大。

在箱体上沿的大幅缩量形态中，箱体上沿整理时的缩量效果是关键。只有呈现出较大幅度的缩量效果（相对于箱体振荡时的均量水平），才能体现出良好的筹码锁定性与主力控盘能力。

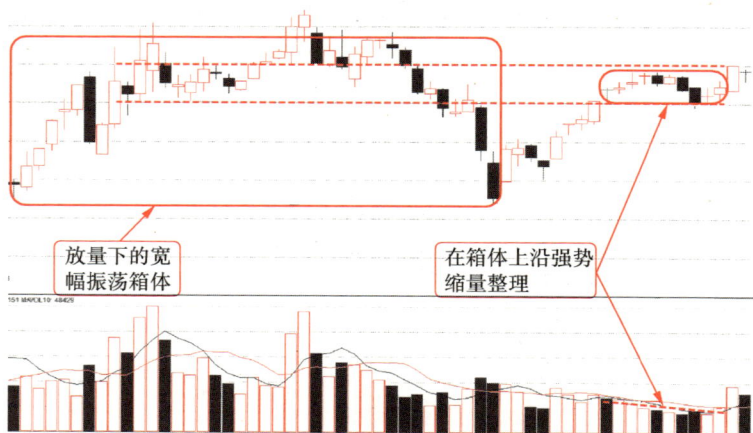

图8-14　箱体上沿的大幅缩量形态特征图

8.7.2　实盘案例分析

图 8-15 所示的是英力股份 2024 年 2 月至 6 月走势图。该个股在低位的振荡走势中，出现了箱体上沿缩量整理的形态，随后，当一个温和放量的小阳线出现时，如图中标注，这是一轮上攻行情或将展开的信号，也预示随后的上升空间或将较大。

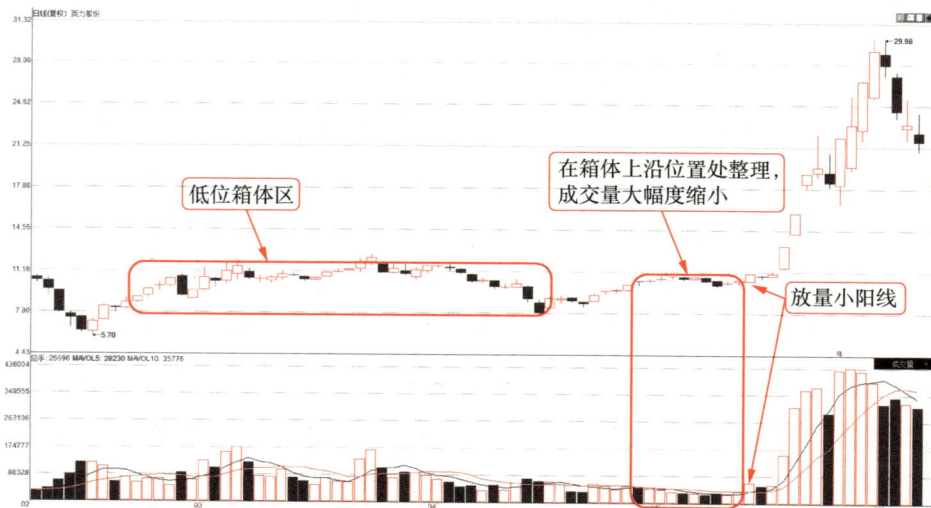

图8-15　英力股份2024年2月至6月走势图

8.8 涨停突破点放量振荡

8.8.1 形态与市场含义

涨停突破点的放量振荡的形态特征见图 8-16。股价在中长期的低位整理之后，或中短期急速下跌后的低点，出现了一个涨停板，使得价格走势呈突破向上状（或反转上行状），在涨停板次日及随后一段时间内，股价没有进一步上涨，而是在涨停价附近（这是涨停突破点）横向振荡，振荡期间的成交量明显放大。

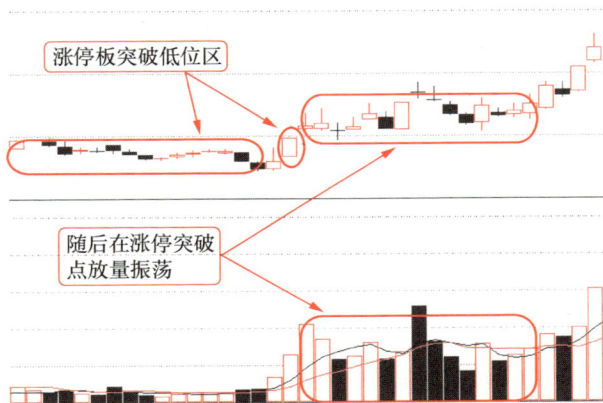

图8-16 涨停突破点的放量振荡形态特征图

涨停板是主力入场的重要信号之一，在低位突破（或反转）时，一轮行情的启动信号往往就是以涨停板为标志的。在涨停突破点出现放量振荡是多空双方交锋活跃的信号，主力往往借助涨停板的方式打破个股原有的缓慢运行节奏，实施快速建仓，这种情形常见于处于那些低位区的有潜力的个股。盘面上，我们应关注这种量价形态。

在涨停突破点的放量振荡形态中，振荡走势的强弱是关键。只有主力在这个放量振荡区加入买方阵营，个股的后期上涨潜力才大。因而，振荡走势宜强于同期大盘，这是主力积极建仓，打破市场筹码原有供求状态的信号之一。

8.8.2 实盘案例分析

图 8-17 所示的是拓维信息 2024 年 7 月至 11 月走势图。股价在低位区长期整理之后，于 2024 年 8 月 23 日以涨停板的方式向上突破了这个低位整理区，图 8-18 为当日的涨停分时图。

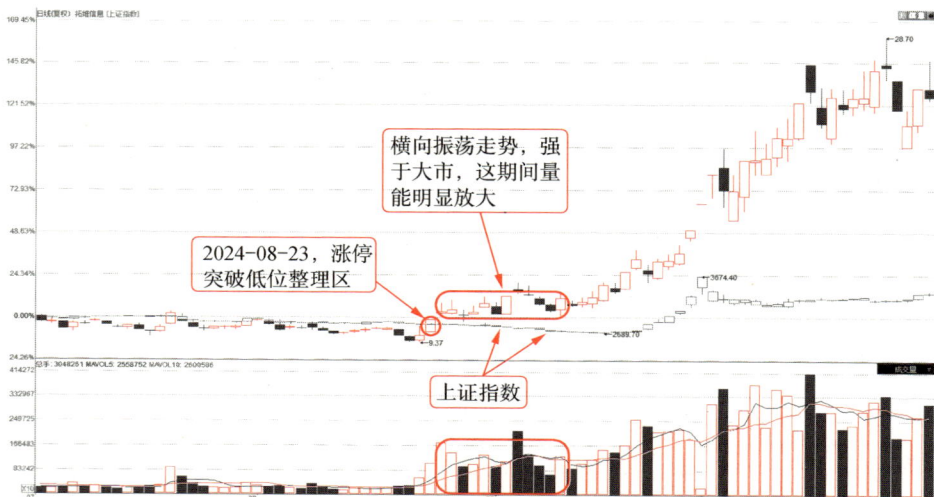

图8-17　拓维信息2024年7月至11月走势图

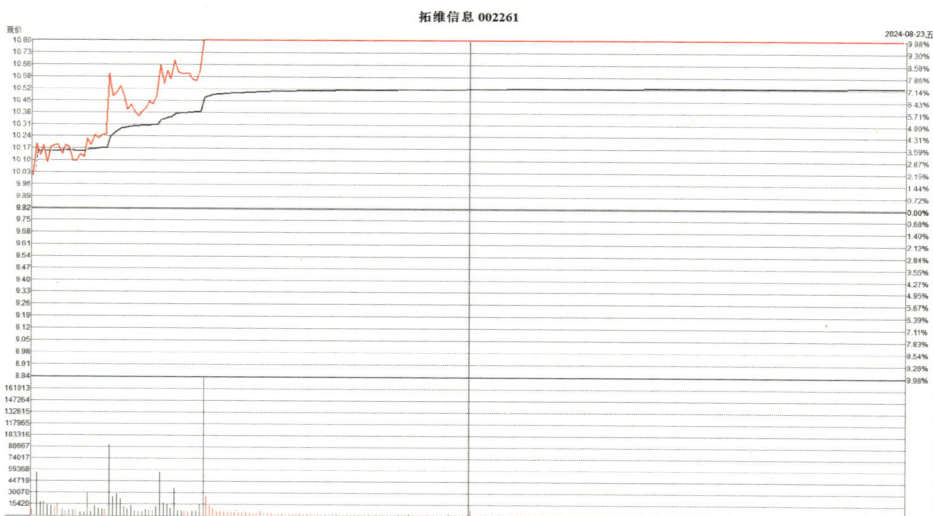

图8-18　拓维信息2024年8月23日涨停分时图

突破之后，股价没有进一步上涨，而是在涨停突破点维持横向振荡，这期间的成交量明显放大，筹码在加速换手。图 8-17 中叠加了同期的上证指数走势，对比可见，在放量振荡过程中，同期的大市呈弱势下跌状，个股的横向振荡明显更为强势，这预示着或有主力资金在积极买入，是个股后期上涨潜力较大的信号，操作上，投资者可以在这个放量振荡区逢低买入。

涨停突破点放量振荡是一种重要的形态，只要个股的基本面尚可（无重大利空消息），又处于中长期的低位区，则出现此种量价形态的个股往往有着极好的上涨潜力，下面我们再结合一个案例来看看这种量价形态。

图 8-19 所示的是柯力传感 2024 年 6 月至 12 月走势图。股价在低位区长期横向整理，这期间成交量数值较低，多空交易清淡，主力很难在这个区间内实施建仓。随后，如图中标注，2024 年 7 月 31 日股价以一个涨停板的方式突破长期低位区（图 8-20 标示了当日的涨停分时图）。

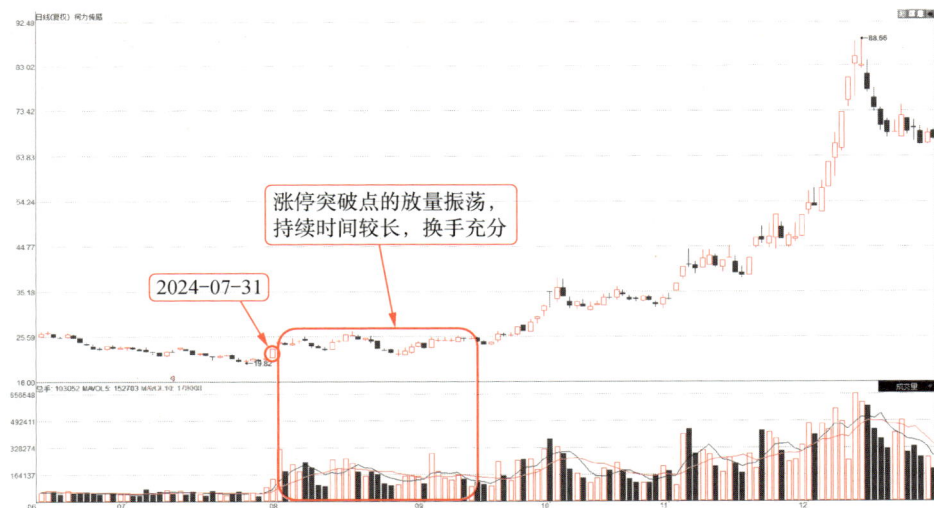

图8-19　柯力传感2024年6月至12月走势图

但突破行情并没有就此展开，而是在这个涨停突破点持续地横向振荡，振荡时的量能明显放大且持续时间长，这使得市场筹码换手十分充分，主力有了建仓机会。从此股随后的上涨走势来看，这种涨停突破点放量振荡是主力入场的重要信号之一。

图8-20 柯力传感2024年7月31日涨停分时图

8.9 反复涨停的放量振荡

8.9.1 形态与市场含义

反复涨停的放量振荡的形态特征见图 8-21。在中长期下跌后的低点，股价多次出现单个涨停板及回落的涨跌波段，这期间成交量明显放大，这构筑了一个反复涨停但价格重心未明显上移的放量振荡区间。

涨停板形态多与主力的参与有关，在中长期的低位区，反复涨停的放量振荡区，是价格走势波动剧烈的标志，也是筹码加速换手的区间，这种反复出现的涨停、回落走势，往往与主力的建仓行为相关，在个股基本面配合的情况下，这种量价形态多预示着买入机会。

在反复涨停的放量振荡形态中，涨停板的数量及振荡区量能变化趋势是关键。就涨停板数量来说，涨停板至少要出现 2 次，以 3 次居多，且每次涨停板后，股价就开始回落，从而使得股价重心不会明显上移，这有利于主力降低建仓成本；就振荡区量能变化趋势来说，若是主力加入买方阵营，随着主力不断买入，市场浮筹会减少，因而，随着振荡的持续，量能总体上会呈现出缩小的趋势。

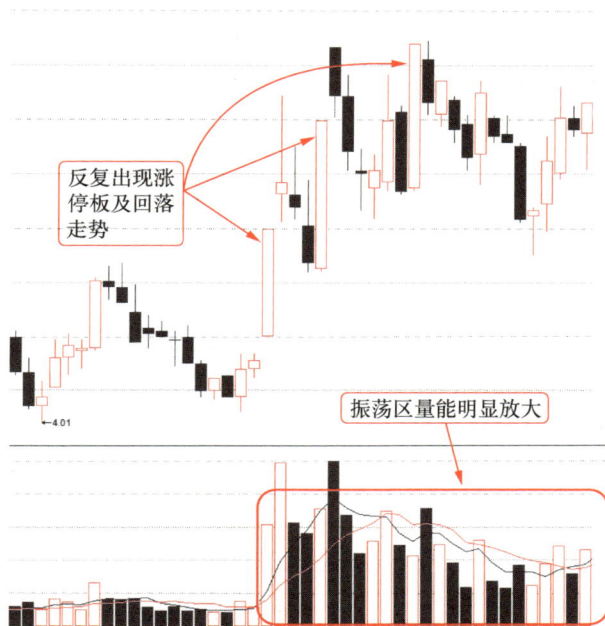

图8-21 反复涨停的放量振荡形态特征图

8.9.2 实盘案例分析

图 8-22 所示的是四川长虹 2024 年 6 月至 11 月走势图。股价在中长期低位区出现了三次涨停，每次涨停后即回落，股价重心未见上移，这构筑了一个反复涨停板的振荡区。涨停及回落走势导致股价剧烈波动，使得多空分歧加剧，筹码快速换手，这期间的成交量明显放大。

结合该个股所处的低位状态及基本面情况来看，这种反复涨停板的放量振荡形态是主力积极买入的信号，预示其后期上涨潜力较大。操作上，随着振荡的持续，该个股出现了一波缩量回调，此时的低点就是较好的入场时机。

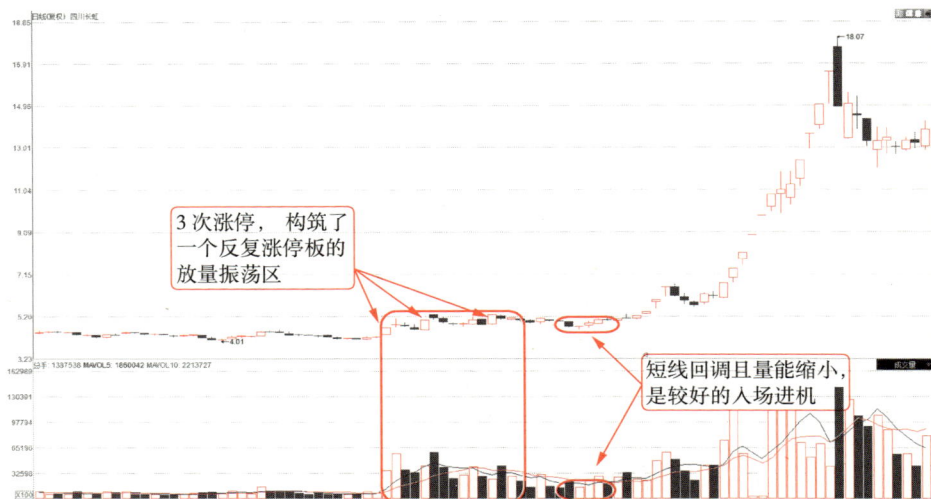

图8-22 四川长虹2024年6月至11月走势图

8.10 缩量上穿筹码密集区

8.10.1 形态与市场含义

缩量上穿筹码密集区的形态特征见图 8-23。个股先是在一个位置区间内因股价长时间横向振荡整理构筑了一个筹码密集区，随后，价格走势破位下行，这使得此前平台区买入的筹码均处于被套状态，当股价由低点上涨并穿越这个筹码密集区所在价位区时，并没有出现明显的放量，而是以相对缩量（量能小于之前的下跌波段，或者是小于这一波反弹行情刚启动时）的方式实现了向上穿越。

缩量上穿筹码密集区形态常见于主力控盘能力较强的个股走势中。在破位前的平台区汇聚了大量买入盘，这些持股者在经历了套牢状态后，一旦股价强势回升至解套成本区，会有着较强的卖出意愿，再叠加短线获利抛压，在股价上穿筹码密集区时，量能多呈现明显放大状态。而与之相对的缩量穿越方式打破了常见市况下的量价配合关系，这提示我们，个股的市场浮筹较少，散户投资者的参与力度较弱，或有控盘实力较强的主力在积极运作。如果其股价正处于中长期的低位区，且个股的基本面优异，即使短线出现了一波上涨，只要不是处于累计涨幅较大的高点，后期仍有较大的上涨空间，是值得关注的品种。

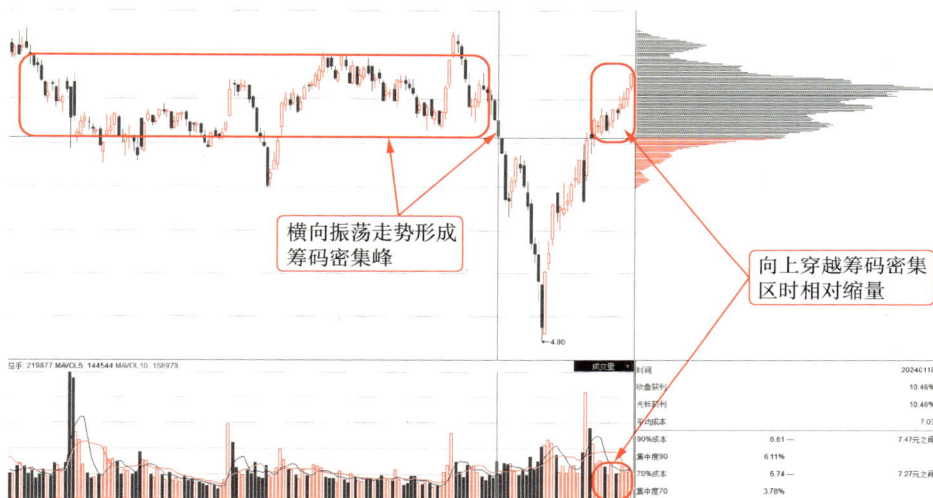

图8-23 缩量上穿筹码密集区形态特征图

在缩量上穿筹码密集区形态中，筹码密集区所在位置点是关键。缩量上穿筹码密集区只能提示这样的信息：主力此时的控盘能力较强，市场浮筹较少。但是，如果此筹码密集区位于累计涨幅较大的高点，则主力随时可能会反手出货，这个筹码密集区或将成为顶部区，追涨买入的风险较大；反之，如果筹码密集区位于中长期的低点，主力没有获利空间，积极助推个股上涨的概率更大，这样的个股将有较好的上涨潜力。

8.10.2 实盘案例分析

图 8-24 所示的是沃尔核材 2024 年 1 月 18 日筹码分布图。图中左侧为此股 2023 年 9 月至 2024 年 5 月走势图，其股价在 2024 年 1 月 18 日之前，处于低位区震荡平台走势中，这构筑了一个筹码密集区，从筹码分布图形态来看，这是一个单峰密集形态，说明这个区域中换手十分充分。

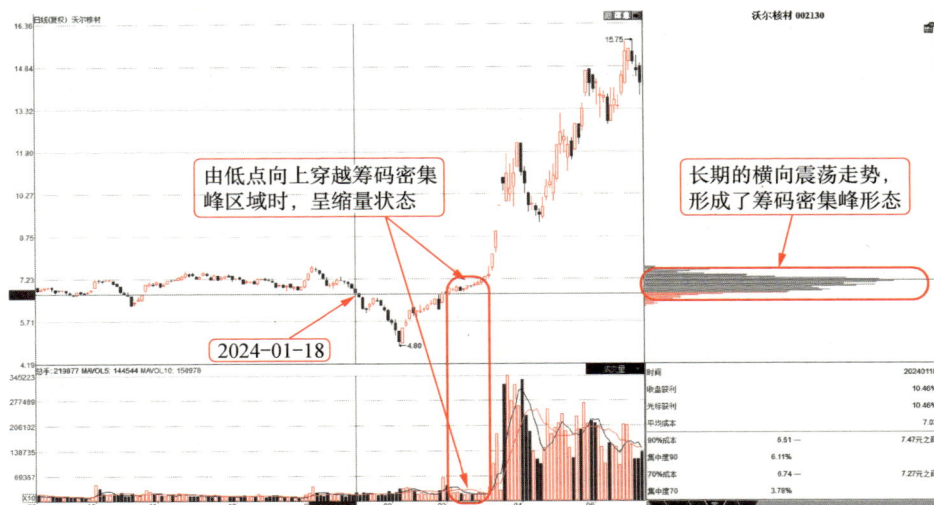

图8-24　沃尔核材2024年1月18日筹码分布图

随后，受大盘下跌影响，股价也顺势下跌，跌破了这个平台区，在创出几年来的新低之后，股价开始强势回升，如图中标注，当价格走势向上穿越这个筹码密集峰所在价位区时，成交量一直处于较低的状态，这是缩量上穿筹码密集区形态，表明此股的市场浮筹较少，主力控盘能力较强。

结合之前低位平台形成的筹码单峰形态来分析。在这个筹码密集峰形成过程中，主力或充当了买方并进行了力度较大的买入操作，这才使得市场浮筹数量大减，股价回升并向上穿越筹码密集区时，量能才能够呈现出缩量状态。操作上，由于股价在上穿筹码密集区时的上涨节奏较为缓慢，出现深幅调整的概率较小，投资者宜及时买入跟进，把握入场时机。

在上穿筹码密集峰的走势中，缩量只是体现主力控盘能力较强的一种量能形态。除此之外，相对温和的放量方式也是一种表现方式，下面我们再结合一个案例来看看这种结合"筹码峰"与"向上穿越走势"的量价形态分析方法。

图8-25所示的是天津普林2024年9月4日筹码分布图。如图中标注，股价自震荡区的低点开始的一波上涨走势，穿越了低位区的筹码密集峰，在这一上涨走势中，成交量温和放大，量能均值远小于前期的振荡，这说明市场

筹码锁定度较好，有利于股价进一步上涨，也是其上涨潜力较大的信号。

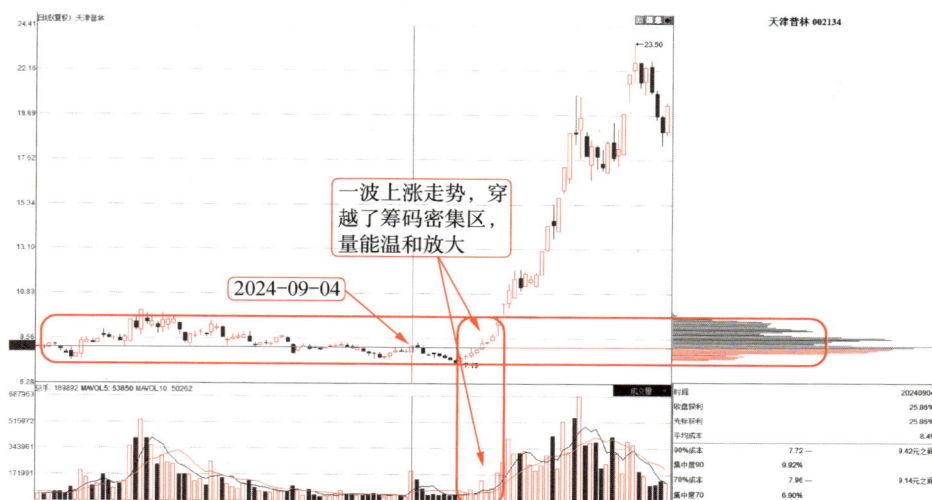

图8-25 天津普林2024年9月4日筹码分布图

附录

寻找强势资金

我在实战中发现，A股市场进入了"结构性"行情阶段，即没有指数型的集体牛市，只有局部板块大涨的情况。所以要发挥量价关系的威力，只有先找到强势资金最容易出现的板块，才能取得更高的盈利。本附录凝聚了我的投资理念。

附1.1　用DeepSeek寻找资金

我们从更高维度——资金流体系的三大层次开始讲解，并加入了最新AI软件 DeepSeek 的使用方法。

问题来了，如何找到强势资金？我们以钓鱼做比喻，最能说明问题，整体思路如图 1 所示。

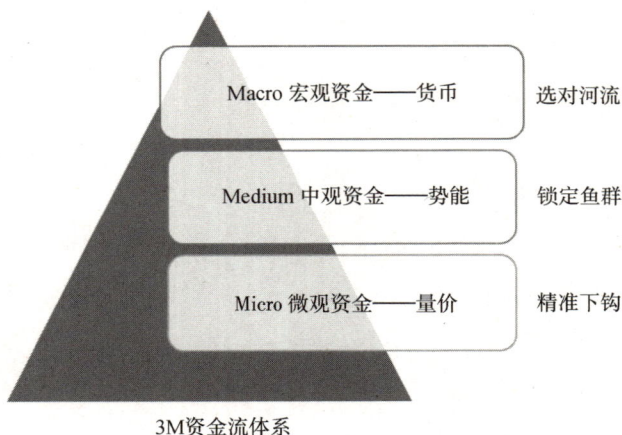

Macro 宏观资金——货币　　选对河流

Medium 中观资金——势能　　锁定鱼群

Micro 微观资金——量价　　精准下钩

3M资金流体系

图1　寻找资金的步骤

附1.1.1　第一步，选对河流——宏观资金

雨水充沛的地带必然藏着大鱼栖息的河流——这里的水流湍急、浮游生物丰富。就像投资中的宏观面，当央行降息、政策红利释放时，A股的"资金河流"才会真正奔涌。

为什么小池塘养不出大鱼？试问，在干涸的沟渠里甩竿，与在奔涌的江河中下网，哪种更可能满载而归？投资同理，弱势行情如同退潮的池塘，量价技巧再精湛也难以施展。而那些抱怨"量价关系失效"的人，往往忽略了最关键的前提：你的钓竿，是否伸进了真正有鱼的河流？

我会在这一节公开我们的研究成果——A股市场的日历效应，寻找资金流动性强势的月份，看看哪些月份更容易"钓到大鱼"。

附1.1.2　第二步，锁定鱼群——中观资金

找到河流后，须观察水面波纹：是成群小鱼泛起的涟漪，还是大鱼游过搅动的深涡？这对应着中观层的板块选择。为什么AI复盘工具能比人眼更快识别"鱼群信号"？因为它能捕捉资金异常流入的波动。市场中的"鱼群"结构复杂，截至2024年三季度，一般法人持股市值占比41.8%，个人投资者占比36%，机构占比22.2%，机构投资者占比提升时大盘股占优，下降时小盘股占优。

附1.1.3　第三步，精准下钩——微观资金

发现大鱼踪迹后，考验的是微观操作，鱼钩深度、饵料选择、收线节奏缺一不可。正如量价关系分析，当股价突破关键阻力位却缩量，是陷阱还是机遇？此时更需要结合资金流数据，像老渔夫辨别鱼汛般谨慎。

为什么量价关系分析有人用不好，有人用得好？关键差异在于是否具备系统性方法论。完整的分析体系应包含三个维度。

（1）整体面：单个技术要放到交易体系中去使用。

（2）动态面：非静态地分析数据，需要结合当时市场情况。

（3）关联面：准确捕捉大盘、板块与个股的联动效应。

量价关系分析的本质是资金流系统的微观分析技法。为了帮助大家更系统地使用好"量价关系"，我还是把资金流体系分享给大家。

技术无法预测市场，股市每天承载数千万人的交易，多数人连明天自己的计划都不太明确，何况预判群体行为？但技术可以辅助你判断当下的股价的状态，便于你做出决策。

还记得我在耶鲁大学求学期间，听到过行为金融学之父、诺贝尔经济学奖得主罗伯特·希勒 (Robert J. Shiller) 说的那句名言："我们无法预测未来，但我们可以为未来做好准备。"

下文我将从宏观、中观、微观三重视角切入，帮助大家找到强势资金流，提升量价技术的应用胜率！

附1.2 宏观资金：货币——市场季节性规律

A 股生存指南：别总盯着 K 线，先看懂"季节"。初入股市的股民常陷入频繁交易误区。其实，股市和捕鱼一样是存在季节性规律的。如果在退潮时强行捕捞，非但徒劳无功，还易损毁渔具。

复盘 A 股历史数据可知，新手想要掌握 A 股的"渔汛密码"，须明辨资金潮汐节奏，浪高时全力收网，浪平时修补工具，方为"大赚小亏"的生存法则。运用量价关系分析的技巧时，也最好在大盘上涨概率大的月份，以此提升整体投资胜率。

附1.2.1 上涨概率最高的月：2月、7月和10月

这是鱼群翻涌期。从上涨概率来看，2 月和 10 月的上涨概率高达 67%，7 月次之，上涨概率为 58%。从收益率角度来看，2 月市场表现最为强劲，春节过后上证指数涨幅中位数达 1.62%，年初流动性投放、经济数据真空期和政策预期共同推动了春季躁动，但近年来，市场学习效应让春季躁动不断前置，甚至演变成跨年行情或"冬季躁动"。当行情达到高潮时，风险偏好最高，小盘风格表现突出。其次是 10 月，涨幅中位数为 1.07%。

此外，创业板在 8 月表现尤为突出，涨幅中位数达到 2.92%。6 月过后，基金发行热度逐渐升温，7 月市场开始回暖。8 月中报季来临，市场出现结构性行情，业绩成长风格表现突出。此外，8 月的院线暑期档和 9 月的新手机发布会，为消费电子等行业带来新的利好刺激。这就像新的鱼群出现，渔民出海，便可收获满满。

附1.2.2　行情容易下跌的时间段：3—6月

这是暗礁潜伏期。从上涨概率来看，4月的上涨概率仅为33%，3月和5月次之，上涨概率为42%。从收益角度分析，3月上证指数跌幅中位数为−0.86%，是表现最差的月；4—5月上证指数涨跌幅中位数在−0.48%到0之间。从平均收益来看，6月是全年表现最差的月份。

为何会有"五穷六绝"的说法？

因为4月年报和一季报发布后，利好消息已经全部公布，短线获利盘逐步卖出，市场进入调整阶段。到了6月，财报和政策进入真空期，利好消息减少，加之季度末流动性紧张，市场交易整体趋于冷淡。这就像渔汛过后，鱼群散去，渔民只能暂时收网，等待下一次机会。

附1.2.3　震荡行情：1月、11月和12月

这是潮水混沌期。这三个月的上涨概率均为50%。从收益率来看，12月上证指数涨跌幅中位数为0.91%，1月和11月则为负数，分别为−0.17%和−0.05%。需要注意的是，春节会影响市场的收益率表现。近年来，11—12月股市的市场表现显著强于1—2月。

因为到了年末四季度，市场开始对下一年的投资进行逻辑推演。专业投资者依据当前企业数据预测明年的业绩增速，并进行调仓换股。因此，四季度那些确定性高、可预测性强的板块往往表现亮眼。

附1.3　中观资金：势能——如何用AI复盘

本节我将系统讲解 AI 工具的初级应用方法，以辅助你提升每日的投资复盘工作效率，快速定位每日鱼群出现的地方。这也是为用好量价关系分析服务的。在强势板块，量价效果会更为突出！在完成第一步选对河流后，我们开始进入第二步锁定鱼群，这时候我们就要利用好 AI 工具（见图2），用其提升我们的复盘效率和效果。

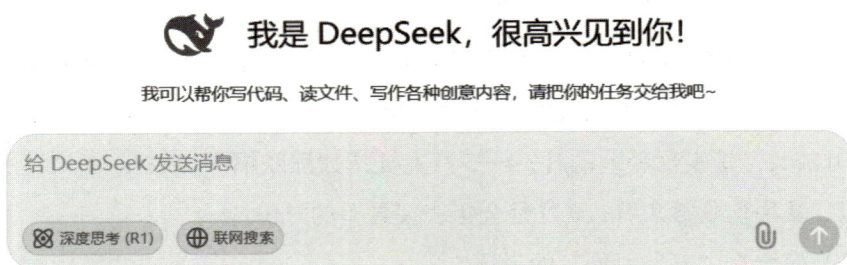

我是 DeepSeek，很高兴见到你！

我可以帮你写代码、读文件、写作各种创意内容，请把你的任务交给我吧~

给 DeepSeek 发送消息

深度思考 (R1)　联网搜索

图2　进入DeepSeek

DeepSeek 的创始人梁文锋创立了中国头部量化交易公司——幻方量化投资，能实现全自动量化交易，AI 的威力不言而喻。DeepSeek 深度思考模型 V3 在 2025 年 1 月底正式登场后，AI 成了未来的股票投资者必须学会的工具。

对于投资者而言，AI 不是一道选择题，而是一道生存题，在越来越多的散户投资者使用 AI 工具后，大量的信息差被抹平了，不会用 AI 的人就像别人钓鱼时他还在徒手抓鱼，而没有利用先进的钓鱼工具！

AI 是一种效率提升工具，在使用一个工具前，我们必须清楚地知道，这个工具擅长什么，不擅长什么。

附1.3.1　AI最擅长干的5种脏活累活

（1）当你的"数据矿工"：比如让 AI 盯着"大股东质押率 > 80%"的雷区，比自己盯盘轻松多了。

（2）做你的"策略测试员"：比如用 10 年历史数据回测策略，1 分钟验证"MACD+ROE 组合"靠不靠谱。

（3）当你的"风险警报器"：比如实时监控"财务造假""减持公告"等关键词，比刷股吧快三拍。

（4）做你的"知识图谱"：比如让 AI 用幼儿园语言解释"市净率"，别被专业术语唬住。

（5）当你的"学习委员"：比如你要学习价值投资，让它拆解 0 到 1 的步骤，告诉你详细步骤。

附1.3.2　AI不擅长的事

AI选股存在两个显著问题。

首先，大模型预测股价的本质是依靠历史数据来预测未来，这就像天气预报依靠历史数据预测明天不会下雨。

其次，AI存在幻觉问题，AI大模型幻觉（AI Hallucination）是指人工智能模型在生成文本、回答问题或执行任务时，产生与事实不符或缺乏依据的信息的现象。这种现象通常源于模型的生成机制——基于概率预测下一个词，而非逻辑推理。

由于AI训练数据的局限性，若其对上下文理解不足或用户给出的指令模糊，模型可能会生成看似合理但实际错误的内容。例如，模型可能虚构学术文献、错误描述历史事件，或生成完全脱离上下文的回答。

依据腾讯研究院的数据，DeepSeek-V3大模型的幻觉率为3.9%；而DeepSeek-R1大模型的幻觉率高达14.3%。

所以我建议你把AI当作GPS导航仪使用，而不要把AI当成自动驾驶，你作为驾驶员，必须进行自主判断，切不可将开车的事完全交给它。

附1.3.3　常见AI提示词

用AI做每日股票复盘，寻找强势板块和个股，常用的AI提示词如下。

1.　固定格式

输入提示词如下。

今天（日期)A股最强的3个板块是什么？要求：

（1）按涨幅从高到低排序，写清板块名称和涨幅百分比。

（2）每个板块列出3个龙头股（市值大于100亿元，最近5天RPS大于90）。

（3）用一句话讲清楚每个板块为什么上涨（分资金面、基本面、情绪面）。

（4）标注板块的 RPS 强度值（5 日 /20 日 /60 日）。

提示词案例示范：

分析 2023 年 9 月 15 日最强板块，按涨幅前 3 名输出结果，需包含龙头股名单、上涨逻辑分解、RPS 数值。

2. 大盘与主线分析类复盘

输入提示词如下。

（1）2025 年 2 月 14 日 A 股上涨的核心驱动因素有哪些？分政策面、资金面、情绪面说明。

（2）当前市场最强主线是哪个方向？用成交额占比、涨停家数、RPS 强度三个指标证明。

（3）该主线下景气度最高的 3 个细分板块是？要求：①消息面驱动因素明确；②周涨幅 > 10%；③ RPS > 90。

（4）该主线当前行情处于什么阶段？用主升浪 / 补涨 / 退潮期定义，并给出 3 个技术面证据。

（5）后市确定性最大的潜在方向是？需满足：①机构研报本周新增覆盖；②资金净流入连续 3 日增持；③板块指数站上 20 日均线。

3. 事件驱动类复盘

输入提示词如下。

XXX 概念直接利好 A 股哪些产业链？列出 3 个方向及对应核心环节。

上述方向中具备国产替代能力的上市公司有哪些？要求：①近 2 年研发投入增速 > 20%；②产品市占率居国内前三。

4. 产业周期与拐点类类复盘

输入提示词如下。

（1）当前符合"产业趋势二阶导数拐点"的产业链有哪些？须同时满足：①渗透率从 5% 向 20% 突破；②季度营收环比增速提升 > 30%。

（2）国内该产业周期处于哪个阶段？用萌芽期 / 扩张期 / 成熟期 / 衰退期定义，并提供库存周期与产能利用率数据佐证。

附1.4 微观资金：量价——RPS相对强弱指标

在强势股上使用量价技术，才能更好地发挥威力。这一节，在完成第一步选对河流，以及第二步锁定鱼群后，我们开始进行第三步精准下钩，下钩时必须从市场里的大鱼开始，这就需要一个找大鱼的技术指标——RPS 相对强弱指标。

选股、建仓、卖出，是股市交易最简易的"三部曲"。选股是关键，在金融市场上，选择比努力更重要。"强者恒强、弱者恒弱"这句股谚已屡次为市场所证实，个股表现强势本身就已包含了技术面、基本面、主力动向等多种因素的综合作用。在强势股上使用量价关系的知识，才能更好地捕捉到牛股。

股价相对强度指标（Relative Price Strength，RPS）。RPS 又称股价相对强度，是由美国欧奈尔提出的。欧奈尔发现每年股价表现好的美国上市股票，在股价狂飙前的平均 RPS 为 87，而我们发现 A 股中的强势股也有类似情况，其 RPS 数值通常在 80 以上。

RPS 的定义是在一段时间内，个股涨幅在全部股票涨幅排名中的位次值。例如，假设某证券市场共有 50 只股票进行了交易，若某股票的月涨幅在 50 只股票中排名第 5 位，则该股的 RPS 指标值为：（1-5/50）×100=90。

该指标值表明该股的月涨幅超过其他 90% 股票的涨幅。

如何用 AI 协助，找出符合你交易条件的高 PRS 值个股？

你可以在 AI 软件中（这里以 DeepSeek 大模型软件举例），打开深度思考和联网功能后，输入提示词，快速找到当下最强势的板块分支。以 RPS 作为选股模式的选股标准的提示词如下。

（1）监控今天主力资金流入前 5 的板块，筛选 RPS＞85 的

（2）找出最近 3 天 RPS 从 70 升到 90 以上的板块

（3）对比昨日涨停股，找出 RPS 强度最高的细分方向。

注意事项：

· RPS 计算使用"20 日内涨幅排名百分比"，不用自己算（告诉 AI 自动输出）。

· 避免选择 5 日与 60 日 RPS 差距 > 30 的板块（可能短期过热）。

· 情绪面逻辑必须有当日新闻/政策佐证（如 AI 输出"政策扶持"须具体到文件名）。

有时市场行情过于集中在某些板块，符合高 PRS 值的个股已经涨得非常多了，后续有没有继续上涨的潜力以及风险控制，成为做强势股的关键。如果日线涨幅过大，可以扩大到月线周期来选股，再输入提示词如下：

在 A 股市场中，筛选符合以下 RPS 标准的个股：

（1）月度 RPS 值 > 90 之个股。

（2）股价已脱离底部形态，但向上突破尚未超过 15% 之个股。

帮我把 2 月在 A 股中符合条件的股票选出来，并制作成表格。

总之，你可以根据你的交易体系，调整以上提示词的阐述，比如第一个条件，时间参数：月度、周度、日度。还可以调整强度值的阐述。欧奈尔的股价相对强度 RPS 值，在 1 至 99 之间。过去一年当中全部股票的涨幅排行榜中，前 1% 的股票的 RPS 为 99，前 2% 的股票的 RPS 为 98，依次类推。在第二个条件中，你可以选取你擅长的股票交易形态，输入 RPS 数值范围。